JN060867

バックストン著作集

Barclay Fowell Buxton

第6巻　聖書講解II

神の奥義なるキリスト

いのちのことば社

刊行のことば

日本の初期プロテスタンティズムを形成した横浜バンド、熊本バンド、札幌バンドに遅れること三十年、B・F・バックストンらにより松江を中心に展開された伝道活動の一隊は松江バンドと呼ばれています。その信仰の流れは日本の諸教会、とりわけ福音派諸教会に大きな影響を与え、今日に至っています。なぜ今日まで教派を超えてバックストンが多くのキリスト者を惹きつけてやまないのでしょうか。その理由を二つ求めることができるでしょう。一つは、彼の高尚な人格と生涯、もう一つは彼の語ったメッセージです。

バックストンの著書は、その著された時代から見て三つに大別されるでしょう。

第一の著作群は、「赤山時代」のものです。バックストンが一八九〇年（明治二十三年）来日後、「松江バンド」の形成期に、「赤山塾」での聖書研究や修養会で、働きを共にする教職者たちに語ったものが書物となりました。『赤山講話』、『ヨハネ伝講義（ヨハネ福音書講義）』、『レビ記講義』、『創造と堕落』の一群で、弟子のひとり堀内文一により忠実に筆記されています。

第二の著作群は、「神戸時代」のものです。神戸を中心にバックストン、ウィルクスらが直々に起こした「日本伝道隊」の働きが拡大した時期のものです。日本伝道隊の聖書学校は一九〇七年（明治四十年）、神戸の平野に竹田俊造を校長に設立されました。一九一三年（大正二年）十一月から四年間、バックストンも神戸に定住し、教壇に立ちました。そこで講じられた聖書講義や説教の一群が、『使徒行伝講義』、『詩篇の霊的思想』、『ルツ記霊的講解』、『雅歌霊的講解』、『ヨナ書霊的講解』、『リバイバルの要件（リバイバルの条件）』などです。これらの説教や聖書講義は主として、当時、バックストンの秘書であった米田豊が筆記しました。

第三の著作群は、英国における日本伝道隊のスウォニック聖会での説教と、一九三七年（昭和十二年）、最後の来日時の説教をまとめたものです。『雪のごとく白く（雪のように白く）』、『基督の形成るまで（キリストの形なるまで）』、『恩寵の成長』、『砂漠の大河』、『エホバの栄光（主の栄光）』、『神の奥義なるキリスト』、『聖潔られたる者の行歩（潔められた者の歩み）』、『神と偕なる行歩（神と共なる歩み）』やその他の小冊子です。この一群は、バックストン最後の来日時の通訳者小島伊助により翻訳、編纂されました。さらに、「活水の群」の機関誌「活水」にその時期の多くの説教が掲載されました。

こうしたバックストンの著作は、戦前は基督教書類会社（ジョージ・ブレスウェート責任）、戦後はバックストン記念霊交会（書籍部責任落田健二）、また後者から版権を譲渡された関西聖書神学校から出版されてきました。しかしながら、今日、それらの多くが絶版となり、再版が求められてきました。バックストンが来日して百二十五年を迎えるこの年、私たちはその要望に答えるために『バックストン著作集』を刊行し、その豊かな霊の恵みが諸教会にくまなく及ぶようにとの願いを抱くに至りました。

私たちは、バックストン著作集刊行・編集にあたり、次代を担うキリスト者にも広く読まれるように、ハンディな版型で出版する計画を立てました。底本として戦後のバックストン記念霊交会のものを用いましたが、バックストンが用いた独特の古い日本語は原文を可能な限り生かしつつ、読みやすい現代文にし、原則として新漢字、現代仮名遣いに書き改めました。聖化に関する漢字表記は一部統一しましたが、用語はできる限り原文のままにしました。また、今日的視点から問題視される差別表現、不快表現は削除し、一部の書籍は出版を見合わせました。加えて、今まで未出版の英国ケズィック聖会におけるバックストンの説教を翻訳し、このたびの著作集に加えることにしました。

私たちの願いは、本著作集によって全幅的な福音の恵みが日本の諸教会に及ぶことです。この著作集の読者が、贖罪(しょくざい)の恵みを徹底して理解し、聖霊による豊かで輝く信仰生活に導かれ、キリストの証人となり、キリストのからだなる教会を建て上げ、日本の宣教の働きに貢献する者になることです。そして福音宣教の最終的目的とその宣教方法がさらに純化されることにあります。どうか主が、本著作集を用い、日本に霊的復興をもたらしてくださるようにと祈りつつ、刊行のことばといたします。

二〇一五年十月

『バックストン著作集』刊行委員会
同編集委員会

目次

詩篇第二巻　166

詩篇第三巻　201

詩篇第四巻　224

詩篇第五巻　243

マタイの福音書研究ノート……275

神の奥義なるキリスト

小島伊助 訳

訳　序

今再び、この小冊子を日本の霊界に送り出すことができることを嬉しく思います。思い返せば、ちょうど八年前、終戦直後のことでした。本という本がほとんど、焼けてしまったなか、ことに霊的な読み物、魂の糧の乏しいなかへ、とりあえず送り出せたのがこの訳本でした。まるで、再生紙に印刷したような粗末な、五十頁そこそこのものでした。外地にいたある兄弟はこれを手にして涙がこぼれたということでしたから、よく出してくれたと喜んで泣いたのかと思いましたら、日本にはこんな紙しかないのかと思って泣けてしまったのだそうです。何だかこちらが泣きたいような気持ちになったことでした。

それでも、神戸聖文舎の西田昌一氏の努力の贈り物でした。二千部は間もなくなくなり、その後しばらく絶版になっていたのを、このたび西田氏の了解もあって、バックストン記念霊交会のほうから同師著叢書の一つとして発行できることを、ことのほか喜ぶものであります。単なる再版、あるいは重版ではなく、テキストも口語訳〈編者注＝本書では『新改訳2017』を使用）にして、すべて書き直しました。改良版であることは読者のお認めくださるところと思います。

さて、内容は、一九三一年六月、英国スウォニックにおける日本伝道隊年会でなされたバックストン師の説教です。初めの詩篇六三篇からのメッセージは、最初の歓迎会のもので、いわば全会衆の心を備えるためのメッセージのようです。次のピリピ人への手紙研究、コロサイ人への手紙研究は、集会の間に、他の講演とともに述べられたものです。

一九三七年（昭和十二年）五月末、二十年ぶりに来日されたときのご講演は、『雪のように白く』、『砂漠の大河』、『キリストの形なるまで』、および『恩寵の成長』として世に送り出しています。（また、その後、『主の栄光』という冊子も出しました。）本篇は、年代はさかのぼりますが、それらに続くものとして味わっていただければ幸いです。先生は、終戦の翌年二月、八十六歳で、天のホームに、永遠の生命に輝かしく入られましたが、栄光の中から声をもって私たちに語るようなメッセージを私たちが手にできることを感謝するものです。

本書の題は、コロサイ人への手紙の主題をとりました。しかしその霊的解釈の冒頭、「この奥義の結果は聖潔です」と力説されるあたり、先生の面目躍如たるを思い、また、ピリピ人への手紙を結ぶにあたって、「皆様は純粋なホーリネスを持っています」と言われるところなど、先生の着眼点は、どこまでも心と生活との聖潔であり、そして、これを弱く卑しい私たちの上に可能として余りある、偉大な栄光の救い主イエス・キリストであることを痛感するものです。

今や先生のものが次第に知れわたってきているなか、それらの尊いご遺著の中にあって、この一小冊子が、キリストの満ちあふれる福音の、救い潔める力の証人、教師として、私たちの存する祖国に、そのキリスト教界に行きわたることを切に祈るものです。満潮のように、キリスト教が祖国に漲（みなぎ）りあふれるとともに、その栄光が輝く「神の奥義なるキリスト」の福音が満ちた恵みが、すべて主の名をもて称えられる者たちの心と生活とに入っていきますように！　こう祈りつつ、この第二版を送り出します。

一九五六年（昭和三十一年）四月十七日

舞子にて

小島　生

第一部　神をあえぎ求める

――詩篇六三篇―渇いたたましいの叫び――

「ダビデの賛歌。ダビデがユダの荒野にいたときに。

1 神よ　あなたは私の神。
私はあなたを切に求めます。
水のない　衰え果てた乾いた地で
私のたましいは　あなたに渇き
私の身も　あなたをあえぎ求めます。
2 私は　あなたの力と栄光を見るために
こうして聖所で　あなたを仰ぎ見ています。
3 あなたの恵みは　いのちにもまさるゆえ
私の唇は　あなたを賛美します。

4 それゆえ私は　生きるかぎりあなたをほめたたえ
あなたの御名により　両手を上げて祈ります。
5 脂肪と髄をふるまわれたかのように
私のたましいは満ち足りています。
喜びにあふれた唇で
私の口はあなたを賛美します。
6 床(とこ)の上で　あなたを思い起こすとき
夜もすがら　あなたのことを思い巡らすときに。
7 まことに　あなたは私の助けでした。
御翼の陰で　私は喜び歌います。
8 私のたましいは　あなたにすがり
あなたの右の手は　私を支えてくださいます。
9 私のいのちを求める者どもは滅び
地の深い所に行くでしょう。
10 彼らは剣の力に渡され

狐の餌食となるのです。
11 しかし 王は神にあって喜び
神にかけて誓う者は みな誇ります。
偽りを言う者の口が封じられるからです。」（詩篇六三篇）

この詩人の叫びは、神様の「力」と「栄光」を見ることです（二節）。これは渇いたたましいの叫びであり、霊的に「荒野」にあるたましいの叫びです。「あなたの力と栄光を見るために」！

出エジプト記二四章を見ると、山の麓で血が振りかけられ、その血のゆえに七十人の長老たち、およびモーセとアロンが山に登ることができ、イスラエルの神を見ることができたと記されています。

私たちはこのたび、この聖会の山に登って来ました。もしも御血に頼りつつ、この詩篇の語る恵みを求めていくならば、私たちもまた、イスラエルの神を見ることでしょう。「あと少しで、世はもうわたしを見なくなります。しかし、あなたがたはわたしを見ます」と主イエスは言われました（ヨハネ一四・一九）。私たちが聖霊によって主を拝するとき、主は今ひとたび、私たちの心の中に、ご自身を現し示してくださることでしょう。私たちは、顔覆いなく主を拝し、その栄光を見て、栄光から栄光へと進み、聖霊の御力によって、主と同じかたちに変えられるのです。

さて、私たちはこの詩篇を学び、私たちの願いが満たされるために、この詩人のとった段階を見ていきたいと思います。

まず詩人は「神よ　あなたは私の神」と始めます。これは、実に幸いな初めです。私たちは神の聖霊によって新生し、永遠のいのちの確かな望みを抱いています。ですから、私たちは「あなたは私の神」と叫ぶことができるのです。

これは私たちが必要とするすべてですが、理論上はそのとおりです。「あなたは私の神」と言うことができるならば、私たちは天の所にある霊のすべての恵みで、すでに恵まれています。しかし私たちは、キリストにあって私たちのものである富をもっと経験する必要があります。私たちのためには、もっともっと、続いていただける恵みがあります。それゆえ私たちは、さらにすぐれたものを熱心に求めます。ここに三つの段階があります。

1　私のたましいは……あえぎ求めます（一節）。
2　私のたましいは満ち足りています（五節）。
3　私のたましいは……すがります（八節）。

1　私のたましいはあなたをあえぎ求める

ある方は、確かに霊的に渇いて、聖潔の必要を示されていると思います。あなたはこれまでの生涯と奉仕を振り返って、甚だ不満足を覚えています。もっと深い恩寵の業の必要を感じさせられているでしょう。もし聖きに対して飢えと渇きとがあるならば、神様に感謝しなさい。神様はあなたに会ってくださいます。豊かに恵んでくださいます。

「私のたましいは　あなたに渇き
私の身も　あなたをあえぎ求めます。」

私たちは主ご自身を必要としています。このお方こそ私たちの願うすべてです。そして、それをこそ私たちは必要とするのです。主は私たちのすべての求めを満たしてくださいます。その「恵みは　いのちにもまさ」ります（三節）。すなわち、いのちそのものを所有しているよりも、主の恵みにあずかるほうが、はるかにすぐれているというのです。これは最高の願望です。ですからこのお方を求めます。私はこれを力説したいと思います。ときには、その欠乏を示されながら、なお教義を求め、経験を求めて、神様ご自身を求めないたましいがあります。私たちは主をあえぎ求めるゆえに、この方を求めるのです。

「私はあなたを切に求めます。」

私たちはこの方を、御言葉の中に求めたいと思います。どんなに偉大な御救いを期待できるかと尋ね求めましょう。私は本当に潔くなれるのか。本当に聖霊に満たされることができるのだろうか。キリストが私の中に現れ、それ以後、私は主の中に、主は私の中に宿るなど、本当に可能なのか。こうしたあなたの求めは、確かにあなたを神様の御言葉へ連れて行くと思います。どうぞ神様の御言葉に時間をかけなさい。聖書があなたに語るようにしてください。主はあなたを愛して、あなたのためにご自身を与えてくださいました。これは、水の洗いをもって御言葉によってあなたを潔め、あなたを聖なる者となさるためであることを悟ってください（エペソ五・二六）。祈りのために時間を取りなさい。あなたの祈りがただお願いするだけでなく、神様との交わりでもあるように。主を知って、申し上げなさい。御顔を拝するように求めなさい。

そして、賛美しつつ主を求めましょう。詩人は、「私の唇は あなたを賛美します」と言い、「喜びにあふれた唇で 私の口はあなたを賛美します」と言っています（三、五節）。それは沈黙の賛美であるかもしれません。私たちの周囲に神様の創造の美を見るときのように、あるいは、キリストの御言葉を心の中に豊かに住まわせるときのように、内心の賛美でもあるでしょう。

御言葉の中に主を求めましょう。そして、祈りの中に、また賛美の中に主を求めましょう。「私はあなたを切に求めます。」熱心に、あなたを求めるためには他のものは打ち捨てます、と。心して、真に主を求めなさい。私たちはこの方に渇いているのです。静かに、ただひとり主を求めましょう。主に近づくために、時間をかけて待ち望みましょう。

2　私のたましいは満ち足りています

詩人は祈りました。神様を尋ね求めました。今や確信を抱きます。私たちのあらゆる求めが満足させられるでしょうか。私たちのすべての願いはかなえられるでしょうか。安息できるほど、完全に満足させられるでしょうか。「満ち足ります」！　これは、旧約・新約聖書中に、しばしば出てくる大きな文字です。

真にあなたのたましいが満ち足りるように神様に求めなさい。単に恵みの幾滴かではなく、あるいは僅かな慰め、少しの喜びばかりでなくして、あなたのたましいが

「脂肪と髄をふるまわれたかのように」(五節)満ち足りることができるように、神様がその王の富の中から与えようと備えている最上のものをもって、もてなしてくださるように求めなさい。主は天の恵みを与えようとして備えておられます。全き恵みを与えようと備えておられます。「脂肪と髄をふるまわれたかのように 私のたましいは満ち足りています。」

私は、皆様が確かに信仰をもって神様に近づきつつあると思います。そして、ここに登って来たときと同じ姿では、この山から下りて行きません。そこには、確かに変化があります。ここで真に神様にお会いしたことのゆえに、変えられた者として下りて行かれると思います。ちょうど「脂肪と髄をふるまわれたかのように」満ち足りましたから、もはや求めていません。求めても、いまだ満ち足りていない者のようには下り行かないと信じます。これこそは、信仰と期待をもってご自身を求める者に、主イエスがされようと思っておられることです。

3　私のたましいはあなたにすがります

以上の結果は、「わたしのたましいは　あなたにすがり」ます、ということでしょう。

結果はいのちの新しさであり、かつて味わったことのないような神様との身近な歩みでしょう。

ペテロは主のあとを大祭司の家の庭のところまでついて行きましたが、「遠くからイエスの後について」行ったのでした（マルコ一四・五四）。これは、彼が困難と罪とわざわいとに陥ったためでした。

私たちはおのおの、この願いを眼前に置いて進みたいと思います。これから右にも左にも曲がることなく、主にすがりついて行きたいと思います。主の歩まれたように、その残された模範のように歩みたいと思います（Ｉペテロ二・二一）。

このように、私たちが詩篇六三篇一節の「私のたましいは あなたに渇き……あえぎ求めます」の御言葉をもって始めるならば、私たちは五節に進み、「私のたましいは満ち足りています」と言うに至るでしょう。そしてその結果は、八節です。「私のたましいは あなたにすがります」と。

第二部　ピリピ人への手紙の研究
――純粋なきよめ――

新約聖書の各書簡は、きよめの小冊子です。どれもみな、信者たちを励まして、より深い真理を握り、より進んだ経験に達するようにと、それぞれの小さな教会へ書き送られたものです。

きよめについての一番良い本は何でしょうか。全き救いに導きたいと思う人に、送るのに何か良い本がありますか。そのようによく尋ねられますが、神様の御言葉ほど良い、また明白なものはありません。ことに、これらの書簡は最上のものです。おそらくこれほど、人を恵みの満たしに導くものはほかにないでしょう。

この書簡の中心思想、また使命の御言葉は、一章二一節です。

「私にとって生きることはキリスト、死ぬことは益です。」

キリストは十分なお方です。キリストはすべてのすべてです。キリストはあなたのすべての必要を満たしてくださいます。ゲルハルト・テルシュテーゲンは救霊とリバイバルの恵みのために、神様に非常に用いられた人ですが、そのメッセージをいつも次のように要約しました。「キリストは、もしこれを完全に自分のものとすれば、すべてこのお方のみで十分である」と。

どんな人にとっても、キリストは十分なお方です。けれども、だれでもまず、このお方を自分のものとしなければなりません。「私にとって生きることはキリスト」。これこそは、パウロが、ピリピにある彼の愛する信者たちに生活しなさいと勧めてやまないものでした。

使徒の働き〔使徒行伝〕一六章には、ピリピにおいての著しい働きが記されています。心の開かれたリディアのこと、悪魔の力から救われた若い女性、また看守は地震を通して救われました。これらはピリピの三人の回心者でした。ほかにも、もっといたでしょう。パウロはどのように彼らを愛したでしょうか。一章三節から見てみましょう。「私は、あなたがたのことを思うたびに、私の神に感謝しています。あなたがたすべてのために祈るたびに、いつも喜びをもって祈り、あなたがたが最初の日から今日まで、福音を伝えることにともに携わってきたことを感謝しています。あなたがたの間で良い働きを始められた方は、キリスト・イエスの日が来るまでにそれを完成させてくださると、私は確信しています」（一・三〜六）。

パウロは伝道者であるとともに、また、素晴らしい牧師でもありました。この書簡の中にあるような、驚くべき真理を教えて、彼らを全き救いに導き入れました。そしてパウロの教えはこの一語に尽きます。「私にとって生きることはキリスト」と。言い換えれば、「キリストを私の生涯の力とし、私の従って行く模範とする」というのです。

メイフラワー号に乗って大西洋を横断した者たちの中に、日記に次のように記した人がいました。「キリストの生きたように生きること、これこそは私の祈りです。この新しい地において、いつもキリストを現せるように」と。そして、これはまた私たちの祈りでもあるはずです。

各章の教え——本書の各章を全体として見ると、以下のとおりです。

第一章「キリストを生活すべきこと」(二一節)

第二章「キリストの思い」(五節)

第三章「キリストを得る」(八節)

第四章「キリストによって、どんなことでも」(一三節)

第一章　「キリストを生活しなさい」

パウロは、キリストが彼らの中に働いていることを確信していました。「あなたがたの間で良い働きを始められた方は、キリスト・イエスの日が来るまでにそれを完成させてくださると、私は確信しています」（六節）。ですから、より深い恩寵の業が彼らの内に必要であり、またパウロは、善き業を始められたキリストは、完成させるまで、それを続けてくださることを知っていました。彼らはキリストを知りました。しかし、もっと必要でした。キリストは彼らを潔めたいと、なおも求めておられます。すでに知ったところよりも、なお深い経験へと導いてくださいます。

庭に薔薇（ばら）が生えています。樹液は、春早いころから枝々の中を巡ります。芽が出て、小さい蕾があちこちに見え始め、やがてきれいな薔薇の花となり、爛漫（らんまん）たる花盛りとなります。信者もみな、そのようであるはずです。信者はみな、その内にキリストのいのちをもっています。そしてそのいのちは、あの薔薇の樹液のように、再創造の働きをします。あなたの内にあるキリストのいのちは、常にあなたを栄光から栄光へ、主と同じ像（かたち）に変える力です。薔薇の内にあるいのちは満開にまで至らせます。あなたの救いの究極、キリストがあなたの内に生きておられる結果は、主ご自身の像（かたち）になること、主の御姿にまで完成されることです。あなたの内に善い業を始められたお方は、最後まで継続してくださいます。

彼らのための祈り

パウロは、これらの弟子たちの内に主が働いておられるのを知っていますから、彼らのために四つの恵みを祈り求めます。

1　愛の増し加わること。

「私はこう祈っています。あなたがたの愛が、知識とあらゆる識別力によって、いよいよ豊かになり」（九節）。

より深く、より満ちる愛！　これはすべての信者の進歩であるべきです。

2　知識の発達。

「あなたがたの愛が、知識とあらゆる識別力によって、いよいよ豊かになり、あなたがたが、大切なことを見分けることができますように」（九〜一〇節）。

最も大切なことを見分けること、あなたに対する神様の御旨が何であるかを知ること、神様はどんな道をあなたに取らせることを願われるか、などを知るべきなのです。

3　透き通る純潔。

「純真で非難されるところのない者となり」（一〇節）。

この「純真」という文字は、ギリシア語に多くあるように、絵画的な語で、「最も強い光の中で吟味されて、それで混じりけのない純潔なものが見られる」という意味です。信者は透き通った聖（きよ）さをもって、純真であるべきです。何の秘密も偽善も虚偽もあってはなりません。

4　豊かな結実。

「義の実に満たされて」（一一節）。

ヨハネの福音書一五章を見ると、キリストにある者は「実」を結ぶ、「多くの実を結ぶ」と言われています。これは恵み深くも可能である進歩です。もしも妨げさえしなければ、私たちは多くの実を結ぶに至り、「義の実に満たされて」という祈りは答えられます。

福音の勝利

そのようにキリストは心の中に勝利を得られます。そして、福音の働きにおいても、勝利を得られるのです。

「私がキリストのゆえに投獄されていることが、親衛隊の全員と、ほかのすべての人たちに明らかになり、兄弟たちの大多数は、私が投獄されたことで、主にあって確信を与えられ、恐れることなく、ますます大胆にみことばを語るようになりました」（一三〜一四節）。

何たる勝利でしょう！　主は、囚人であるパウロの証言を用いて親衛隊の人たちの間で働いておられました。悪魔は、パウロの働きが今や終わりとなることを願いました。しかし、キリストはこのような時、このような所においてさえ勝利を得て、御名と御救いを多くの人に現されたのです。

キリストはまた、伝道者たちが心の中に争いをもっていたにもかかわらず、勝利を収められました。そして宣べ伝えられるところはキリストなので、パウロは喜びます。そう、いよいよ喜ぶのです。

このように主イエスの御働きはすべての方面にわたっていましたから、パウロは死さえも、大きな益となることを知っていました。

「私にとって生きることはキリスト、死ぬことは益です」（二一節）。

パウロは、主イエスが一切を統べ治めておられることを知っていました。それゆえ、「生きるにしても死ぬにしても」（二〇節）、キリストさえあがめられるならば、喜んだのです。一切は主のご計画の中にあります。主は一切を導かれます。それゆえすべてのことは主の栄光となり、福音の進歩の助けとなると彼は知っていました。パウロは、切迫している死の危険に直面しながら、キリストさえあがめられたなら、すべてが善であると言うのです。

それでパウロは、この活けるキリストの力の活きた絵を若い信者たちの目前に示しつつ、次のように命じています。

「ただキリストの福音にふさわしく生活しなさい。そうすれば、私が行ってあなたがたに会うにしても、離れているにしても、あなたがたについて、こう聞くことができるでしょう。あなたがたは霊を一つにして堅く立ち、福音の信仰のために心を一つにしてともに戦って」いる、と（二七節）。

パウロは、彼らに届いたこの驚くべき福音にふさわしく生活するよう、キリストを生活に現すようにと命じるのです。

第二章 「キリストの思い」

「キリスト・イエスのうちにあるこの思いを、あなたがたの間でも抱きなさい」（五節）。

もし私たちがキリストを生活しているのならば、彼の御思(みおも)いを私たちの思いとするように、というのです。私たちに関わるすべてのこと、私たちの境遇、私たちの計画、私たちの将来に関して、主の御思いをもちましょう。

パウロはこの章を、私たちはキリストにあってすでに多くのものをいただいていると言って、始めています（一節）。「ですから、キリストにあって励ましがあり」、これは確かにあります。「愛の慰め」、なんという麗しい表現でしょうか。私たちには神様の愛の慰めがあります。そして、兄弟姉妹たちの愛の慰めもあります。「御霊の交わり」、私たちは御霊とともに歩むことを許されています。その愛を知り、その導きにあずかることが許されています。ゆえに、そこにおいて「へりくだりなさい」と、パウロは命じるのです。

「何事も利己的な思いや虚栄からするのではなく、へりくだって、互いに人を自分よりすぐれた者と思いなさい。それぞれ、自分のことだけでなく、ほかの人のことも顧みなさい」（三〜四節）。

私たちがキリストを生活しているならば、これは私たちの内にある思いでしょう。謙遜、柔和、自分よりも他の人がすぐれているとする尊敬の思い、ほかの人のことにも心を配る思いです。

さて、ここからパウロは、このキリストの思いの四つの偉大な実例を私たちに示します。

一　キリストご自身

まず、キリストご自身の偉大な実例です。キリストはどのように最高の天から十字架にまで下られたでしょうか。七つの驚くべき段階を彼は示しています。

1「キリストは、神の御姿（みすがた）であられるのに、神としてのあり方を捨てられないとは考えず」（六節）。

主は喜んで、第二の地位を取られました。

2「ご自分を空しくして」（七節）。

主はすべての栄光を後にされました。

3「しもべの姿をとり」（同節）。

これはなお一段と低いところでした。しかも、天使の長としてのしもべでもあり得たでしょうが、それよりももっと低く下られました。

4「人間と同じようになられました」（七節）。

最も低い地位を取られました。

5　「人としての姿をもって現れ、自らを低くして」（七～八節）。

なおも低く。

6　「死にまで」（八節）。

主は地上において全き人であられました。死にまでは至らなくてもよかったのではないでしょうか。いいえ、主は死に至るまで従われました。しかも、最も恥ずべき、最も痛ましい死にまで従われたのです。

7　「それも十字架の死にまで従われました」（八節）。

以上は栄光から十字架へ、キリストの取られた謙遜の七段階でした。常に、下へ下へと下りて行く段階でした。キリストがもし私たちの内に生きておられるならば、私たちの生活は常に、へりくだったものでしょう。私たちは神様の御前で、常に下に、さらに下に、一切を明け渡しつつ、下りて行く生涯でしょう。献身は、実に大切ですが、ただ一度だけの行為ではありません。これに引き続き、より深い謙遜へ、いっそう現実、実際的な自己の死へと下りて行くべきなのです。

二　パウロ自身

「たとえ私が、あなたがたの信仰の礼拝といういけにえに添えられる、注ぎのささげ物となっても、私は喜びます。あなたがたすべてとともに喜びます」（一七節）。もし私がキリストの実例に文字どおり従い、あなたがたの繁栄のために、私自身を死に至るまで与え尽くしてしまわなければならないとしても、私には、ただ喜びがあるのみ、あなたがたすべてとともに喜ぶのみであると、パウロは第二の実例として、彼自身の感慨を述べるのです。

三　テモテ

「私は早くテモテをあなたがたのところに送りたいと、主イエスにあって望んでいます。あなたがたのことを知って、励ましを受けるためです。テモテのように私と同じ心になって、真実にあなたがたのことを心配している者は、だれもいません。みな自分自身のことを求めていて、イエス・キリストのことを求めてはいません。しかし、テモテが適任であることは、あなたがたが知っています。子が父に仕えるように、テモテは私とともに福音のために奉仕してきました」（一九〜二二節）。

すなわち、テモテも主イエス・キリストの御足跡に従いました。キリストの心をもっていました。自分のことを求めず、他人のことを考えました。テモテはこれらの若い信者たちの身の上を案じ、またキリスト・イエスのことを求めたのです。

四　エパフロディト

「私は、私の兄弟、同労者、戦友であり、あなたがたの使者で、私の必要に仕えてくれたエパフロディトを、あなたがたのところに送り返す必要があると考えました。彼はあなたがたみなを慕っており、自分が病気になったことがあなたがたに伝わったことを、気にしているからです」（二五～二六節）。

また三〇節には、こうあります。

「彼はキリストの働きのために、死ぬばかりになりました。あなたがたが私に仕えることができなかった分を果たすため、いのちの危険を冒したのです。」

「いのちの危険を冒した。」　彼がパウロに協力して、そしてキリストに奉仕する機会を得たとき、自分のいのちさえなげうとうとしました。自分の利益、自分の慰めよりも、人の祝福を願ったのです。

私はもう一人の実例を引用したいと思います。エクスターのジョセフ・アレンは牢獄で、受難と痛苦のために心身を消耗し尽くして、三十五歳の若さをもって逝きました。彼の若い妻は、彼が福音を宣べ伝えるために通らなければならない苦難に、深く心を痛めました。そこで彼に手紙を書き送りました。「主は私たちのこの世におけるわずかな外部的な不利益を補うために、外部的にも内部的にも、たくさんの方法をもっておられないということがあるでしょうか。……イエス・キリストは決して私たちから何かを借りるようなお方ではありません」と。こうしてジョセフ・アレンはキリストの心をもち、日々、福音を伝え進みました。彼は早朝に起きては御言葉の上に主を求め、陽の出ないうちに得た新鮮なマナの力で日々を送りました。実際に天的な思いの中にその生涯を送り、福音を宣べ伝えたのです。彼の伝記を書いた者は言います。「彼は救霊のためには飽きることを知らない人であった」と。このことが彼に、福音宣教のために、健康を、そしていのちそのものをも賭けさせてしまったのです。「キリスト・イエスの心を心とせよ」（五節、文語訳）。キリストのいのちは、皆様の心にも、必ずやこのみこころをもたらすことでしょう。

第三章　「キリストを得る」

「それどころか、私の主であるキリスト・イエスを知っていることのすばらしさのゆえに、私はすべてを損と思っています。私はキリストのゆえにすべてを失いましたが、それらはちりあくただと考えています。それは、私がキリストを得て」（八節）。

パウロは彼の求めた恩寵（おんちょう）を得ていなかったでしょうか。満ち足りた救いを、すでに得ていなかったでしょうか。主イエスを彼のすべてとして知っていなかったでしょうか。確かに得ていました。知っていました。しかし、彼は、なおもキリストにあるすぐれたものを得ようとする深い飢え渇きをもっていました。主の恵み深いことは、すでに味わい知っていました。そうであればこそ、さらに主にあるものに対してはいっそう飢え渇いたのです。おお、私たちもみな、この飢え渇きをもちますように！

ヨシュア記一三章一節を見ると、同じ真理が型とたとえによって示されています。

「ヨシュアは年を重ねて老人になっていた。主は彼に告げられた。『あなたは年を重ね、老人になった。しかし、占領すべき地は非常にたくさん残っている。』」

彼らはヨルダンを渡らなかったでしょうか。エリコを取らなかったでしょうか。この地の真ん中に壇を築いて、全地は彼らの所有であると宣言されたではありませんか。三十一人の王はすでに撃破殲滅され、すべての期待は実現したのではありませんか。そうです。しかし、神は言われます。「占領すべき地は非常にたくさん残っている」と。そして、クリスチャンよ、主はあなたに驚くような導き、豊かな恩寵を受け継がせたとしても、なお占領すべき非常にたくさんの地が残っています。パウロ自身、これを実感しました。すべてのきよめられた人もそう感じます。パウロはなおも神様に、より多くの恵みを求め、身を屈めて祈り、いのちの水を十分に、また自由に飲もうと求めたのです。ですから、ここで「キリストを得る」と言います。三十年前、彼は一大決意をしました。けれども、なおも目標に向かって肉薄するのです。

「しかし私は、自分にとって得であったこのようなすべてのものを、キリストのゆえに損と思うようになりました」（七節）。

これは、彼が回心の時にした決心です。彼は後悔したでしょうか。怠ったでしょうか。ご覧なさい。

「それどころか、私の主であるキリスト・イエスを知っていることのすばらしさのゆえに、私はすべてを損と思っています。私はキリストのゆえにすべてを失いましたが、それらはちりあくただと考えています。それは、私がキリストを得て、キリストにある者と認められるようになるためです」（八～九節）。

彼は言います。「私はこれを実現しました。あの決心を果たしました。私はキリストのためにすべてのものを損であると計算しようと決心し、そのとおり実行しました。すべてを損としましたが、私の決心は依然同じです。このことに関するかぎり、私の決心は少しも変わりません」と。パウロは決心して以来、その決心を生活し、今なお同じ思いなのです。
そして私は、キリストのために大いなる決心をした皆様もそのように生活し、今なお、キリストのためには、すべてを損であると思っているに相違ないと信じています。さて、これらのことのゆえに、今やパウロはキリストと全く一つになりたいと願うのです。

「私は、キリストとその復活の力を知り、キリストの苦難にもあずかって、キリストの死と同じ状態になり」（一〇節）。

彼は言います。「願わくは、苦難において、また勝利において、主と全く一つになるように。願わくは、キリストが私の内に生きておられるので、苦難にあずかり、その勝利にあずかれますように」と。

今から〔編者注＝この書が記されたときから〕百年前、チャールズ・シメオンは、ケンブリッジ大学において大きな力をもっていました。彼はある教会の牧師であり、大学の特待生でした。今日のケンブリッジ大学クリスチャン同盟は長い間、シメオン党と呼ばれていましたが、それは彼の模範と教えを証しするものです。チャールズ・シメオンは福音を伝えるために、当時非常に苦しめられました。他の人たちは彼のことが気に入りませんでした。できれば沈黙させようと、ひどい迫害を加えました。ある日、迫害が甚だしく、そのために神様に慰めの御言葉を求めました。書簡をと思って開いたギリシア語の新約聖書が逆さまになっていました。それを回して読むと、「彼らは……シモンというクレネ人を捕まえ、この人に十字架を負わせてイエスの後から運ばせた」（ルカ二三・二六）とありました。シモンはシメオンと同じ語です。これはシメオンにとって大きな慰めと励ましでした。彼は言います。「あちこち、歩き回っていると、キリストの後から十字架を背負っていくことの特権をまざまざと思わされました。それが私の上に置かれることがどれほど驚くべき栄誉であるかが見えました。私の心は主に向けられました。そして祈りました。『主よ、それを私の上に置いてください』と。」

さて、パウロはこう願います。それは、彼の心の中に大いなる望みがあるからです。

「何とかして死者の中からの復活に達したいのです」（一一節）。

彼は第一のよみがえりにあずかること、主イエスに会うために携え挙げられること、子羊の婚姻の宴席に連なることを求めているのです。彼は確かにこれに到達できるとは確信していません。その救いに関しては少しも疑いはありません。永遠の栄光に行きつつあることは確信していました。彼は言います。

「たとえ私たちの地上の住まいである幕屋が壊れても、私たちには天に、神が下さる建物、人の手によらない永遠の住まいがあることを、私たちは知っています」(Ⅱコリント五・一)。

しかし、彼は第一のよみがえりに達するかは確かではありませんでした。それが彼の大いなる願望であり、憧れでした。おお、これがまた、私たちの憧れでもありますように！　そうであれば私たちもまた、キリストの満ち満ちた充全さにおいて、これを得ようと求めることでしょう。後のものを忘れ、前のものに向かって励み、目標に向かって肉薄することでしょう。「子羊の婚宴に招かれている者たちは幸いだ」(黙示録一九・九)。すべての救われた者がみな、このように招かれているというのではありません。

皆様は長距離走を見たことがありますか。ケンブリッジ大学では、一〇キロ走で競技者はグランドの周りを九回走ります。皆、スタートを見守ります。あなたは、あるいはだれかは友人を応援しているかもしれません。スタートしました。一周走って二周目に入りました。十五分くらいでしょうか。あなたは少し気が弛むかもしれません。何周も回りました。差がついてきました。しかし、まだ全力ではありません。あちこちで交わされる雑談の声も聞こえます。選手たちは依然、走り続けています。ついにテントから鐘の音が響きました。最後の周回に入ったのです。もうぼんやりしている者は一人もいません。いよいよラストです。これまでに落伍者もいたかもしれません。走っている者も懸命ならば、観衆も本腰です。ラストスパートをかけました。一人が先頭に立ちます。次の者がこれを抜き去りました。すると、それを、また抜き返しました。競り合っています。観衆は興奮のるつぼです。無関心の者は一人もいません。皆それぞれ、自分の応援する人の名を呼んでいます。歓声をあげています。満場白熱、ついにテープは切られました。そして競技は終了しました。

私たちは今、最後のところに入っているかもしれません。ちょうど主が再び来て、競技の終了直前になったかのようです。今はクリスチャンが心を弛(ゆる)めている時ではありません。全力を打ち込み、すべての勇気と思いを打ち込んで走る時です。今は最終コーナーです。やがて私たちの競技は終わります。勝利か、あるいは永遠の損失か。

パウロはこのような切迫感をもっていました。ですから、「何とかして死者の中からの復活に達したいのです」（一一節）と言います。おお、私も、願わくは、あの子羊の婚宴に招かれている幸いな者の中にありますように！

「キリストを得る」！　決して檻の中に落ち着いてしまわないように。そして、「救われたときに、みな得ているのだ」などと言ってはなりません。

決してそうではありません。あなたのために、もっと多くのものが備えられています。キリストを十分に得るために、あなたは自分を奮い立たせなければなりません。

第四章　「キリストによって、どんなことでも」

「私を強くしてくださる方によって、私はどんなことでもできるのです」（一三節）。この章では、キリストが私たちを力づけてくださることで得られる七つの恵みが述べられています。

一　不断の喜び

「いつも主にあって喜びなさい。もう一度言います。喜びなさい」（四節）。あなたはあなたに力を与えてくださるキリストによって、このようにすることができます。

二　煩わされない自由

「何も思い煩わないで、あらゆる場合に、感謝をもってささげる祈りと願いによって、あなたがたの願い事を神に知っていただきなさい」（六節）。

三　絶えない、また、増していく平安

「そうすれば、すべての理解を超えた神の平安が、あなたがたの心と思いをキリスト・イエスにあって守ってくれます」（七節）。

これはまったく「キリスト・イエスによって」です。これらの驚くべき恵みは、主イエスの御力と祝福ある御働きによって私たちに与えられます。

四　うるわしい事柄を思う心

「最後に、兄弟たち。すべて真実なこと、すべて尊ぶべきこと、すべて正しいこと、すべて清いこと、すべて愛すべきこと、すべて評判の良いことに、また、何か徳とされることや称賛に値することがあれば、そのようなことに心に留めなさい」（八節）。

これらのことはみな、キリストによってです。

五　完全な満足

「乏しいからこう言うのではありません。私は、どんな境遇にあっても満足することを学びました」（一一節）。

六　全能の力

「私を強くしてくださる方によって、私はどんなことでもできるのです」（一三節）。どんなクリスチャンでも、弱くあるべきではありません、私たちには、私たちを強くしてくださるお方によって、すべてのことをなすことができる特権があります。

七　一切の欠乏に対する無尽蔵の供給

「私の神は、キリスト・イエスの栄光のうちにあるご自分の豊かさにしたがって、あなたがたの必要をすべて満たしてくださいます」（一九節）。

願わくは、神様、この書簡を私たちに開き、内に宿っておられるキリストのメッセージを、それぞれに示してくださいますように！　願わくは、この書簡が私たちを励まして、より深い恩寵、より高い恵みを求めさせてくださいますように！

ここにおいて皆様は純粋なホーリネスを持っています。キリストがご自身のものであるそれぞれに分け与えようと思っておられるもの、各々の内で働こうと用意しておられるものをもつのです。「あなたがたの間で良い働きを始められた方は、キリスト・イエスの日が来るまでにそれを完成させてくださると、私は確信しています」（一・六）。

第三部　コロサイ人への手紙の研究
――神の奥義なるキリスト――

この書簡の主題は、奥義＝あなたがたの中におられるキリスト（一・二七）、あるいは二章二節にあるように、神の奥義＝キリストです。これに先立つ三つの書簡も同じテーマをもっています。

この奥義の結果＝聖潔(きよめ)

これはまた神の秘密であって、私たち異邦人が召された召しにふさわしく歩み、潔(きよ)く責められるところのない生活を営むために（一・二二）、私たちに啓示されたものです。

一章二九節を見ると、いかにパウロがこれを実生活で現しているかがわかります。これは、「内におられるキリスト」を実際的に生活に現すことについて、新約聖書の中で最も助けとなる御言葉の一つです。

「このために、私は自分のうちに力強く働くキリストの力によって、労苦しながら奮闘しています。」

それはまさに蒸気機関のようなものです。蒸気は内にたぎっていますから、内部の蒸気の力強い働きによって動きます。それゆえ、ここにおいて、信仰がどこに入り込んでくるか、また、「奮闘」がどこに入り込んでくるかがわかります。キリストが私たちの内側から力強く働こうと、私たちの内に宿ってくださり、そのキリストに拠り頼むところに信仰が入り、キリストの内側からのお働きによって、「奮闘」が入ってくるのです。

そしてパウロは、彼らがこの真理を知るために、非常に苦心しています（二・一）。パウロは、彼らが「理解することで豊かな全き確信」（理解することにおいて十分な豊かな確信 all riches of the full assurance of understanding. 二・二、英欽定訳）を得ることを願っています。

ヘブル人への手紙一〇章二二節には、「全き信仰」（信仰における十分な確信 full assurance of faith. 英欽定訳）があり、同六章一一節には「希望について十分な確信」（the full assurance of hope. 英欽定訳）がありますが、ここには「理解における十分な確信」

があるのです。皆様がこれら三つのものについて十分に祈り、黙想することをお勧めします。神様は、私たちが十分な確信、堅い信念をもつことを望んでおられます。

ウィリアム・カバソーは日記の中で、神様とのいわば「婚約」を新たにした時のことを記しています。彼は、神様が自分を受け入れてくださり、彼は神様に、そして神様は彼に、新たに結ばれたとの確信をもちました。こう書いています。「この後、私は神様に対する確信が、どんなに増し加わることを感じたことでしょう。私の道をたどり進むために、どれほどの新しいたましいの力が感じられたことでしょうか」と。

これこそは、パウロがこれらのコロサイの信者たちにもたせたいと願って祈った十分な確信です。彼らは神様の秘密を知るべきでした。この秘密とは、キリストです。そして、私たちの霊的生活は、すべてここから来ます。この聖なる秘密をますます知り、キリストを悟るのです。

彼らはすでに救われていた

パウロがこの書簡を書き送ったこれらコロサイの人々は、明確に生まれかわっていました。彼は言います。「神の恵みを聞いて本当に理解したとき」（一・六）と。また、

「私たちは、贖い、すなわち罪の赦しを得ているのです」(一・一四)と。そして、「あなたがたも、かつては神から離れ、敵意を抱き、悪い行いの中にありましたが、今は、神が御子の肉のからだにおいて、その死によって、あなたがたをご自分と和解させてくださいました。あなたがたを聖なる者、傷のない者、責められるところのない者として御前に立たせるためです」(一・二一~二二)と語ります。

さらに、「このように、あなたがたは主キリスト・イエスを受け入れた」(二・六)、そして、「神はキリストとともに生かしてくださいました」とも言っています(二・一三)。

私は以上、四、五か所の引照を申し上げましたが、それは、このことを悟るのが非常に大切だからです。私たちがより深い恵みに進み、清い心をもつことがどういうことであるか、また、聖霊の満たしが何であるかを知りたいならば、まず神様の救いの明確な体験と、私たちの主イエス・キリストによって神様と和解しているという十分な確信という基礎の上に立たなければなりません。

それゆえ、さらに求めるべきことを勧める

彼らは生まれかわっている、彼らは信仰を働かせた。彼らはキリストを受け入れた、そこでパウロは、すでに受けたものよりももっと恵みに満たされている、もっと深いものを求めるようにと勧めています。一章二八節でこう言います。

「私たちはこのキリストを宣べ伝え、あらゆる知恵をもって、すべての人を諭し、すべての人を教えています。すべての人を、キリストにあって成熟した者として立たせるためです。」

パウロは彼らのことを個人的には知りませんでした。しかし、彼らのために重荷をもちました。これは私たちにとって大きな教訓です。私たちは、まだ救われていない人々のために重荷をもちましょう。祈りのリストをもっているかもしれませんが、信者のために重荷をもちましょう。各々の人がキリスト・イエスにあって成熟するようにと重荷を感じましょう。パウロはその重荷を感じました。生まれかわった者たち、私たちの主イエス・キリストによって神様と和解した人たちが、恵みに満たされるまで進み入るように、願ってやまなかったのです。

「あなたがたを聖なる者、傷のない者、責められるところのない者として御前に立たせるためです」(一・二二)。

これは非常に高い基準ではありますが、パウロは、聖なる者、傷のない者にする救いがあることを知っていました。「傷のない」とはレビ記にある犠牲のように、「全きもの」の意です。「責められるところのない」とは、主によって何の咎も見いだされない者のことです。

エパフラスが彼らのために祈る

パウロだけではありません。エパフラスもまた彼らのために祈っています。
「あなたがたの仲間の一人、キリスト・イエスのしもべエパフラスが、あなたがたによろしくと言っています。彼はいつも、あなたがたが神のみこころのすべてを確信し、成熟した者として堅く立つことができるように、あなたがたのために祈りに励んでいます」(四・一二)。

エパフラスは、自分の愛する信者たちが浅い恵みにとどまることで満足することができませんでした。神様の恩寵の満ちた深さを知るようにと願い、パウロとともに獄中にあって「祈りに励む」、彼らが神様の御旨のすべてを確信することを願ったのです。「励む」はギリシア語で「もだえる」と同じ語根です。「もだえる」が新約聖書にこの語が最初に使われているのは、ルカの福音書二二章四四節で、主のゲツセマネのもだえです。「イエスは苦しみもだえて」とあるとおりです。

私は、ご聖霊がこの語をゲッセマネの記事と、このエパフラスの祈りの記事に用いられたのは、私たちにこの両者を結びつけて考えさせるためであると信じて疑いません。エパフラスは、信者が神様のみこころを確信して立つようになるため、深い重荷と渇望をもってゲッセマネの祈りをしたのです。私たちは、クリスチャンが潔められるために、この類の重荷を知っているでしょう。信者が潔められることは、罪人が救われることよりももっと大切であるかもしれません。ムーディは言いました。「私は十人の未信者がキリストに導かれるよりも、一人の信者がきよめられるのを見たい」と。ムーディは、世のために、また神の御国のために、そのほうがもっと尊いと信じたのです。

信者の肖像

さて、一章九節以下を見ると、パウロは信者のために祈っています。この祈りは、その内にキリストの宿っている、潔められたクリスチャンの肖像を私たちに示します。この祈りの七つの願いをご覧なさい。

一「神のみこころについての知識に満たされますように」（九節）。

内住のキリストはあなたがたに光を与え、神様のみこころを知らせてくださいます。

二「主にふさわしく歩み、あらゆる点で主に喜ばれ」（一〇節）。

すなわち、あなたがたの生涯が主の愛と犠牲にふさわしいものであるように、そしてそれが主にとっての喜びであるために、主にふさわしい歩みであるように。

三「あらゆる良いわざのうちに実を結び」（一〇節）。

リンゴの木があります。芽を出し、葉を生じます。その中に生命があるからです。春になると、一面に花で覆われて、それは綺麗なものです。しかしそのことは、その木がそこに植えられている目的ではありません。秋、枝もたわわに、すべての木、果実に覆われるのが見られるでしょう。それがリンゴの木の目的です。

クリスチャンにも、この三段階があることを信じます。ある者は生命をもっています。それは喜ぶべきことです。しかし、それがすべてではありません。また、ある者は神様の美をもって甚だ美しいでしょう。そうです。しかし、それだけで良いのではありません。世にはあらゆる良いことで、実際に実を結んでいる者がいます。パウロは、コロサイの信者たちが聖霊の実際的な実をもって繁っている者であることを祈るのです。果実の中には種子があります。そして、その種子から他の木が生じます。リンゴの木が生きているというだけでは、他の木は生まれません。また、どんなに美しかろうと、ただ花を開くだけでは、他の木は生まれません。しかし、木に生じる果実から、たくさんの他の木は生まれるのです。おお、私たちはすべての良いわざによって、実を結ぶものでありたいと思います。

四「神を知ることにおいて成長しますように」（一〇節）。

聖書を読むことによって、またその意味の深さを知ることによって、いよいよ神様を知ることにおいて成長しつつ、また、日ごと、週ごと、神様のお取り扱いによって、ますます神様ご自身を知りつつ。

五「神の栄光の支配により、あらゆる力をもって強くされ」（一一節）。

神様の力は栄えあるものですから、神様はそのすべての力によって、あらゆる類の働きのために、あなたが強くされることをお求めになります。

次のことは忍耐です。

六「どんなことにも忍耐し、寛容でいられますように」（一一節）。

神様はあなたのうちに忍耐を増し加えるために、かなり多くの試練をお与えになるかもしれません。内住のキリストは、あなたに忍耐をもたらされます。そして、試練の中においてさえも、あなたに喜びを与えられます。こうして、あなたは激しい苦しいすべての試練の中をも貫いて、常に笑顔をもって神様を賛美することができるのです。

七　「感謝をささげることができますように」（一二節）。

すなわち、神様の御救いに対して感謝することが記されています。すべてのご恩寵に対する賛美です。

以上はクリスチャンの美しい肖像ですが、あなたの内におられるキリストは、あなたの内からこのような姿を刻みあげようと、待ち構えておられるのです。

キリストの肖像

私たちはまた、ここに驚くべきキリストの肖像を与えられています（一・一五〜二〇）。神様の御言葉の中には、キリストの御姿があちらこちらに見られます。しかしある意味において、これは聖書中、またと見られない最も驚くべきキリストのご肖像です。その内容をご覧なさい。

一　「御子は、見えない神のかたちであり」（一五節）。

神様は不可視です。人は神を見ることができません。おそらく天使たちでさえも神様を見ないでしょう。しかし、キリストは神ご自身のかたちそのものです。そして神様がどんなお方かを見るために、福音書の中に主の御姿が綴られています。アダムは不可視の神様の像(かたち)でした。しかし、罪によってその像を失いました。そこで神様はもう一人の人、主イエス・キリストを与えて、不可視の神様の像として世に遣わされました。そして今やこのお方は私たちの内に働いておられるのです。これは、私たちお互いが、見えない神様を現す像であるためです。

「(あなたがたは)新しい人を着たのです。新しい人は、それを造られた方のかたちにしたがって新しくされ続け、真の知識に至ります」(三・一〇)。

この像が私たちの内にもう一度造られるために、聖霊は私たちを新たなものになされつつあります。これは第一のことです。

二「御子は……すべての造られたものより先に生まれた方です」(一・一五)。

神の御子が被造者であるという意味ではありません。全創造の主であるとの意です。主は、あたかも一大財産の相続人、十分に成長した息子が父の家にいて、父を助け、働き、その全所有を管理しているかのようです。このようにキリストは全創造の長子であり、主です。

第三に、このお方は万物の創造主です。

三　「なぜなら、天と地にあるすべてのものは、見えるものも見えないものも、王座であれ主権であれ、支配であれ権威であれ、御子にあって造られたからです。万物は御子によって造られ、御子のために造られました」（一六節）。

普通、創造主というと、私たちは、この世界の創造か全宇宙の創造を考えます。しかしこの御言葉は、それよりもはるかに進んで、天使の創造、セラフィム、ケルビムの創造に及んでいます。天の最強の力も、主イエス・キリストによって創造されたのです。

四　「万物は御子にあって成り立っています」（一七節）。

これは、今日の多くの科学者が理解できない秘密です。科学者はこの地球が幾千万年もの間、どうして毎年毎年、太陽の周囲を公転しているかを説明することができません。地球はどうして遠くへすっ飛んで行かないのでしょうか。また、太陽の中に落ち込んでしまわないのでしょうか。太陽がどうしてあのように燃え続けていくかを知る者はいません。太陽の中で燃える燃料は莫大なものです。この地球の百個ぐらいを、毎週、太陽に注ぎ込むようなものでしょう。太陽の炉を燃え続けさせるためには、それくらいを要します。どうしてこれが続けられているのでしょうか。ここに一切の秘密の説明があります。すなわち、「万物は御子にあって成り立っています」。

五　「御子はそのからだである教会のかしらです」(一八節)。

御子は、からだである教会のかしらです。それは、このお方が死者の中から最初に生まれた方、死と罪に対する勝利者であるからです。二章の終わりには、今一度、同じ題目が取り上げられていますが、ここではただ主イエスの栄光の一項目として触れられています。

六　「神は、ご自分の満ち満ちたものをすべて御子のうちに宿らせ」(一九節)。

すなわち、神様の完全のすべては、神の御子のうちに宿るものです。御子は決して神様ご自身に劣ることはありません。「すべて御子のうちに宿らせ」とあるとおりです。

七　「その十字架の血によって平和をもたらし、御子によって、御子のために万物を和解させること、すなわち、地にあるものも天にあるものも、御子によって和解させることを良しとしてくださったからです」(二〇節)。

御子は十字架の血によって平和をもたらし、十字架によって和解させてくださいます。これは主の最高の栄光です。主は十字架にまで下って、その十字架によって、万物を神様と和解させてくださいました。

天にあるキリスト、心の中のキリスト

この書簡の中に私たちは「神の右の座に着いておられる」キリスト（三・一）について読みますが、同時に、「あなたがたの中におられるキリスト」（一・二七）を読みます。これは同じキリストです。天におられる、このように栄光あるお方、あらゆる権威の掌握者が、私たちの中にも宿って、その御力とご恩寵を分け与えようとしておられるのです。

「キリストのうちにこそ、神の満ち満ちたご性質が形をとって宿っています。あなたがたは、キリストにあって満たされているのです」（二・九～一〇）。

主はこのすべての満ち足りている徳とすべての恩寵を私たちに分け与えようと備えておられます。パウロが、コロサイの若い回心者たちにこのキリストを知らせたいと願って、そのために祈りの力闘をしたのも、当然のことです。

「私が……どんなに苦闘しているか、……私が苦闘しているのは、この人たちが……神の奥義であるキリストを知るようになるためです」（一～二節）。

願わくは、この一事が私たちそれぞれの中にも成就されますように！

キリストを明らかに見るべきこと

ときに汽車で旅行をしていると、窓が曇って、はっきり見えなくなることがあります。広々とした田舎を通っているのか、町を通過しているのかくらいはわかっても、景色がはっきりとは見えません。しかし、窓を拭うと、美しい風景が見えてきます。通過している町の様子や、大きな古城、そのほかの建物も目に入ってくるのです。

パウロは、これらの信者がキリストをはっきり見ることを祈っています。一章九節以下では、クリスチャンの肖像、すなわち、内住のキリストがどんな力となってくださるかを見、一五節以下ではキリストご自身の肖像を示して、私たちにどれほど栄え輝く救い主が与えられているかを知らせたのです。

さらに深く、さらに高く

今やパウロは、彼らがキリストを知るために祈ります。

「このように、あなたがたは主キリスト・イエスを受け入れたのですから、キリストにあって歩みなさい。キリストのうちに根ざし、建てられ」（二・六〜七）。

言い換えれば、あなた自身の根をキリストの中に深く下ろし、キリストから養分を受けることです。私たちは根を世俗的なものに下ろし、一部分は霊的に、一部分は肉的になることもできるでしょう。しかしパウロは、彼らが一番豊かな土壌に根を下ろし、キリストの中に建てられるようにと祈るのです。「根ざす」とは、キリストから受けるために、いよいよ低く下りていくことを意味しますが、「建てられる」とは、日ごとに聖書を読むことや、日ごとの祈りや、霊的な事柄に精進するなど、不断の励みによって、ますます高く上ることです。

そして、主が私たちのかしらであることを知って、私たちは「養分を供給され（having nourishment ministered）」、「神の増大をもって増大（increaseth with the increase of God）」するのです（二・一九、英欽定訳）。恩寵、喜び、平和、熱心、力などがますます増し加えられるでしょう。「神に育てられて成長していくのです。」

「このかしらがもとになって、からだ全体は節々と筋によって支えられ、つなぎ合わされ、神に育てられて成長していくのです」（二・一九）。

私たちのかしらであるキリスト

私たちのかしらであるキリストは、初めの「あなたがたの中におられるキリスト」とは、少し違う言い方のように思われますが、実は同じ真理を教えるものです。私たちはキリストから、すべての恩寵、すべての養い、すべての力をいただくのです。そして、私たちが必要とする一切を受けるのは、私たちが彼に結びついているからです。

私たちがキリストと共にあずかる恵み

さて、私たちが主に結びつく結果としていただく恵みには、以下のような偉大な事柄があります。

一　割礼――「キリストにあって、あなたがたは人の手によらない割礼を受けました。肉のからだを脱ぎ捨てて、キリストの割礼を受けたのです」(二・一一)。

キリストの割礼のゆえに、私たちは霊的割礼の特権にあずかります。キリストは肉の罪のからだを脱ぎ捨てられたので、私たちも信仰によって、そうすることができます。私たちも彼に結びついていますから、私たちもキリストの割礼によって、肉の罪のからだを脱ぎ捨てるという事実の上に堅く立つことができるのです。

割礼にあずかって罪のからだを脱ぎ捨てるというのは消極的方面です。そのよみがえりにあずかり、神様のいのちを与えられるのは積極的方面です。

二　よみがえり——「バプテスマにおいて、あなたがたはキリストとともに葬られ、また、キリストとともによみがえらされたのです。キリストを死者の中からよみがえらせた神の力を信じたからです」（二・一二）。

このように、「神の活動に対する信仰（the faith of the operation of God. 英欽定訳）」によって、私たちはいのちの新しさに、死からよみがえらされるのです。こうしてキリストは私たちの力となり、その御力によって肉の罪のすべてのからだを脱ぎ捨てるのです。そして私たちはキリストからよみがえりの力をいただき、天の所で神様と共に歩む力をいただくのです。

二三節は、効果のない救いの道について語っています。「知恵のあることのように見えますが」、肉と罪からの救いのためには何の力もないものがあります。「触るな、味わうな」などという、様々な規定があります。私たちはみな、そういう人間の了解の上に基づいた規定に従うことが何であるかを知っていると思います。それらは肉から、罪から救うことができませんでした。唯一の救いの道は、肉の罪のからだを脱ぎ捨て、よみがえりのいのちをいただいていることを自覚し、かしらに結びつき、その恩寵によって私たちを養わせることです。

勤勉でありなさい。忠実でありなさい

そこでパウロは三章から、さらに進んで、甚だ実際的な点に説き及んでいます。「こういうわけで、あなたがたはキリストとともによみがえらされたのなら」、すなわち、あなたには、なさなければならない何事かがあるというのです。実行しなければならないことがあるのです。

「上にあるものを求めなさい」（一節）。すなわち、あなたの中によみがえりのいのちがあるとしても、自らを励まし、努めなければ、あなたは上にあるものを求めはしないでしょう、というのです。そしてあなたは、全き心で、一心をもって忠実であるのでなければ、罪に対する死を経験しないでしょう。これは、何よりも肝心なことです。

罪を絶ちなさい

「ですから、地にあるからだの部分……を殺してしまいなさい」（五節）。

「なんだ！　私たちはもう死んでいると思った」と彼らは言うかもしれません（三・三）。「もはや、なすべき何ものも残ってはいないはずだ」と。パウロは言います。「いいえ、なすべきことはたくさんあります！　地にあるからだの部分を殺してしまいなさい。いろいろの肉の欲を死の場所に置きなさい。それらを常に殺すのです」と。

このように、キリストと共に割礼を施され、キリストと共によみがえったあなたは、常に守り、祈り、霊的な生活に留意する必要があるのです。

「これらのために、神の怒りが不従順の子らの上に下ります」（六節）。

これらこそはクリスチャンから力を奪うものです。これらを除き去るべきことに全く無頓着でいるからです。

電気の煌々とともった大きな建物があるとします。電気は太いワイヤーで引き入れてあります。しかし、もしこのワイヤーがどこか、何か金属に触れているならば、電流は洩れて暗くなります。電気はついています。しかし、当然あるべきほどには明るくなりません。世にはそういう類の信者がたくさんいます。彼らの生活の隠れた部分に、力を盗むものがあります。あなたのためには、「あなたの目が健やかなら全身が明るくなります」（マタイ六・二二）と、主イエスも言われたように、神様のため、明るい光をもって輝く力が備えられているのです。しかし、もし何か隠れた罪が心の中に潜んでいるならば、力の幾分かがあなたから奪い去られてしまい、その結果、あなたの光は、主が願っておられるほど十分には輝き光らないことになるのです。ですから、地上のからだを殺してしまいましょう。

クリスチャンのよみがえりの生涯

このようにして、私たちは、キリストのよみがえりのいのちを生活しながら前進する者となります。ここに、キリストと共によみがえったクリスチャンの、もう一つの肖像があります（三・一二以下）。その特性を見ていきましょう。

一　「キリストの平和が、あなたがたの心を支配するようにしなさい」（一五節）。平和が、あなたがたの心の中の一切の問題を支配するようにしなさい。ギリシア語では「審判者となる」という意です。クリケット競技などでも、審判が「アウト」を宣言すれば、競技者はそれに従わなければなりません。

「神の平和が、あなたがたの心をさばくようにしなさい。」

神の平和が、あなたにささやくとおりに従いなさい。

二 「キリストのことばが、あなたがたのうちに豊かに住むようにしなさい」（一六節）。

私はこの「豊かに」という語が好きです。キリストの言葉を、そのすべての富、豊かさにおいて、そのすべての栄光ある力において、あなたのうちに住むようにしなさい。

三 「ことばであれ行いであれ、何かをするときには……すべてを主イエスの名において行いなさい」（一七節）。

主イエスの名において！ それは、あなたがこのお方に属するものだからです。主イエスの性格において！ それは、あなたのうちにこのお方が住んでおられるからです。

そしてパウロは進んで、これが家庭において、また、いろいろな関係において、いかに実生活に現され、身をもって説明されるかを語っています。聖潔はまず、家庭においてこそ生活されるべきだからです。

祈り続けなさい

こうしてパウロは最後の命令を与えます。「たゆみなく祈りなさい。感謝をもって祈りつつ、目を覚ましていなさい」（四・二）。「祈りつつ、目を覚ましていなさい。」彼らは、すでに、この書の驚くべき真理を学びました。驚くべき救い主を知りました。そしてキリストは彼らのうちに住んでおられます。しかし、パウロの最後の勧めは「祈りつつ、目を覚ましていなさい！」です。この必要は常にあります。熱心でありなさい。倦んではいけません。祈り続けなさい。そしてなおもパウロは言います。「このことの中に覚めて守りなさい（watch in the same. 英欽定訳）」、油断してはいけない、祈りに常に活発でありなさい、答えを期待しなさい、と。

彼は彼らのために祈りましたが、今や、自分のために、特別の祈りを求めます。「同時に、私たちのためにも祈ってください。神がみことばのために門を開いてくださって、私たちがキリストの奥義を語れるように祈ってください」（三節）。

パウロは、周囲の人々に救いを提供すべき機会を願ってやみません。私たちも、門が開かれることを祈るべきです。

　この書簡中、私たちはすでに、祈りについてかなり多くのことを読みました。一章においてパウロは信者のために祈りました。四章にはエパフラスの祈りがありました。そして、今、最後に、パウロが彼らに、祈りなさい、私たちのために祈ってください、と言っているのを見ます。パウロは偉大な人物でありながら、祈りの必要を感じています。この一事において、人はキリストと彼の弟子たちとの相違を見ます。主は一度も自分のために祈ってほしい、と言われませんでした。しかしパウロは、ここで祈ってください、と言います。自分の弱さ、自分の欠けを知っていたのです。「同時に、私たちのためにも祈ってください。」「私たちのために祈りなさい」というのです。

以上、このようにして、私たちはこの書簡を閉じます。おお、願わくは、私たちがいかに素晴らしい救い主を与えられているかを見るように！　そして信仰によって、この救い主を私たちのうちに住むお方として受け取りますように！　また、すべての御力を与えられますように！　このことのゆえに、私たちは常に、「感謝をもって祈りつつ、目を覚まして」いましょう。

詩篇の霊的思想

米田　豊　筆記
中島　彰　編集

まえがき

本書はバックストン先生が、詩篇のほとんど各篇にわたって、その霊的思想の要点だけを口述されたものを筆記したものです。ですから、これは先生がよく言われたように、種子にすぎません。ただこれを読み流しただけではあまり益がないかもしれません。これによって御言葉を熟読玩味してこそ、自分のために霊の糧を得、また人を導くうえにも助けとなる思想を得られるのです。多くの篇において、この要点そのものの中に、一つの講解的説教の骨子とするに足るものがあります。

先生は常に、十分書き入れのできる余白のある聖書を研究用として数冊備えておられます。そして毎朝、時を費やして静かに聖書を読み、味わわれますが、そのときに教えられた思想の要点、ときには霊的書物を読んだり、人の説教を聞いたりして自分の糧として吸収同化された要点なども、その聖書に書き入れておかれるので、これが他日、聖書の講義や説教をされるときの骨子となるようです。

これは私が数年間、先生のそばにいて観察し、また学んだことで、先生は絶えず聖霊に教えられた思想を大切に保存することに注意しておられます。ですから、先生の講義や説教の多くは、にわかに考え作ったものや即興的偶感的なものでなく、長い間の準備的黙想の結果です。

本書にある詩篇の霊的思想の要点は、こうして書き込まれた先生の聖書のノートです。熱心な聖書研究者は必ずこれによって新しい光と多くの教訓を得て、恵みを受ける助けとなることと思います。

なお先生の講義筆記には、ほかに、『レビ記講義』、『ヨハネ福音書講義』、『ルツ記霊的講解』、『創造と堕落』などがあります。また説教集には『霊的講演集』、『赤山講話』、『リバイバルの条件』などがあります。

一九一七年（大正六年）六月　　神戸にて

筆記者記す

緒　言

詩篇をひもとくにあたって、まず三つのことを記憶する必要がある。

第一に、本書によって神のご性質、そのご威光、その聖なる力などを学ぶことができ、また特に、新約聖書において現されている父なる神のご性質を読み取ることができる。

神はそのみこころを現すために、いろいろな方法を用いられる。すなわち、歴史により、預言者により、詩歌により、あるいは書簡によってこれを表された。ことに詩歌は最もよくみこころを表したもので、詩篇はまことに賛美歌とも言うべきものである。

第二に、詩篇は、神が私たちに与えられた賛美歌であるとともに、神が私たちに授けられた祈りの書でもある。聖霊はこれによって祈りの言葉を示し、祈りの順序を示し、また祈りの心を教えてくださる。それゆえ、私たちはたびたびこの祈禱書をひもといて、その教えるところにしたがって祈らなければならない。たとえば、神の導きを求めるときには第五篇を、御顔の光を求めるときには第四篇というように。

詩篇にはこのように、多くの祈りについて書かれているが、その各篇の終わりにはだいたい祈りが答えられたという信仰について記されている。私たちも祈りの終わりにおいて、このような信仰を抱かなければならない。詩篇を通して祈りの大胆さを学ぶのである。たとえば、「起きてください。主よ」（四四・二三）などの御言葉は、詩篇について教えられることなくしては知り得ない語句であって、これはいささかの遠慮もない実に大胆な祈りの言葉である。私たちもこのように詩篇に教えられて、憚る(はばか)ことなく神の御前に出て、大胆な祈りをささげることができるのである。

第三に、新約聖書の引照の多くが詩篇からであるのを見て、この詩篇がいかに重要であるかを知るべきである。

一 詩篇の五巻とモーセの五巻

第一巻　第一篇―第四一篇……創世記と符合する。題目「幸福と聖潔」

第二巻　第四二篇―第七二篇……出エジプト記と符合する。題目「試練と救い」

第三巻　第七三篇―第八九篇……レビ記と符合する。題目「霊的暗黒と交わり」

第四巻　第九〇篇—第一〇六篇……民数記と符合する。題目「荒野の旅と保護」

第五巻　第一〇七篇—第一五〇篇……申命記と符合する。

各巻の結末は賛美頌栄をもって終わり、アーメン、アーメンを付記されている（四一・一三、七二・一九、八九・五二、一〇六・四八）。最後の第一五〇篇は、全体が賛美と頌栄の詩である。

二　詩篇の預言

詩篇中には主イエス・キリストについて預言されている箇所が多い。

第一　第八篇四—八節——主イエスの受肉降誕（incarnation）

ヘブル人への手紙二章六—九節は右に対する聖霊の注釈である。

第二　第二二篇全体——十字架と贖い

この篇を読んで、十字架上の主のお心を味わう。

第三　第一六篇八〜一一節——主イエスの復活

使徒ペテロは、ペンテコステの説教中にここを引照して、主の復活を証しした（使徒二・二五〜二八）。

第四　第二四篇七―一〇節――主イエスの昇天
主は十字架の戦いに勝利を得、明らかに昇天されたことを見る。
第五　第一一〇篇一、四節――キリストの国と祭司
使徒の働き〔使徒行伝〕二章三四―三六節、ヘブル人への手紙一章一三節、五章六節などを対照せよ。

これらの引照によって、主イエスについての預言がいかに明瞭であるかを知ることができる。もちろん、このほかにも多くの預言があるが、ここにはただ聖霊の注解によって明白に啓示されたものだけを掲げたのである。読者が聖霊の示しにしたがって他の箇所をも調べることを勧める。またこれによって、どういうように詩篇を学ぶべきかを悟られたい。

いま試みにその例を挙げるなら、キリストの再臨については、九六篇、九七篇、九八篇を見よ。この三篇は特に主の再臨を預言したものである。また、一四六篇は主イエスの奇跡について預言されたものである。

詩篇第一巻

第一篇　幸いな人

本篇は、主イエスの山上の説教（マタイ五～七章）の大意と同じで、幸いな人とはどんな人か、またどのようにして幸いな人となれるかについて学ぶのである。そして、次の四つの篇は、幸いな人とはどういう人かを教え示している。

三二篇一節――幸いなことよ／その背きを赦され　罪をおおわれた人は。

四一篇一節――幸いなことよ／弱っている者に心を配る人は。／わざわいの日に**主**はその人を助け出される。

一一二篇一節――ハレルヤ。／幸いなことよ。／**主**を恐れ　その仰せを大いに喜ぶ人は。

一篇一節――幸いなことよ／悪しき者のはかりごとに歩まず／罪人の道に立たず／嘲る者の座に着かない人。

いま特に三二篇の御言葉に注目せよ。このように歌ったダビデ王は、甚だ富んだ者であり、勝利者であり、また英雄であったが、しかし幸いな人とは、このような者ではなくて、その背きを赦され、その罪をおおわれた者こそ、その人であると言った。主イエスが山上の説教の中で「幸いです」と九度述べられたように、この言葉は詩篇の中にも九度あるいは十度記されている。すなわち、前記のものに加えて、三四篇八節、六五篇四節、八四篇五、一二節、九四篇一二節などである。

▼第一篇の分析

1 〈一―三節〉満たされた生涯

2 〈四―六節〉空虚な生涯

▼一節―聖別　Separation

二節―仕事　Occupation

三節―繁栄　Prosperity

▼三節の中に、クリスチャン生涯に必要な三つのことが記されている。根と葉と実である。

1 根――隠れた生涯。格別に恩恵を受ける力、また消化する力である。木はその根によって土中にある栄養を消化し、吸収する。すなわち、根は神の言葉を消化する力である。この力は、隠れた生涯において養われるのである。

2　葉――心的経験。心の輝き、あふれるばかりのいのちである。木が盛んであれば、その葉はしぼむことはない。キリスト者は絶えずあふれるばかりのいのちを得て、いささかでも葉がしぼむようなことがあってはならない。その葉は愛と喜びと平和を示すものだからである。

3　実――言葉と行い。すなわち、時に臨み、機に応じてふさわしい言動をなすのである。これらのことをよく味わって、旺盛な霊的生涯の秘密を学べ。

▼二～三節に、クリスチャンの姿の七つの要点が記されている。

(1) 勉強家――「主のおしえを喜びとし」
(2) 思索家――「昼も夜も そのおしえを口ずさむ」
(3) 満足の人――「流れのほとりに」
(4) 力の人――「植えられた木」(草のようなものではない)
(5) 実を結ぶ人――「時が来ると実を結び」
(6) いのち豊かな人――「その葉も枯れず」
(7) 盛んな人(あるいは成功の人)――「そのなすことはすべて栄える」

満たされた人とは、実にこういう人のことを言うのである。特に御言葉に満たされることに注意せよ。なお次の引照を見よ。
▼コロサイ人への手紙三章一六節――満たされた人の写真
同一七節――満たされた結果
同一八節以下――その結果が家庭に現れる。
▼エペソ人への手紙五章一八節から二一節――満たされた人とその結果
同二二節以下――その結果が家庭に現れる。
以上の引照を対照してみると、御言葉に満たされることと聖霊に満たされることとはほとんど同一の経験のようである。それゆえ、この詩篇第一篇は御言葉に満たされた人の写真であって、いわば聖霊に満たされた人、ペンテコステの経験に達した人の写真だ、と言える。御言葉に満たされるとは、必ずしもただ多く読むということではない。常に御言葉を熟読玩味することによって霊の糧を得、これによって力づけられることをいう。本篇二節に「主のおしえを喜びとし／昼も夜も そのおしえを口ずさむ」とあるのは、このことである。健全な人は多量に食する人ではなく、食物をよく咀嚼(そしゃく)して消化する人である。このように常に御言葉を愛読玩味する人こそ、いつも聖霊に満たされている人なのである。

第二篇　地の国々の王と神に選ばれた王

▼六節――父なる神の御声
▼七節――子なる神の御声
▼一〇節――聖霊なる神の御声
▼父なる神は、ここに主イエスのことを明らかに現しておられる。
1　その御子であること（七節）――「あなたはわたしの子」（ヘブル一・五参照）。
2　その復活（七節）――「わたしが今日、あなたを生んだ。」　これは格別に主のよみがえりを指す言葉である（使徒一三・三二～三三参照）。
3　その昇天（六節）――「わたしが　わたしの王を立てたのだ。／わたしの聖なる山シオンに。」
4　その祭司の職務、禱告の祈りをささげる者であること（八節）――「わたしに求めよ。」　このように、主は父なる神に求められた（ヘブル七・二四～二五参照）。
5　その御国の勝利（八節）――「わたしは国々をあなたへのゆずりとして与える。」
6　その審判（九節）――「あなたは　鉄の杖で彼らを牧し／陶器師が器を砕くよう

に粉々にする」（黙示録二・二七参照）。
▼続いて、私たちに対する四つの奨励が記されている。すなわち、
1　賢くあれ（一〇節参照）――霊的な意味において賢い者となれ。
2　戒めを受けよ（一〇節参照）――聖書にある教えを学べ。
3　自分を低くせよ（一一節参照）。
4　神と和解せよ（一一節参照）――「子に口づけせよ。」
▼本篇に主イエスの四つの名称が記されている。
1　神に油注がれた者（二節）――神が油注いで立てられた救い主。
2　神の王（六節）――神から栄光と威光を与えられた者。
3　神の子（七節）――神の性質を有する者。
4　国々の王（八節）――ゼカリヤ書四章一四節、六章五節「全地の主」、一四章九節「すべてを治める王」参照。

第三篇　私を救ってください

本篇から六篇までは、朝、夕、夜の一連の詩である。

三篇――朝の詩（五節参照）
四篇――夕の詩（八節参照）
五篇――夜明けの詩（三節参照）
六篇――夜半の詩（六節参照）

▼この第三篇に、「セラ」という言葉が三度記されている。これは詩篇の中にたびたび出てくる言葉で、大切なものである。ちょうど新約聖書の中で、主イエスが「まことに、まことに、あなたがたに言います」と言われたように、特にその前にある御言葉に注意を促すためであって、「セラ」とは「とどまりなさい」という意味である。すなわち、しばらく止まって考えよ、ということである。

本篇のセラは次のような意味である。

二節――サタンの力を深く考えなければならない。
四節――神が祈りに答えられることを考えよ。
八節――その祈りを続いて心に留めてささげよ。

なおついでながら、第四六篇の三つのセラを見ると、本篇の順序に類似している。

三節――罪の恐ろしい結果とサタンの恐ろしい力を考えよ。
七節――神を信じよ。

一一節――自分の平安、安全なことを感謝せよ。

▼本篇の分解

1　〈一～二節〉試練と困難

2　〈三～六節〉神に対する信頼

3　〈七～八節〉勝利の確信

詩篇の中にたびたびこの順序で記されているのを見る。私たちもこの順序にしたがって祈るべきである。本篇は詩全体が祈りであって、その主意は、七節にある「お救いください」である。

▼なお、詳しく本篇を見るならば、

一節に、敵が多く、困難がある。

二節では、疑惑が起こる。しかし、

三～四節にあるように、神に拠り頼むゆえに、その信仰の結果として、

五節に、平安と神の保護とがある。

六節に、大胆を

七節に、希望を

八節に、恵みを得るのである。初めに困難と疑惑があったが、最後にまことの平安

を経験する。これこそ信仰より起こる当然の結果である。

第四篇　御顔の光を照らしてください

▼神が、神の所有である聖徒に対してなされる四つの事柄が記されている。

1　自由を与えられる（一節）――「私を解き放ってくださいました。」

2　敵また困難から離れさせて、幸いなところに置かれる（三節）――「主はご自分の聖徒を特別に扱われるのだ。」

3　喜びを与えられる（七節）――「あなたは喜びを私の心に下さいます。」

4　保護される（八節）――「安らかに 私を住まわせてくださいます。」

▼二節に、罪人のありさまが記されている。

1　「私の栄光を辱め」――神の栄光を軽蔑する。

2　「空しいものを愛し」――この世のはかないものを好む。

3　「偽りを慕い求めるのか。」

こういう罪人に対しては四つのことを勧めざるを得ない。

1　「震えわななけ」（四節）――神のご威光と罪の恐ろしい結果とを考えて。

2 「心の中で語り 床の上で静まれ」（四節）――過去の罪につき、将来における運命につき、現在における神との関係について静かに考えよ（Ｉコリント一一・二八～三一参照）。
3 「義のいけにえを献げ」（五節）――すなわち、心から悔い改めよ。
4 「主に拠り頼め」（五節）――そして、キリストを信ぜよ。
端的に言えば、以上の四つは、恐れよ、省みよ、悔い改めよ、信ぜよ、である。これこそ罪人に勧めるべき順序である。

▼本篇の中心の願いは、六節にある「主よ どうか あなたの御顔の光を／私たちの上に照らしてください」である。そして、その結果は次の三つである。

1 喜び（七節）
2 平安（八節）
3 安全（八節）

第五篇 私を導いてください

▼本篇の分解

1　〈一～三節〉希望と信仰――神が祈りに答えられることを望み、また信じる。
2　〈四～六節〉神が悪を憎まれること。
3　〈七節〉神に近づく決心。
4　〈八節〉神の導きを求める。
5　〈一一～一二節〉その結果。
6　〈九～一〇節〉は、敵の状態とその審判を求める祈りを挿入したもの。

▼一～二節の中にある次の三つの言葉はみな祈りを指している。

「私のことば」――言葉の祈りである。ただ漠然と「恵んでください」と言うのではなく、「きよめてください」とか、「こういう恵みを与えてください」とか、自分の願いをはっきりと言い表して祈るべきである。

「私のうめき」――心の中のもだえ、また嘆きの祈りである。言い表すことのできないうめきを抱き、また深く自分を反省して祈るのである。

「私の叫ぶ声」――熱烈な祈りである。この祈りはたびたび、「今このようにしてください」と迫る祈りである。

▼聖書の中に、特に詩篇の中に、朝早く（夜明けに）祈ることが記されている（五・三、五七・八、五九・一六、八八・一三、一一九・一四七、一四三・八）。

第六篇　私をあわれみ、私のたましいを助け出してください

本篇は、議論的な口調で（三節）神に訴え、そのあわれみによる救いを求める祈りである。私たちもしばしば祈りの時に神と論ずるようでありたい。神はこういう祈りを喜ばれる。神は私たちに、論じ合うことを許される（イザヤ一・一八）。

▼なぜ祈るのか。

1　弱さを感じるから（三節）――「私は衰えています。」

2　恐れを抱くから（三節）――「私のたましいは ひどく恐れおののいています。」

3　神のいつくしみが深いから（四節）――「あなたの恵みのゆえに。」

4　涙のために（六節）――「夜ごとに 涙で寝床を漂わせ……。」

私たちは祈ったなら、次には信仰をもって立ち上がらなければならない。本篇八～九節は、信仰をもって立ち上がり、大胆にそれを発表している。

第九篇　現在と未来のさばき

1　神はすでにさばきの座を設けられた（七節）――「さばきのために王座を堅く立てられた。」

2　そのさばきはすでに始められる（四節）――「あなたが……義の審判者として王座に着いておられるからです。」

3　だれもがさばきにあずからなければならない（八節）――「主は義によって世界をさばき／公正をもって もろもろの国民(くにたみ)をさばかれる。」

4　さばきによって神の御旨を知ることができる（一六節）――「**主**はご自身を知らしめ さばきを行われた。」神は十字架によってそのいつくしみを現し、さばきによってその聖と義を示される。

5　さばきの日のために立ち上がられる（一九節）――「**主**よ 立ち上がり……国々が御前でさばかれるようにしてください。」四節で行われるのは、現在における審判であって、一九節のさばきは未来における大審判を指している。

▼本篇の分解
1 〈一～六節〉過去のことを記憶する。
2 〈七～一二節〉未来のことのために安んじる。
3 〈一三～一四節〉現在のために祈る。

第一〇篇　悪しき者の性質

1 高ぶる（二節）――「悪しき者は高ぶって 苦しむ人に追い迫ります。」
2 誇る（三節）――「悪しき者は自分自身の欲望を誇り」
3 意地が悪い（三節）――「貪欲な者は主を呪い 侮ります。」
4 祈ることをしない（四節）――「神を求めません。」
5 無神論を唱える（四節）――「『神はいない。』 これが彼の思いのすべてです。」
6 目が閉ざされている（五節）――「あなたのさばきは高すぎて 彼の目に入りません。」
7 偽の安心を抱く（六節）――「彼は心の中で言っています。／『私は揺るがされることがなく／代々にわたって わざわいにあわない。』」

8　その口の言葉は汚らわしい（七節）――「彼の口は　呪いと欺きと虐げに満ち／舌の裏にあるのは　害毒と不法です。」

9　自分を欺く（一一節）――「彼は心の中で言っています。／『神は忘れているのだ。顔を隠して／永久に見ることはないのだ。』」

▼本篇中に、「彼は心の中で言っています」（六、一一、一三節）と、三度記されている（なお一四・一、一五・二にも同じ言葉を見る）。

頑固な人々の心の中には、このような偽りの安心や神を軽んじて侮る思いがある。私たちのしなければならないことは、まず心の思いを改めることである。

あの放蕩息子（ルカ一五・一七）は、「我に返った」（he came to himself）時までは、様々な空しい思想にとらわれて自分を失っていた。それだから、私たちは未信者に伝道する場合、このことを十分記憶して親切に彼らと接し、まず彼らの心の思いを矯正して後、彼らが「我に返る」ように導かなければならない。

▼一節に、「主よ　なぜ　あなたは遠く離れて立ち」とある（二二・一、一一、一九、三五・二二、三八・二一にも同じような祈りが記されている）。

神はいつも私たちに近くあることを望んでおられる。事実近くおられるのである。しかし実際的方面から言うと、神はときには遠く離れておられることがある。私たちの魂がこうしたことを経験するならば、砕けた心をもって「私から遠く離れないでください」と祈らなければならない。

第一一篇　正しい者の性質

▼正しい人とはどんな人であるか。

1　神に身を避ける（一節）――「主に私は身を避ける。」

2　悪者たちに憎まれる（二節）――「悪者どもが弓を張り／弦に矢をつがえ／暗がりで心の直ぐな人を射抜こうとしている。」

3　神に調べられる（五節）――「主は正しい者と悪者を調べる。」

4　神のみこころにかなう（七節）――「主は正しく正義を愛される。」

▼また、これに対比して悪しき者の姿も見る。すなわち、

1　人々を憎む（二節）

2　神に見られている（四節）――「その目は見通し／そのまぶたは人の子らを調べる。」

3　神に憎まれる（五節）――「そのみこころは暴虐を好む者を憎む。」

4　神の恐ろしいさばきにあずかる（六節）――「主は悪者どもの上に網を下す。／火と硫黄／燃える風が彼らへの杯。」

▼本篇には二つの姿が記されている。私たちの過去はこのような悪しき者であったが、現在は前述のような正しい者とされたのである。それゆえ私たちは、過去を回顧しては常に砕けた心をもってへりくだり、現在を思っては感謝にあふれるのである。テトスへの手紙三章三節から六節においてパウロは、その過去を顧み、神の奇(くす)しい御業によって正しい者とされたことを感謝した。これは本篇と同じである。

第一二篇　主よ、お救いください

▼なぜ「お救いください」という祈りをささげるのか。

1　正しい者が少ないから（一節）――「敬虔な人は後を絶ち／誠実な人は　人の子らの中から消え去りました。」　それゆえ、神の明らかな救いと、奇しい御業を祈り求めなければならない。

2　偽りとへつらいと偽善が流行しているから（二節）――「人は互いにむなしいことを話し／へつらいの唇と　二心で話します。」

3　人は高ぶって自分に拠り頼むから（四節）――「彼らはこう言っています。／『われらはこの舌で勝つことができる。／この唇はわれらのものだ。／だれが　われらの主人なのか。』」

以上の三つによって、今の世のありさまを知って重荷を負い、神の助けを祈るべきである。こういう祈りをささげるならば、五節に「わたしは立ち上がる」とあるように、神はその祈りに答えてくださる。

1　神は立ち上がる（五節）――「わたしは立ち上がる。」

2　神の約束は拠り頼むに十分な価値がある（六節）――「主のことばは　混じり気のないことば。／土の炉で七度試され　純化された銀。」

日本銀行の紙幣には金貨と同じ価値がある。これは日本銀行が信用すべきものだからである。神の御言葉もそのように尊いものである。愚かな人はそれを知らないが、私たちは、この約束の御言葉にこのような価値があることを知っている。

3　神の保護は至れり尽くせりである（七節）――「主よ　あなたは彼らを守られます。／今の代からとこしえまでも　彼らを保たれます。」

▼このように本篇においては、まずこの世のありさまを見て、次に神の約束を信じて、「主よ　お救いください」と祈るのである。すなわち、本篇はリバイバルの祈りと

言うべきものである。

▼二節と六節とを比較せよ。

二節は人の言葉である。六節は神の言葉である。人はみな偽りを言う。しかし神の言葉は真実で聖い言葉である。

▼今まで詩篇にたびたび、「**主**よ 立ち上がってください」という祈りがあった。三篇七節、七篇六節、九篇一九節、一〇篇一二節。そして本篇五節に、「わたしは立ち上がる」とあるのは、以上四つの祈りの答えである。

第一三篇　私の目を明るくしてください

▼本篇の分解

1 〈一～二節〉たましいの暗闇

2 〈三～四節〉信仰の祈り

3 〈五～六節〉その答えを得る

本篇は、このようにどのようにしてたましいの暗闇から光明に至るかという、その道を啓示している。

▼一～二節に四度、「いつまで……ですか」という神への問いかけがある。これは実にあわれな叫びである。しかし信仰を抱く者の叫びである。もし信仰がないならば、現在の苦しみと困難は仕方がないとあきらめる。しかし信仰あればこそ、このように熱心に神に叫び求めるのである。

▼本篇に記された苦しみに四つの点がある。

1　神より言葉を得られない（一節）――「あなたは私を永久にお忘れになるのですか。」

2　神との美わしい交わりがない（一節）――「いつまで　御顔を私からお隠しになるのですか。」

3　悲しみと思い煩いが起こる（二節）――「いつまで　私は自分のたましいのうちで／思い悩まなければならないのでしょう。／私の心には　一日中　悲しみがあります。」

4　罪に勝ちを与える（二節）――「いつまで　敵が私の上におごり高ぶるのですか。」

▼以上は現在のことであって、その状態が続くならば、次には三つのことが起こるであろう。

1　霊的な眠り（三節）――「私の目を明るくしてください。／私が死の眠りにつかないように。」

2 サタンの勝利（四節）――「『彼に勝った』と私の敵が言わないように。」

3 悪しき者の喜び（四節）――「私がぐらつくことを 逆らう者が喜ばないように。」

文語訳では、「恐らくはわれ死の睡につかん」「おそらくはわが仇いはん」「おそらくはわが敵……喜ばん」と三度繰り返されている。これは恐るべきことである。

▼このように一～二節において現在のことを考えて、「私をお救いください」と叫び、三～四節において未来のことを恐れて、「私を照らしてください」と祈る。そこで、神の光を受けた結果は次のようである。

1 信仰（五節）――「私はあなたの恵みに拠り頼みます。」

2 歓喜（五節）――「私の心はあなたの救いを喜びます。」

3 豊かな恵み（六節）――「主が私に良くしてくださいましたから。」

4 感謝（六節）――「私は主に歌を歌います。」

▼一～二節と五～六節を比較すれば、神は暗闇の中にいたたましいを、ついに光明にまで導かれたことを見ることができる（Ⅰペテロ二・九参照）――「あなたがたを闇の中から、ご自分の驚くべき光の中に召してくださった方」

▼三節の「私の目を明るくしてください」について、次の六つの引照を見よ。
1　いのちの水を見る（創世二一・一九）――「神がハガルの目を開かれたので」
2　神の怒りを見る（民数二二・三一）――「そのとき、**主**はバラムの目の覆いを除かれた。」
3　神の保護を見る（Ⅱ列王六・一七）――「**主**がその若者の目を開かれたので」
4　聖書の意味を見る（ルカ二四・四五）――「それからイエスは、聖書を悟らせるために彼らの心（の目）を開いて」
5　キリストご自身を見る（ルカ二四・三一）――「彼らの目が開かれ、イエスだと分かった」
6　希望を見る（エペソ一・一八）――「あなたがたの心の目がはっきり見えるようになって」、神に召されて抱いている栄光を望み、主の再臨の希望に輝くのである。

第一四篇　世に属する人

▼本篇は世に属する人を記し、次篇には神に属する人について記している。この世に属している人とは、どういう者であろうか。

1　神はいないとする者（一節）――「愚か者は心の中で『神はいない』と言う。」
2　品性の腐った者（一節）――「彼らは腐っていて」
3　悪い行いをする者（一節）――「忌まわしいことを行う。」
4　神を慕わず（二～三節）――「神を求める者がいるかどうかと……だれ一人いない。」
5　従うことをせず（三節）――「すべての者が離れて行き」
6　知識がない（四節）――「不法を行う者は　みな知らないのか。」
7　神を信じる者を迫害する（四節）――「彼らは　わたしの民を食らいながら」
8　祈りをしない（四節）――「主を呼び求めない。」
9　恐れを抱く（五節）――「彼らは大いに恐れた。」

これはまことに恐ろしい描写ではないか。私たちは祈りをもって繰り返しこれを読み、罪人の真相を知って、彼らのために重荷を負って祈るものでありたい。そして、こうした罪人でも、救われるならば、次篇にあるような神の人となることができるのである。

第一五篇　神に属する人

▼神に属する人とは、どういう人であるか。
1　義を行う人（二節）――「全き者として歩み 義を行い」
2　心の真実な人（二節）――「心の中の真実を語る人。」
3　言葉を慎む人（三節）――「舌をもって中傷せず／友人に悪を行わず／隣人へのそしりを口にしない人。」
4　罪を憎み、神を畏れる人（四節）――「その目は 主に捨てられた者を蔑み／**主**を恐れる者を 彼は尊ぶ。」
5　約束を忠実に守る人（四節）――「損になっても 誓ったことは変えない。」
6　金銭を正しく取り扱う人（五節）――「利息をつけて金を貸すことはせず／潔白な人を不利にする賄賂を受け取らない。」
7　堅く立って動かない人（五節）――「決して揺るがされない。」
▼本篇と二四篇との比較
二四篇三節――「だれが **主**の山に登り得るのか。」

一五篇一節――「だれが あなたの聖なる山に住むのでしょうか。」きよめを受けることは一つのこと、その受けた恵みを保つことは別のことである。二四篇はきよめを受けることに関し、一五篇はそのきよめを保つことに関することである。

第一六篇　私へのゆずりの地

▼ミクタムの歌とは、黄金の詩の意である。本篇はペンテコステの経験を歌った詩と言うことができる。そしてこの黄金の詩のような生涯を送る者は、やがて過ぎた日を回顧する時が来れば、金の生涯を過ごしたことを発見するであろう（Iコリント三・一二〜一四）。

▼本篇に記されたペンテコステ的生涯。

1　真に献身した者（二節）――「あなたこそ 私の主。／私の幸いは あなたのほかにはありません。」

2　聖徒を愛する（三節）――「地にある聖徒たちには威厳があり／私の喜びはすべて 彼らの中にあります。」

3　神を喜ぶ（五節）——「主は私への割り当て分　また杯。」
4　天の所の生涯を送る（六節）——「割り当ての地は定まりました。私の好む所に。／実にすばらしい　私へのゆずりの地です。」　すなわち、乳と蜜の流れる地、まことの安息に入った経験。
5　悟りを得る（七節）——「私はほめたたえます。助言を下さる主を。／実に　夜ごとに内なる思いが私を教えます。」　すなわち、聖霊によって光を得ること。
6　常に神のご臨在を感じる（八節）——「私はいつも　主を前にしています。」
7　栄えの望みを抱く（一〇～一一節）——「あなたは　私のたましいをよみに捨て置かず／……あなたは私に／いのちの道を知らせてくださいます。／満ち足りた喜びがあなたの御前にあり／楽しみが　あなたの右にとこしえにあります。」

▼こういう喜びを経験しているから、その人は「神よ　私をお守りください」（一節）と祈るのである。一方には喜びがあるが、他方には恐れがある。つまずくことを恐れるがゆえに、この祈りをささげるのである。

▼しかし、まことの信者は、八節にあるように揺るがされることがない。これについて次の引照を見よ。

一五篇五節、一六篇八節、一七篇五節、二一篇七節、四六篇五節、五五篇二二節、六二篇二、六節、一一二篇六節、一二一篇三節。

以上十か所の引照によって、どのようにして動かされないでいられるか、またいかにして永遠に堅く立つことができるかを知るべきである。

第一七篇　御翼の陰

▼本篇に「あなたの」(Thy) ということばがたびたび記されている。これによって神の様々のお姿を知ることができる。詩人は祈りの中にいろいろの方面からつぶさに、また懇ろに主を想起している。

あなたの前 "Thy presence" (二節)　あなたの目 (二節)
あなたの唇 (四節)　あなたの道 (五節)
あなたの耳 (六節)　あなたの右の手 (七節)
あなたの御翼の陰 (八節)　あなたの剣 (一三節)
あなたの手 (一四節)　あなたの蓄え (一四節)
あなたの顔 (一五節)　あなたの姿 (一五節)

▼詩人は、この神の御前に自分を注ぎ出して祈っている。

私の叫び（一節）　私の祈り（一節）
私のためのさばき（二節）　私の心（三節）
私の口（三節）　私の歩み（五節）
私の足（五節）　私のことば（六節）
私のたましい"my soul"（一三節）
▼八節に「御翼の陰」とあるが、これは詩篇の中にたびたび記されている言葉で、この言葉について研究することは甚だ有益である。次の引照を熟読玩味せよ。
1　救い（一七・八）――「御翼の陰にかくまってください。」
2　満足（三六・七）――「人の子らは 御翼の陰に身を避けます。」
3　平安（五七・一）――「私は 滅びが過ぎ去るまで／御翼の陰に身を避けます。」
4　神との交わり（六一・四）――「私は あなたの幕屋にいつまでも住み／御翼の陰に身を避けます。」
5　喜び（六三・七）――「御翼の陰で 私は喜び歌います。」
6　神の愛（九一・四）――「あなたは その翼の下に避ける。／主の真実は大盾 また砦。」
鳥がそのひなを憩わせるために、翼を広げて覆うように、神はその羽をもって私たちをかばってくださる。ちょうどか弱いひなが母鳥の温かみを感じるように、主なる神の愛を感得するのである。

7　信頼（ルツ二・一二）――「あなたがその翼の下に身を避けようとして来たイスラエルの神、主」

ルツ記三章九節の「覆い」も、ヘブル原語では二章一二節と同じ言葉である。そこには花婿の愛が感じられる。

8　わざわいから救われる（マタイ二三・三七）――「わたしは何度、めんどりがひなを翼の下に集めるように、おまえの子らを集めようとしたことか。」

第一八篇　増し加えられる救い

サムエル記第二、二二章に本篇と同じ歌が記されている。なぜ聖書に二度も記録されているかといえば、それほど大切な歌だからである。この詩は、ダビデのもろもろの詩の中で最も大切なものであるかもしれず、聖霊はそのために二度同じものを記させたのであろう。

▼本篇の中に「救い」「助け出し」（英語ではDeliver）の文字がしばしば出てくる。

二節、一七節、一九節、四三節、五〇節で、本篇は救いの歌である。

▼この救いを得た者の日常生活はどういうものであろうか。

1　神を愛する（二節）――「私はあなたを慕います。」

この「私はあなたを慕います」は、原語は燃え上がる炎をもって愛するという意味で、まれに用いられる言葉である。救いを得た者はこういう熱い愛をもって神を愛するのである。

2　神に信頼する（二節）――「身を避けるわが岩　わが神。」

この節の中に、繰り返し繰り返し「わが……」と記されているのに注目せよ。「わが巌」、「わが砦」、「わが救い主」、「身を避けるわが岩」、「わが神」、「わが盾」、「わが救いの角」、「わがやぐら」。まことに神こそは信頼すべきお方である。

3　神に祈る（六節）――「私は苦しみの中で主を呼び求め／わが神に叫び求めた。」

▼なお、本篇において、さらに詳しく救いの順序を見ることができる。

1　四～五節に滅びの恐れがある。

「死の綱は私を取り巻き／滅びの激流は私をおびえさせた。／よみの綱は私を取り囲み／私の罠は私に立ち向かった。」それゆえに、

2　六節において神に祈りをささげる。

「私は苦しみの中で主を呼び求め／わが神に叫び求めた。」

神に祈るには、正しく直ぐな心をもって祈らなければならない。本篇の詩人は神の道を守り、義を行ったことを訴えて大胆に祈った（二〇～二四節参照）。もし私たちが祈るとき、自分の心に知っている不義があれば、神はその祈りをお聞きにならない。

3　六節後半において、神は前半の祈りに答えられた。

「主はその宮で私の声を聞かれ／御前への叫びは 御耳に届いた。」

七節から一五節までを見れば、神が祈りに答えるために天地を震い動かされることが記されている。祈りが答えられるとき、見えない世界に何事が行われたかは私たちにわからないが、この箇所にそれが啓示されている。たとえば、ここに一人の罪人が祈りを答えられて悔い改めたとする。彼は神の前にひざまずき、砕けた心をもって悔い改めの祈りをなし、ついに救いの確信を得て感謝し喜ぶであろう。見えるところはそれだけである。しかし事がここに至るまでには、見えない世界において何事が行われたのか。神は栄光の中で立ち上がってご自身の大能を現し、サタンの権力を打ち砕いて、その人を救われたのである。シナイ山において天地を震い動かした同じ神の大能が、祈りの結果として発動したのである。

4　一六～一七節において、救いを得る。

「主は　いと高き所から御手を伸ばして私を捕らえ／大水から私を引き上げられました。／主は　力ある敵から私を救い出されました。」

単に救われただけではない。その救いは実に「大いなる救い」「増し加えられる救い」なのである（ヘブル二・三英欽定訳参照）。すなわち、一九節のように、「主は私を広いところに導き出し／私を助け出してくださいました」。

「広いところ」とは、自由のあるところ、幸福のところ、富んでいるところで、エペソ人への手紙二章にある「天の所」（六節参照）である。神はそのところまで私たちを導かれるのである。

▼救われた者について。

1　光を与えられる（二八節）――「まことにあなたは　私のともしびをともされます。／私の神　主は　私の闇を照らされます。」

2　力を与えられる（三二〜三四節）――「神は私に力を帯びさせ……戦いのために私の手を鍛え／腕が青銅の弓も引けるようにしてくださいます。」

3　守護を加えられる（三五節）――「あなたは　御救いの盾を私に下さいます。／あなたの右の手は私を支え／あなたの謙遜は私を大きくします。」

4　勝利を与えられる（三八節）――「私が彼らを打ち砕いたので／彼らは立てず

私の足もとに倒れました。」

5　感謝を歌うことができる（四六〜五〇節）。

これは、五〇節にあるように「救いを増し加え」られたことを感謝する歌である。この「増し加えられた救い」は、フランス語訳では「壮大な救い」あるいは「広大な救い」となっている。ある人の救いの経験はまだ狭い。しかし主の救いは「広いところに導き出」される救い、広大な救いである。ルカ福音書一章七四〜七五節のような救いである。

第一九篇　神の書

神の書には三つのものがある。本篇はその三つの神の書について記している。

1　自然界（一〜六節）――自然界のあらゆるものは神の栄光を啓示する神の書である。

2　聖書（七〜一二節）――聖書は神の言葉を記す神の書である。

3　良心（一二〜一四節）――良心（本心）もまた、神の道を示す神の書である。

私たちは、この三つの書によって神の教えを学ぶべきである。

▼聖書によって何を与えられるか。

1　生命（七節）――「主のおしえは完全で／たましいを生き返らせ」

2　知恵（七節）――「主の証しは確かで／浅はかな者を賢くする。」

3　喜び（八節）――「主の戒めは真っ直ぐで／人の心を喜ばせ」

4　聡明（八節）――「主の仰せは清らかで／人の目を明るくする。」

5　聖潔（九節）――「主からの恐れはきよく／とこしえまでも変わらない。」

すなわち、聖めは神を畏れることによって与えられ、神を畏れる道は御言葉によって得られるのである。

6　善悪をわきまえる光（九節）――「主のさばきはまことであり／ことごとく正しい。」

ここで御言葉を「主のさばき」と言ったのは、御言葉によって善悪を判別することができるからである。

7　戒め（一一節）――「あなたのしもべも　それらにより戒めを受け」

8　報償（一一節）――「それを守れば　大きな報いがあります。」

第二〇篇　友への祈り

本篇は友人のために祈るとりなしの祈り（一～四節）と、その祈られた人の信仰の答え（五～八節）である。

▼一節から四節までの祈りに八つの願いが記されている。

1　祈りが答えられるように（一節）――「苦難の日に／**主**があなたにお答えになりますように。」

2　天の所に上げられるように（一節）――「ヤコブの神の御名が／あなたを高く上げますように。」

3　助けられるように（二節）――「主が聖所からあなたに助けを送り」

4　力づけられるように（二節）――「シオンからあなたを支えられますように。」

5　憶えられるように（三節）――「あなたの穀物のささげ物をすべて心に留め」

6　受け入れられるように（三節）――「あなたの全焼のささげ物を／受け入れてくださいますように。」

全焼のささげ物が受け入れられたときには、天から火が降(くだ)ってこれを焼き尽くした。

これは、献身する者の上にペンテコステの炎の降ることを祈ったのである。
7　満足を与えられるように（四節）――「あなたの心の望みを／主がかなえてくださいますように。」
8　働きが祝福されるように（四節）――「あなたのすべての計画を／遂げさせてくださいますように。」

▼五節から八節までは、このように祈られた人が、信仰をもってどのように答えたかを述べる。

1　喜びを抱く（五節）――「私たちは　あなたの勝利を喜び歌い」
2　進撃的に進む（五節）――「私たちの神の御名により　旗を高く掲げます。」
3　確信を得る（六節）――「今　私は知る。／**主**が　主に油注がれた者を救ってくださることを。」
4　希望を握る（六節）――「右の御手の救いの御力をもって／聖なる天から　その者に答えてくださることを。」
5　堅く神に信頼する（七節）――「ある者は戦車（いくさぐるま）を　ある者は馬を求める。／しかし私たちは／私たちの神　**主**の御名を呼び求める。」

▼本篇の中に、「神の御名」について三度記されている。

1 〈一節〉「ヤコブの神の御名が／あなたを高く上げますように」——罪の中から救い出されて、天の所にまで上げられること。

2 〈五節〉「私たちの神の御名により 旗を高く掲げます」——罪人の前に神の御名を現すこと。ガラテヤ人への手紙三章一節は、パウロが神の御名によって旗を立てた箇所である。

3 〈七節〉「私たちは／私たちの神 主の御名を呼び求める」——他のものに拠り頼むことを捨てて、ただ神の力にだけ拠り頼むことである。

第二一篇　救われた者の喜び

神の「力」によって「救い」を得た者には、「大きな楽しみ」がある（一節）。なぜ大きな喜びがあるのかを分析するならば、次のとおりである。

1 満足があるから（二節）——「あなたは 彼の心の望みをかなえ」

2 祈りが答えられたから（二節）——「唇の願いを退けられません。」

3 祝福されたから（三節）——「あなたは 幸いに至る祝福をもって彼を迎え」

4 冠（能力と権勢）を授けられたから（三節）——「頭に純金の冠を置かれます。」

レビ記一〇章七節にある「注ぎの油」こそ私たちに与えられる「純金の冠」である。
5　限りないいのちを与えられたから（四節）――「いのちを　彼はあなたに願い／
あなたは彼にそれをお与えになります。／いつまでも　とこしえまでも限りなく。」
6　栄光を与えられたから（五節）――「御救いによって　彼の栄光は大いなるもの
となり／威厳と威光を　あなたは彼の上に置かれます。」
7　神と、顔と顔を合わせての交わりがあるから（六節）――「御前で喜び楽しま
せてくださいます。」
8　動かされることがないから（七節）――「王は　**主**に信頼しているので／いと高
き方の恵みにあって揺るぎません。」

第二二篇　十字架の死

▼二二、二三、二四篇の三つの詩篇を対照して見ると、次のとおりである。
二二篇　良い牧者がいのちを捨てること（ヨハネ一〇・一一）
二三篇　大牧者が与える恵み（ヘブル一三・二〇）
二四篇　大牧者の栄光（Ⅰペテロ五・四）

二二篇　主の死
二三篇　復活の主の恵み
二四篇　昇天された主の栄光

二二篇　過去
二三篇　現在
二四篇　未来

二二篇　キリストが地獄の苦しみを忍ばれること
二三篇　キリストがこの世においてなす御働き
二四篇　キリストの天国におけるご栄光

▼二二篇は、格別に主の十字架と関係のある詩である。主はこの一節を十字架上においてお叫びになった。また最終の三一節の「主が義を行われたからです」は、「主の事が終わった」と翻訳することができる言語で、主が十字架上で「完了した」と宣言されたのは、おそらくこの言葉を想起されてのことであろう。このように初めの節と終わりの節を引用されたゆえに、主はこの詩篇全体を十字架上でお祈りになったのだろうと思われる。本篇は、実に神が十字架上の主イエスの心の経験を啓示された記事であって、最も厳かな御言葉である。

▼本篇の分解
1〈一～五節〉神に捨てられる
2〈六～一一節〉人に軽んじられる
3〈一二～二二節〉悪魔に責められる
4〈二三～三一節〉勝利

▼一二節から二一節までの一段において様々なたとえが記されている。雄牛（一二、二一節）、獅子（一三、二一節）、悪者（一六節）、犬（一六、二〇節）、野牛（二一節）。これらはみな、悪魔の力また悪霊を指している。

▼一四、一五、一六節には十字架上における主のみからだの苦しみが記されている。
1 油汗が流れ出る（一四節）――「水のように 私は注ぎ出され」
2 骨ははずれ（一四節）――「骨はみな外れました。」
3 心の苦痛（一四節）――「心は ろうのように／私のうちで溶けました。」
4 衰弱（一五節）――「私の力は 土器のかけらのように乾ききり」
5 渇く（一五節）――「舌は上あごに貼り付いています。」
6 手足は刺される（一六節）――「私の手足にかみついたからです。」

第二三篇　良い羊飼い

私たちは二二篇の経験を受けなければならない者であったが、主が私たちのためにその苦しみを受けてくださったので、この二三篇の幸いを受けられるようになったのである。

▼本篇の分解

1　すべての恵みが与えられる（一～三節）

2　すべての恐れが取り去られる（四節）

3　すべての願いが遂げられる（五～六節）

▼初めの一段は、羊飼いと一緒にいる羊をたとえて言い表された経験で、終わりの一段は祝宴にあずかっている客をたとえて言い表された経験である。主は私の羊飼いである、と経験するのはすばらしいことである。しかし、主と共にふるまいにあずかることは、さらに幸いで、より尊い経験である。それなら、どうして第一の経験からこの第二の経験に移ることができるかといえば、死の陰の谷（四節）を渡ることである。それは、主の十字架により真に罪に死ぬことによってのみ達せられる尊い経験である。

ある。すべての信者はみな、本篇一節から三節までを歌うことができる。しかし、ただ潔められ、聖霊に満たされた者だけが、五～六節を歌うことができるのである。

第二四篇　恵みを求める者の熱心な問い

三節は本篇の主題である。

「だれが主の山に登り得るのか。／だれが聖なる御前に立てるのか。」

言葉を換えて言えば、聖霊を受ける者はだれか、聖霊の経験を続いて保つ者はだれか、ということである。このような者だけが神のご臨在の前に、神との交わりの中に生涯を送るからである。

1　献身した者（一節）――「地とそこに満ちているもの／世界とその中に住んでいるもの／それは主のもの。」

このように、まず大切なことは、自分も自分のすべてのものも神のご所有であると認識することである。

2　潔められた者（四節）――「手がきよく　心の澄んだ人／そのたましいをむなしいものに向けず／偽りの誓いをしない人。」

生まれつきの不義より潔められ、その行いも心もきよくされた者でなければならない。人は生まれながら偽る者、またむなしいものに頼ろうとするが、きよめられるならば、そこから救われるのである。

3　常に栄光の主を信じる者（七～一〇節）

この一段は主の昇天の預言である。主はここに記されているように栄光のうちに天に昇られた。そして今や栄光の御座にあって、私たちのためにとりなしてくださっている。それゆえ、昇天された主を常に仰ぐことは恵みを保つのに必要なことである。この主と信仰によって一致してこそ、私たちも天の所に座することができるのである。

第二五篇　主よ、教えてください

▼本篇の分解

1　憂いの中にある人の祈り（一～七節）
2　励まされた信仰（八～一五節）
3　憂いの深刻なありさま（一六～二一節）
4　とりなしの祈り（二二節）

憂いによって祈り、恵みにあずかったという信仰を得ても、その憂いはさらに深刻となっていく。しかし、ついには全き勝利を与えられて祈りをささげるようになる。

▼本篇の主題は「教えてください」で、詩人は自己の道を歩むことのないよう切に主の導きを求め、そして神が教え示してくださるとの信仰を与えられた。

1 〈四節〉「**主**よ あなたの道を私に知らせ／あなたの進む道を私に教えてください。」

2 〈五節〉「私を導き 教えてください。」

3 〈八節〉「**主**は……罪人に道をお教えになります。」

4 〈九節〉「貧しい者にご自分の道をお教えになります。」

5 〈一二節〉「主はその人に選ぶべき道をお教えになる。」

6 〈一四節〉「**主**は……その契約を彼らにお知らせになる。」

▼六節に「**主**よ 思い起こしてください」とあるが、これは実に大胆な祈りではないか。まず、次の二つの対照に注目せよ。

「私の若いころの罪や背きを／思い起こさないでください」(七節)。

「あなたの恵みによって 私を覚えていてください。／**主**よ あなたのいつくしみのゆえに」(七節)。

そこで、詩篇の中にある「神よ、思い起こしてください」という引照を挙げてみよう。

1　その恵みを（二五・六）――「主よ　思い起こしてください。／あなたのあわれみと恵みを。」

2　私を（二五・七）――「私を覚えていてください。／主よ　あなたのいつくしみのゆえに。」

3　贖われた者（すなわち、教会）を（七四・二）――「どうか思い起こしてください。／昔あなたが買い取られ／ゆずりの民として贖われた　あなたの会衆を。」

4　敵が神の御名を汚すのを（七四・一八）――「主よ　どうか　心に留めてください。／敵がそしり　愚かな民が御名を侮っていることを。」

5　その民の苦しみを（八九・五〇）――「主よ　みこころに留めてください。／あなたのしもべたちの受ける恥辱を。」

6　その約束を（一一九・四九）――「どうか　あなたのしもべへのみことばを／心に留めてください。」

▼一〇節に「恵みとまこと」が記されている。神は常にこの二つをもって罪人をお取り扱いになる。それゆえ私たちもまたこの二つを教え示さなければならない。恵み

は神の愛を、まことは神の義を示している。この二つが並記されている箇所は詩篇中に甚だ多い。五七篇三節、六一篇七節、八五篇一〇節、八六篇一五節、八九篇一四節、九八篇三節〔編者注＝新改訳2017では「恵みと真実」〕、箴言三章三節、一四章二二節、一六章六節、二〇章二八節。

恵みとまことの調和は人知によっては不可能である。ただ神だけがこれをなし得る。神は十字架によってこの二つを調和し、また成就して、私たち人類を取り扱われるのである。

▼本篇に、祈りのために必要な精神を見ることができる。

1　心を主に注ぎ出すこと（一節）――「主よ　あなたを　わがたましいは仰ぎ求めます。」

2　神に対する信頼（二節）――「わが神　あなたに 私は信頼いたします。」

3　神の導きを求める心（四節）――「主よ　あなたの道を私に知らせ／あなたの進む道を私に教えてください。」

4　真理を慕う心（五節）――「あなたの真理に私を導き　教えてください。」　これは新しい恵み、新しい光、新しい栄光を求める祈りである。

5　神の恵みを感じる心（六節）――「主よ　思い起こしてください。／あなたのあわれみと恵みを。／それらは とこしえからのものです。」
6　自分の罪を感じる心（七節）――「私の若いころの罪や背きを／思い起こさないでください。」
7　神は必ず祝福されるとの確信（八～九節）――「主は いつくしみ深く正しくあられます。／それゆえ 罪人に道をお教えになります。／主は貧しい者を正義に歩ませ／貧しい者にご自分の道をお教えになります。」
▼一二節から一四節は、本篇中の小さい詩とも見ることができる。そしてそのテーマは「神を畏れかしこむ者」である。神を畏れる者は次のような五つの恵みにあずかることができる。
1　導き（一二節）――「主を恐れる人は だれか。／主はその人に選ぶべき道をお教えになる。」
2　平安（一三節）――「その人のたましいは 幸せの中に宿り」
3　子孫の祝福（一三節）――「その子孫は地を受け継ぐ。」
4　神との親しい交わり（一四節）――「主は ご自分を恐れる者と親しく交わり」
5　神との契約を知る（一四節）――「その契約を彼らにお知らせになる。」

第二六篇　献身の歌

▼献身した者の証しを見よ。

1　「私は誠実に歩み」（一節）。

2　「あなたの真理のうちを 私は歩み続けました」（三節）。

3　「手を洗い 自らの潔白を示します」（六節）。

4　「私は 誠実に歩みます」（一一節）。

主イエスはまことにこのようであられた。私たちもまたこのようにあるべきである。そして献身した聖徒こそ、このようにあることができるのである。

▼献身した者の願いと生涯。

1　神に探られ取り扱われることを願う（一～二節）――「主よ 私を弁護してください。／私は誠実に歩み／よろめくことなく 主に信頼しています。／主よ 私を調べ試みてください。／私の心の深みまで精錬してください。」

2　神に信頼する（一節）――「よろめくことなく 主に信頼しています。」

3　神の恵みを感じる（三節）――「あなたの恵みは 私の目の前にあり」

4　神に対する服従（三節）――「あなたの真理のうちを 私は歩み続けました。」

5　悪しき者から離れる（四～五節）――「私は不信実な人とともに座らず／偽善者とともに行きません。／悪を行う者の集まりを憎み」

6　贖いに対する信頼（六節）――「手を洗い 自らの潔白を示します。／主よ 私はあなたの祭壇の周りを歩きます。」 手を洗うことは霊的に言えば、血によって潔められることである。

7　大胆な証し、伝道（七節）――「感謝の声を響き渡らせて 語り告げます。／あなたの奇しいみわざのすべてを。」

8　集会を愛する（八節）――「主よ 私は愛します。／あなたの住まいのある所／あなたの栄光のとどまる所を。」

9　確信をもつ（一二節）――「私の足は平らな所に立っています。」 これこそ堅固な信仰の立場である。

第二七篇　一つのことを願う

一つのことの願いとは、キリストにあることを求める願いである。

▼本篇の分解

1　キリストが心の中に宿る（一～三節）
2　キリストのうちに宿る（四～六節）
3　その恵みを求める（その御顔を求める）（七～一〇節）
4　その道を求める（一一～一二節）
5　与えられた、との信仰（一三～一四節）

一節から六節は新約聖書にある「キリストが私のうちにおられ、私もまたキリストにいる」という尊い経験を指している。

▼一節に、主を心のうちに宿した者の経験が記されている。すなわち

　　私の光
主は私の救い
　　私のいのちの砦
　　　　――それゆえ――
だれを私は恐れよう
だれを私は怖がろう
私の心は恐れない（三節）

▼クリスチャンの聖潔の生涯に必要なものが三つある。

1　救い
2　光
3　力
　　――これは――
わたしが道であり
真理であり
いのちなのです（ヨハネ一四・六）――その三つである。

▼キリストのうちにある結果

1　その麗しい徳を見る（四節）――「私は……主の麗しさに目を注ぎ」

2　祈りにおいて近づく（四節）――「私のいのちの日の限り　主の家に住むことを。／……その宮で思いを巡らすために。」

3　悲しみの時に慰めを得る（五節）――「それは　主が／苦しみの日に私を隠れ場に隠し／その幕屋のひそかな所に私をかくまい」

4　確信をもつ（五節）――「岩の上に私を上げてくださるからだ。」

5　勝利を得る（六節）――「今　私の頭は／私を取り囲む敵の上に高く上げられる。」

6　歓喜に満たされる（六節）――「私は　主の幕屋で喜びのいけにえをささげ／主に歌い　ほめ歌を歌おう。」

▼「一つのこと」（四節）について次の引照を見よ。

1　一つの欠乏（マルコ一〇・二一）――「あなたに欠けていることが一つあります。」

2　一つの必要な恵み（ルカ一〇・四二）――「必要なことは一つだけです。」

3　一つの願い（詩篇二七・四）――「一つのことを私は主に願った。」

第二八篇　信仰者の祈り

▼本篇の分解

1　苦難の中から出る叫び（一～五節）
2　祈りが聞かれたという確信（六節）
3　感謝（七～八節）

これが信仰の祈りの順序である。

▼まず一節と二節とを対照せよ。

神の御声を聞くことができますようにという祈り（一節）――「主よ……／わが岩よ どうか私に耳を閉ざさないでください。／私に沈黙しないでください。／私が 穴に下る者どもと同じにされないように。」

私の声を聞いてくださいという祈り（二節）――「私の願いの声を聞いてください。／私があなたに助けを叫び求めるとき。／私の手を あなたの聖所の奥に向けて上げるとき。」

▼本篇中に善悪両様の人の特質を見ることができる。

1　悪しき者の特質

①神の声を聞かない（一節）――「私に沈黙しないでください。／私が 穴に下る者どもと同じにされないように。」すなわち、望みなく穴に下る者は神の御声を聞くことがないからである。

②穴に下って望みがない（一節）――「私が 穴に下る者どもと同じにされないように。」詩人は、悪しき者が望みなくして死んでいくのと同じようになることを恐れたのであろう。

③悪を行う（三節）――「悪者や不法を行う者ども」

④心に害悪を抱く（三節）――「彼らは隣人と平和を語りながら／その心には悪があるのです。」

⑤神のさばきを受ける（四節）――「彼らの行いとその悪にしたがって／彼らに報いてください。／その手のわざにしたがって彼らに報い／その仕打ちに報復してください。」

⑥神のみわざを顧みない（五節）――「彼らは **主**のなさることも／御手のわざをも悟らない」

⑦滅ぼされる（五節）――「主は彼らを打ち壊し 建て直すことはされません。」

2　神を畏れ敬う者の特質

①神が黙されることを恐れる（一節）――「**主**よ……／わが岩よ　どうか私に耳を閉ざさないでください。／私に沈黙しないでください。／私が　穴に下る者どもと同じにされないように。」

②その祈りは聞かれる（六節）――「ほむべきかな　**主**。／主は私の願いの声を聞かれた。」

③主に信頼して、これを誇る（七節）――「**主**は私の力　私の盾。／私の心は主に拠り頼み　私は助けられた。」

④喜び勇む（七節）――「私の心は喜び躍り」

⑤神に感謝する（七節）――「私は歌をもって主に感謝しよう。」

⑥自分に信頼する心を捨てる（八節）――「**主**は彼らの力。／主は　主に油注がれた者の救いの砦。」

⑦リバイバルを待ち望む（九節）――「どうか御民を救ってください。／あなたのゆずりの民を祝福してください。／……彼らを携え導いてください。」

▼九節に四つの祈りがある。

1　救いを祈る――十字架によって、「御民を救ってください」。

2　祝福を祈る──ペンテコステによって、「あなたのゆずりの民を祝福してください」。
3　満足を祈る──昇天の救い主によって、「どうか彼らの羊飼いとなって／……彼らを携え導いてください」。
4　天国に挙げられることを祈る──新郎である主によって、「いつまでも彼らを携え導いてください」。
主は、①救い主として、②所有者として、③牧者として、④再臨の主として、これらの祈りに答えられるのである。

第二九篇　神の御声

本篇を一九篇と対照せよ。一九篇は神の御言葉、二九篇は神の御声について記している。前者によってどういう恵みを、また後者によってどういう恵みを得るであろうか。比較対照してみよう。

▼活ける神の御声は、
1　杉の木のような強固な者をも砕く（五節）──「**主**の声は　杉の木を引き裂き／

主は レバノンの杉を打ち砕く。」 サウロは杉の木のような者であった（使徒九・四～六参照）。

2 あふれるばかりの元気（力）を与える（六節）――「それらの木々を子牛のように／レバノンとシルヨンを／若い野牛のように 跳ねさせる。」 山のような感情のない者も動かされる。

3 活ける火を与える（七節）――「**主**の声は 炎の穂先をひらめかせる。」（使徒二・三参照）。

4 一般の人の心を動かす（八節）――「**主**の声は 荒野を揺さぶり／**主**は カデシュの荒野を揺さぶる。」 主の御声は野を震動させて、サマリアにリバイバルを起こしたのである（使徒八・六参照）。

5 重荷を負う者を休ませる（九節）――「**主**の声は 雌鹿をもだえさせ」（使徒八・三八参照）。

6 心の深い所を探る（九節）――「大森林を裸にする」（使徒二・三七参照）。

▼最初の一節と最後の一一節とを対照しなさい。

1 主に献げよ（一節）――「力ある者の子らよ。**主**に帰せよ。」

2 主は与えられる（一一節）――「**主**は ご自分の民に力をお与えになる。／**主**は

ご自分の民を 平安をもって祝福される。」
一一節の力と平安などの祝福はどこから来るのであろうか。一〇節にあるように昇天の主より来る。「**主**は とこしえに 王座に着いておられる。」詩人はここに目を上げ、この主を仰ぎ見て、力と平安を与えられるとの確信を得たのである。

第三〇篇　二つの叫び

二度、神に叫び呼ばわっている。

第一の叫び（二節）――「わが神 **主**よ／私が叫び求めると／あなたは私を癒やしてくださいました。」

第二の叫び（八節）――「**主**よ あなたを私は呼び求めます。／私の主にあわれみを乞います。」

それによって第一に新生を、第二に聖潔を与えられた。
▼第一の叫びによって得られる恵みは〝新生〟すなわち、生まれかわりである。
1　癒し（二節）――「あなたは私を癒やしてくださいました。」
2　よみがえらせ（三節）――「**主**よ あなたは私のたましいをよみから引き上げ」

3　いのちを得させ（三節）――「私を生かしてくださいました。／私が穴に下って行かないように。」
4　強められる（七節）――「主よ　あなたはご恩寵のうちに／私を私の山に堅く立たせてくださいました。」
このような恵みを与えられたが、神がその御顔を隠されたので、おじ惑って困難と苦痛を覚えるに至った（七節）。そこで再び叫び求めた。
▼第二の叫びによって与えられる恵みは〝聖潔〟である。
1　豊かないのち（一一節）――「あなたは私のために／嘆きを踊りに変え」
2　歓喜（一一節）――「私の粗布を解き／喜びをまとわせてくださいました。」
3　天の所に上げられる（一節）――「あなたは私を引き上げ」
4　勝利（一節）――「私の敵が喜ばないようにされたからです。」

第三一篇　御顔を輝かせてください

▼本篇の分解
1　〈一～八節〉周囲の敵からの救いを求める

2 〈九～一八節〉さらに深く自分の心を探って、内心の汚れを見いだす
3 〈一九～二〇節〉あふれる恵み
4 〈二一～二四節〉感謝の歌

▼本篇には七つの要点があることに心を留めよ。

1 信仰（一節）――「**主**よ 私はあなたに身を避けています。」（六節）――「この私は **主**に信頼しています。」（一四節）――「しかし **主**よ 私はあなたに信頼します。」

2 献身（五節）――「私の霊をあなたの御手にゆだねます。」

3 懺悔（ざんげ）（九節）――「私をあわれんでください。**主**よ。／私は苦しんでいるのです。」

4 祈り（一五～一六節）――「私の時は御手の中にあります。／私を救い出してください。／敵の手から 追い迫る者の手から。／御顔を しもべの上に照り輝かせてください。／あなたの恵みによって 私をお救いください。」

5 礼拝（一九節）――「なんと大きいのでしょう。あなたのいつくしみは。／あなたを恐れる者のために あなたはそれを蓄え／あなたに身を避ける者のために／人の子らの目の前で それを備えられました。」

6 感謝（二一節）――「**主**はほむべきかな。／主は 堅固な城壁の町の中で／私に

奇しい恵みを施してくださいました。」

7　勧告（二三〜二四節）――「**主**を愛せよ。すべて主にある敬虔な者たち。……／雄々しくあれ。心を強くせよ。／すべて**主**を待ち望む者よ。」

▼主にある敬虔な者とはどんな者であろうか。

1　神を畏れる者（一九節）――「あなたを恐れる者」

2　神に拠り頼む者（一九節）――「あなたに身を避ける者」（信仰）

3　神を愛する者（二三節）――「**主**を愛せよ。すべて主にある敬虔な者たち」（愛）

4　神を待ち望む者（二四節）――「すべて**主**を待ち望む者よ」（希望）

敬虔な者たちのうちには常に、信、望、愛（Iコリント一三・一三）の三つのものがあるべきで、これこそクリスチャンの特質と言うべきものである。

▼主は「私の力の岩」（二節）、また文語訳には「わが磐(いは)わが城なり」（三節）とある。この主なるお方に拠り頼もう。

▼主は「御顔の前にひそかにかくまい／……隠れ場に隠されます」（二〇節）。「主は堅固な城壁の町の中で／私に奇しい恵みを施してくださいました」（二一節）。文語訳では、「堅固なる城のなかにて」とあり、これらはみな「主にある」経験を指している。主にある者は敵の誘惑から免れ、また神の愛を感じるのである。

「さあ、子どもたち、キリストのうちにとどまりなさい」(Ⅰヨハネ二・二八)。

第三二篇　罪赦された者の幸い

本篇は、罪の赦しを受ける道を教える歌である。心を刺された罪人は、この詩によって神と和解する道を知るのである。

1　罪の結果である悲哀と疲弊(三～四節)――「私が黙っていたとき 私の骨は疲れきり/私は一日中うめきました。/昼も夜も 御手が私の上に重くのしかかり/骨の髄さえ 夏の日照りで乾ききったからです。　セラ」(「セラ」は、とどまって考えよ、の意である。)

2　罪の告白(五節)――「私は自分の罪をあなたに知らせ/自分の咎を隠しませんでした。/私は言いました。/『私の背きを主に告白しよう』と。」

3　直ちに罪は赦され、確信が来る(五節)――「すると あなたは私の罪のとがめを/赦してくださいました。　セラ」(この「セラ」は、今度は神の恵みをとどまって考えてみよ、という意である。)

この赦罪の恵みはだれにも与えられる恵みである(六節)――「それゆえ 敬虔な人

はみな祈ります。」

4　神と和らぐことの幸い（一〜二節）――「幸いなことよ／その背きを赦され　罪をおおわれた人は。／幸いなことよ／**主**が咎をお認めにならず／その霊に欺きがない人は。」

5　このような人は神の保護を受ける（七節）――「あなたは私の隠れ場。／あなたは苦しみから私を守り／救いの歓声で　私を囲んでくださいます。」

6　また神の教えを受ける（八節）――「私は　あなたが行く道で／あなたを教え　あなたを諭そう。／あなたに目を留め　助言を与えよう。」　本節は、詩人が神の御声を聞いたので、神の言葉をそのままここに持ってきて挿入したもので、九節は本節に続く神の勧めの言葉である。

7　祝福された生涯（一〇節）――「悪しき者は心の痛みが多い。／しかし　**主**に信頼する者は／恵みがその人を囲んでいる。」

8　感謝と賛美（一一節）――「正しい者たち　**主**を喜び　楽しめ。／すべて心の直ぐな人たちよ　喜びの声をあげよ。」

▼神はどんなお方であるか。

1　罪人の罪を赦される（五節）――救い主

2　救われた者を守られる（七節）――保護者
3　聖徒を教え導かれる（八節）――導き手
私たちはこの順序にしたがって神を知ることができる。
▼一一節に、「喜び……楽しめ……喜びの声をあげよ」とある。だんだんと喜びに満ちあふれるありさまが記されている。私たちの喜びはこのようにますます燃えあがり、ますますあふれ出る喜びである。

第三三篇　神を喜ぶこと

本篇の概略は次のように三段に分けることができる。
1　神を賛美すべきことを高調する（一～三節）。なぜならば、
2　神は造り主であるから（四～一一節）。また、
3　造られたものを守る保護者であるから（一二～二二節）。
▼神は天地を創造するのに言葉を用いられた（四、六、九節）
また六節によれば、御言葉とともに聖霊（御口の息吹）が働いておられるのを見る。
御言葉と聖霊は常に共に働かれる。この二つが共に働かれるところに新しい創造が起

ころのである。私たちの新生もこの御言葉と御霊の働きによるのである。

▼主を喜べ（一～三節）。

1　その御言葉のために（四節）――「**主**のことばは真っ直ぐで」

2　その行為のために（四節）――「そのみわざはことごとく真実である。」

3　そのご品性のために（五節）――「主は正義と公正を愛される。／**主**の恵みで地は満ちている。」

▼一二節に二つの選択がある。そしてこの二つの選択は常に相伴う。すなわち、神を選んだ者は神に選ばれ、神に選ばれた者は神を選ぶ。

民、神を選ぶ――「幸いなことよ／**主**を自らの神とする国は。」
神、民を選ばれる――「神がご自分のゆずりとして選ばれた民は。」

▼一六節以下に、救う力のないものと、救うことのできるものについて記されている。

1　軍は救うことができない（一六節）――「王は 軍勢の大きさでは救われない。」

2　肉体の力も救うことができない（一六節）――「勇者は 力の大きさでは救い出されない。」

3　軍馬も救うことができない（一七節）――「軍馬も勝利の頼みにはならず／軍

勢の大きさも救いにはならない。」

4　全き救いはただ神だけから受けることができる（一八～二二節）――「見よ **主**の目は主を恐れる者に注がれる。／主の恵みを待ち望む者に。／彼らのたましいを死から救い出し……。」

▼一八節以下に、この神の救いを受ける者（クリスチャン）の心の態度が記されている。

1　主を畏れる（一八節）――「見よ **主**の目は主を恐れる者に注がれる。」

2　そのいつくしみを望む（一八節）――「主の恵みを待ち望む者に。」

3　主を待ち望む（二〇節）――「私たちのたましいは**主**を待ち望む。」

4　神に拠り頼む（二一節）――「私たちは聖なる御名に拠り頼む。」

5　主を喜ぶ（二一節）――「私たちの心は主を喜び」

6　主を待ち望む（二二節）――「**主**よ……／私たちがあなたを待ち望むときに。」

以上六つの態度はみな、信仰という一語の中に含まれる。たとえば、太陽の光線を分析すれば七色となるように、信仰を分析すれば、このような様々の態度となるのである。

▼三節に「新しい歌」とある。喜びがあれば、必ず歌があり、新しい経験によって喜びのあるところには、必ず新しい歌が出てくる。昔からリバイバルの時には、常に

新しい歌が起こった。日本の教会においてこのことがまれであるのは残念なことである。

聖書中、「新しい歌」について記された箇所は次のとおりである。詩篇三三篇三節、四〇篇三節、九六篇一節、九八篇一節、一四四篇九節、一四九篇一節、イザヤ書四二章一〇節、ヨハネの黙示録五章九節、一四章三節。

第三四篇　完全なる救い

▼本篇の分解

1　感謝と証詞（一～七節）
2　御言葉を教えること（八～一四節）
3　守られること（一五～二二節）

▼本篇は格別に救いの歌である。

四節――「すべての恐怖から私を救い出してくださった。」
六節――「すべての苦難から救ってくださった。」
七節――「**主**の使いは……／彼らを助け出される。」

一七節――「そのすべての苦難から救い出してくださる。」
一八節――「霊の砕かれた者を救われる。」
一九節――「**主**はそのすべてから救い出してくださる。」
二二節――「**主**は そのしもべ のたましいを贖い出される。」
▼しかもその救いは完全である。 次の言葉の「すべて」「ことごとく」に注意せよ。
四節――「すべての恐怖から 私を救い出してくださった。」
六節――「すべての苦難から救ってくださった。」
一七節――「そのすべての苦難から救い出してくださる。」
一九節――「**主**はそのすべてから救い出してくださる。」
二〇節――「主は彼の骨をことごとく守り」
これによって定全な救いであることを見るであろう。
▼このような救いは祈りの答えとして与えられる恵みである。
四節――「私が**主**を求めると 主は答え」
五節――「主を仰ぎ見ると 彼らは輝いた。」
六節――「この苦しむ者が呼ぶと **主**は聞かれ」
一七節――「苦しむ者が叫ぶと **主**は聞かれ」

▼本篇中に救われた者の名について、八つの面から記されている。それによって私たちクリスチャンがどんな心を抱くべきかを知ることができる。

1 謙遜な者（二節）――「私のたましいは主を誇る」
2 主を畏れる者（七、九節）
3 主に拠り頼む者（八、二二節）
4 主の聖徒（九節）
5 主を求める者（一〇節）
6 正しい者（一五節）
7 心の打ち砕かれた者（一八節）
8 主のしもべ（二二節）

第三六篇　救いの土台

▼本篇の分解

1 悪しき者の生涯（一～四節）
2 神のご性質（五～七節）

3　信者の生涯（八～一二節）

▼第一段において、悪しき者の生涯の七つの点が記されている。

1　神を畏れない（一節）――「彼の目の前には／神に対する恐れがない。」

2　自分を偽る（二節）――「自分の判断で自分を偽り」

3　偽りを言う（三節）――「彼の口のことばは　不法と欺き。」

4　善を行わない（三節）――「思慮深くあろうともせず　善を行おうともしない。」

5　不法を謀る（四節）――「彼は寝床で不法を謀り」

6　悪の道を踏む（四節）――「良くない道に堅く立ち」

7　悪を捨てない（四節）――「悪を捨てようとしない。」

▼第二段においては、神の属性が私たちの救いの基礎であることを知ることができる。

「あなたの恵み」（五節）、「あなたの真実」（五節）、「あなたの義」（六節）、「あなたのさばき」（六節）。これらは、「救い」という家の四つの隅石である。この四つの土台の上に建てられて、第一段（一～四節）にあるような悪しき者も新しく造りかえられて、第三段（八～一二節）に見るような良き者となるのである。

▼第三段における信者の生涯についても七つの点が記されている。

1　神に拠り頼む（七節）――「人の子らは 御翼の陰に身を避けます。」
2　満ち足りる（八節）――「あなたの家の豊かさに満たされ」
3　神の楽しみを抱く（八節）――「あなたは 楽しみの流れで潤してくださいます。」
4　いのちに満たされる（九節）――「いのちの泉はあなたとともにあり」
5　常に新しい光を得る（九節）――「あなたの光のうちに 私たちは光を見るからです。」
6　絶えず神の恵みを受ける（一〇節）――「あなたの恵みを あなたを知る者に。」
7　神に守られる（一一節）――「高ぶりの足が私に追いつかず／悪しき者の手が私を追いやることのないように。」

第三七篇　救いと滅び

▼本篇の中にコーラスの言葉がある。九節がそれである。「悪を行う者は断ち切られ／**主**を待ち望む者 彼らが地を受け継ぐからだ。」この言葉はなお二二節、および二八節終わりと二九節初め、また三八〜三九節にもほぼ同様の句がある。そしてこのコーラスこそ本篇の大意である。

▼地を受け継ぐことについては、本篇の次の諸節にたびたび記されている。

九、一一、一八、二二、二九、三四節。

これは未来の千年王国時代において成就することであるが、今も霊的な意味において成就することである。

▼本篇を二つに分けるならば、

1 信仰によって生活すること（一～八節）――心の中の生涯、神の前の生涯。

2 生涯の上に義を現すこと（九～四〇節）――外部の生涯、人の前の生涯。

▼一節から八節までの第一段に七つの大いなる戒めがある。

1 心を悩ますな（一節）――「悪を行う者に腹を立てるな」（八節中にもこの言葉がある）。

2 ねたみを起こすな（一節）――「不正を行う者にねたみを起こすな。」

3 善を行え（三節）――「**主**に信頼し 善を行え。」

4 主を喜べ（四節）――「**主**を自らの喜びとせよ。」

5 主にゆだねよ（五節）――「あなたの道を**主**にゆだねよ。」

6 主を待ち望め（七節）――「**主**の前に静まり 耐え忍んで主を待て。」

7 憤りを捨てよ（八節）――「怒ることをやめ 憤りを捨てよ。」

▼本篇に、滅亡について様々の言葉で記されている。神は救いの神であるが、それとともに滅ぼす神でもあられる。私たちは深くこのことを考えなければならない。本篇のテーマは「救いと滅び」である。

二節――「草のようにたちまちしおれ／青草のように枯れるのだから。」

九節――「悪を行う者は断ち切られ」

一〇節――「もうしばらくで 悪しき者はいなくなる。」

一七節――「悪しき者の腕はへし折られるが」

二〇節――「悪しき者は滅びる。／主の敵は 牧場の青草のようだ。／彼らは消え失せる。／煙となって消え失せる。」

二二節――「主にのろわれた者は断ち切られる。」

二八節――「悪しき者どもの子孫は断ち切られる。」

三四節――「悪しき者どもが断ち切られるのを見る。」

三六節――「見よ 彼はもういない。／私は捜したが 見つからなかった。」

三八節――「背く者はことごとく滅ぼされ／悪しき者どもの未来は断ち切られる。」

神に滅ぼされることは恐ろしいことである。私たちはこのことをもって自ら警戒し、また罪人に警告を与えなければならない。

第三八篇　罪の記念

本篇は表題のように「記念のためのダビデの賛歌」で、罪を記念するためのものである。私たちは聖霊の光のもとにこの詩を読み、またそれについて祈らなければならない。罪を記念し、これを覚えるためにこの詩を読むべきである。これによってますます恵みに感じ、恵みに進むことができるからである。

私の罪（三節）、私の咎（四節）、私の愚かさ（五節）、私の咎（一八節）、私の罪（一八節）と繰り返されているが、

▼罪とはどういうものか。

1　大変な病のよう（三節）――「私の罪のゆえ／私の骨には 健全なところがありません。」

2　溺れさせる大水のよう（四節）――「私の咎が頭を越えるほどになり」

3　大きな重荷のよう（四節）――「重荷となって 担いきれません。」

4　ひどい傷のよう（五～七節）――「私の傷は悪臭を 放って腐り果てました。／それは私の愚かさのためです。／……私の腰は火傷でおおい尽くされ／私の肉には ど

こにも完全なところがありません。」

5 敵のよう（一二節）――「私のいのちを求める者は 罠を仕掛け／私のわざわいを願い求める者は 私の破壊を告げ／絶えず 欺くことを語っています。」

第四〇篇 救いの段階

本篇は三八篇に反して救いの歌である。

▼一節から三節に、救いの七つの段階が記されている。

1 神を待ち望む（一節）――「私は切に主を待ち望んだ。」

2 祈りは答えられる（一節）――「助けを求める叫びを聞いてくださった。」

3 救われる（二節）――「滅びの穴から 泥沼から／主は私を引き上げてくださった。」

4 確信が与えられる（二節）――「私の足を巌に立たせ」

5 歩む力を授けられる（二節）――「私の歩みを確かにされた。」

6 神を賛美する（三節）――「主はこの口に授けてくださった。／新しい歌を 私たちの神への賛美を。」

7　他の人々を導く（三節）――「多くの者は見て恐れ　主に信頼するだろう。」

三八篇において罪が現れ、四〇篇において救いが現れる。三八篇で「滅びの穴」また「泥の沼」とはどんなものかが示され、四〇篇のこの七つの段階によってどのようにして救い上げられるかを知ることができる。

▼六節から九節までは、ヘブル人への手紙に引照されている言葉で、主イエスの御言葉であることがわかる（ヘブル一〇・五～七参照）。しかし、ここで学ぶべきことは、主イエスに従って人を救おうと願うならば、私たちもまたこのように言い、主が踏まれたこの同じ道を踏み行かなければならないということである。すなわち、

1　心の耳を開かれる（六節）――「あなたは私の耳を開いてくださいました。」

2　生涯を神に献げる（七節）――「そのとき　私は申し上げました。／『今　私はここに来ております。』」　主の降臨は神に対する献身の結果である。

3　神の御言葉に服従する（七節）――「巻物の書に私のことが書いてあります。」

御言葉に服従する者は聖書にかなう生涯を送る。

4　楽しんで神の働きをなす（八節）――「わが神よ　私は／あなたのみこころを行うことを喜びとします。」

5　御言葉を味わう（八節）――「あなたのみおしえは／私の心のうちにあります。」

6　忠実に救いを宣べ伝える（九～一〇節）――「私は大いなる会衆の中で 義を喜び知らせ……隠しません。」

すなわち、以上のことは献身の道である。献身の六つの段階である。この篇の初めは救いの段階であり、次は献身の段階である。

▼一〇節は九節に続いて何を伝えるべきかを示している。

1　神の義――「私は あなたの義を心の中におおい隠さず」 すなわち、神が罪人を義とし、これに義を与えてくださることを証しするのである（ローマ三・二五～二六参照）。

2　神の真実（faithfulness）――「あなたの真実」（神がその約束を必ず成就してくださること）

3　神の救い――「あなたの救いを言い表します。」

4　神の恵み――「あなたの恵みと」

5　神の真理――「あなたのまことを／大いなる会衆に隠しません。」

このように、神の御旨をことごとく伝えなければならない。「私は神のご計画のすべてを、余すところなくあなたがたに知らせたからです」（使徒二〇・二七）。

▼一一節から一七節は祈りである。すなわち本篇は、第一に救い、第二に献身、第

三に祈りであって、これこそが正しい順序である。

第四一篇　あわれみのある者の受ける恵み

▼本篇の分解

1　神の恵みを仰ぎ（一～三節）

2　周囲にある敵を見（四～九節）

3　神を信じる（一〇～一三節）

▼第一段の中に、あわれみのある者の受ける六つの恩恵が記されている。

1　わざわいから救われる（一節）――「幸いなことよ／弱っている者に心を配る人は。／わざわいの日に **主**はその人を助け出される。」

2　神に守られる（二節）――「**主**は彼を見守り 彼を生かし」

3　この世においても祝福を受ける（二節）――「地上で幸せな者とされる。」

4　敵から救われる（二節）――「どうか彼を 敵の意のままにさせないでください。」

5　弱った時に強められる（三節）――「**主**が 病の床で彼を支えられますように。」

6　試みられる時に慰められる（三節）――「彼が病むとき 寝床から起き上がらせ

てください。」

▼第二段においては、敵のことを様々に表現している。

「私の敵」（五節）

私の訪問客（六節）――「人が見舞いに来ても」

「私を憎む者」（七節）

「私が信頼した親しい友」であった者（九節）

▼九節までに敵のことを記したが、第三段の一〇節の初めに「しかし 主よ」と神を仰いで祈っている。これこそ信仰の態度ではないか。すなわち、聖徒の慰めは、

1　神を仰ぐこと（一〇節）――「しかし 主よ。あなたは／私をあわれみ 立ち上がらせてください。」

2　敵に打ち勝つこと（一一節）――「敵は 私に向かって勝ちどきをあげません。」

3　神の力に保たれること（一二節）――「私の誠実さゆえに 私を強く支えてください。」

4　堅い望み（一二節）――「いつまでも あなたの御前に立たせてください。」

詩篇第二巻

第四二篇　うなだれた者の叫び

本篇の主意は神を離れた者が神に立ち返ることである。

1　神を慕う熱情（一〜二節）
2　心の苦しみ（三節）
3　過去の経験の記憶（四節）
4　現在の交わりの断絶（六節）
5　心の中の戦い（七節）
6　外部からの戦い（九〜一〇節）
7　信仰（一一節）

▼四二篇と四三篇に神の御名が七様に記されている。
①神（四二・一）、②生ける神（同二節）、③私の神（同六節）、④私のいのちなる神（同

八節)、⑤わが巌(いわお)なる神(同九節)、⑥私の力の神(四三・二)、⑦私の最も喜びとする神(同四節)。これらはみな味うべき神の御名である。

▼八節に「主が恵みを下さり」とあるのは、英欽定訳では「恵みを命じ」とあるが、このほうがよい。王の王がその恵みを命じられたがゆえに、私たちは必ずこれを得ることができるのである。

ちなみに、詩篇の中に、神が命じられたことの七つの引照がある。日本語訳では明白ではないが、

1　さばきを命じられる(七・六)――「あなたはさばきを定められました。」

2　いつくしみを命じられる(四二・八)――「主が恵みを下さり」

3　救助を命じられる(四四・四)――「ヤコブの勝利(deliverans)を命じてください。」

4　力を命じられる(六八・二八)――「あなたの力を現れさせました。」

5　救いを命じられた(七一・三)――「あなたは私の救いを定められました」(英欽定訳)。

6　契約を命じられる(一一一・九)――「ご自分の契約をとこしえに定められた。」

7　祝福を命じられる(一三三・三)――「主がそこに/とこしえのいのちの祝福を命じられたからである。」

第四三篇　うなだれたたましいの叫び

▼三節に「どうか　あなたの光とまことを送り／それらが私を導くようにしてください」とある。これは聖霊の光と聖書の真理を祈り願うものである。この二つによってだんだんと神に近づくのである。

▼神に近づくには四つの段階がある。

1　神に近づくこと（三節）――「あなたの聖なる山」

2　祈りと礼拝（三節）――「あなたの住まいへと／それらが私を連れて行きますように。」　すなわち、幕屋に入ること。

3　御血のきよめと全き献身（四節）――「こうして　私は神の祭壇に」

4　神との交わり（四節）――「私の最も喜びとする神のみもとに行き」　ここに聖き喜びがある。

第四四篇　主よ、起きてください

二三節に、「起きてください。／主よ」とあり、二六節にも「立ち上がって……ください」とある。まことに大胆な祈りである。これはリバイバルの叫びである。聖霊に強めていただいて初めて、私たちはこういう大胆な祈りをすることができるのである。

▼本篇の分解

1 過去における神の力（奇跡）を覚えること（一～三節）（これによって信仰が起こる）
2 未来のために神を信じる（四～八節）
3 現在のまことのありさま（九～一六節）
4 神に忠実に従う決心（一七～二二節）
5 大胆な祈り（二三～二六節）

リバイバルを叫び求める者は、この順序に注意すべきである。

第四五篇　花婿と花嫁

▼本篇の分解

1 花婿なる王（一～九節）

2　花嫁なる王妃（一〇〜一七節）

▼一節の「沸き立っている」は「沸騰する」ということである。聖霊に満たされた者は心のうちに火があるから煮えあがり、黙っていることができない、そして、それは主についてである。

▼それでは、主イエスについて何を語るのか。

1　その麗しさ（二節）――「あなたは人の子らにまさって麗しい。」

2　その恵みの言葉（二節）――「あなたの唇からは優しさ（英欽定訳では『恵み』）が流れ出る。」

3　その勝利の力（三〜四節）――「勇士よ　あなたの剣を腰に帯びよ。／あなたの威厳とあなたの威光を。／あなたの威光は勝利のうちに進み行け。／真理と柔和と義のゆえに／あなたの右の手はあなたに教えよ。／恐るべきわざを。」

4　その罪人を刺す力（五節）――「あなたの矢は鋭い。／国々の民はあなたのもとに倒れ／王の敵は気を失う。」

5　その王たる権威（六節）――「神よ／あなたの王座は世々限りなく／あなたの王国の杖は公平の杖。」

6　その喜び（七節）――「あなたは義を愛し　悪を憎む。／それゆえ　神よ　あなたの神は／喜びの油を あなたに注がれた。／あなたに並ぶだれにもまして。」
私たちの心の中に聖霊の炎があり、熱があるならば、主イエスについてこの六つのことを言い表すべきである。

▼花婿はこういうお方であるゆえ、花嫁は一〇節にある三つのことを勧められる。

1 明白に主イエスの美を見よ——「娘よ 聞け。」

2 御声を聞いて、これに聴従せよ——「心して耳を傾けよ。」

3 世を離れ、世に属するものを捨てよ——「あなたの民と あなたの父の家を忘れよ。」

これは献身の勧告である。主イエスの美しさを明らかに見て、身もたましいも献げよ、との勧めである。

▼このようにして主に献身するならば、その結果は、

1 主はその愛を現される（一一節）——「王はあなたの美しさを慕うだろう。」

2 主を礼拝することができる（一一節）——「彼こそあなたの主。彼の前にひれ伏せ。」 礼拝の心は最も幸いな恵みであり、最も尊い経験である。

3 他の人をも喜ばせる（一二節）——「娘ツロは贈り物を携え／民のうちの富む者も あなたの好意を求めて来る。」

4　主の花嫁としてふさわしい者とされる（一三～一四節）――「王の娘は 奥にい
て栄華を極め／その衣には黄金が織り合わされている。／彼女はあや織物をまとい 王
の前に導かれる。」　もし人が自分よりも身分の低い女性と結婚すれば、世の人々はそ
の人を軽蔑するだろう。それゆえ主は私たちをご自身にふさわしいものとし、ご自身
の姿にかたどらせてくださるのである。
5　他の人はこれによって救いを得るに至る（一六節）――「あなたの息子らがあ
あなたの父祖に代わり／あなたは彼らを全地の君主に任じる。」

第四六篇　いと近き助けである神

本篇中にある三つのセラ（止まって考えよ、の意）によって三つに区分されている。

1　恐れと苦痛の中に平安が与えられる（一～三節）

2　喜びの流れが与えられる（四～七節）

3　勝利の力が与えられる（八～一一節）

第四八篇　神の都

▼四六、四七、四八篇は一連の詩で、この三篇を通じての大意は「神の都」である。

四六篇——神の都の平和（五、六節）

四七篇——神の都の王（二、八節）

四八篇——神の都の栄光（一、二、五、八節）

▼本篇の分解

1　神の都の栄光（一～三節）

2　反対者の恐れ（四～七節）

3　その都に住む者の喜び（八～一一節）

4　その都に住む者は、その都の強さを測る（一二～一四節）

第四九篇　世のはかなさと神の救い

▼人を救うことのできないものは、

1　富（六～七節）――「彼らは 自分の財産に拠り頼み／豊かな富を誇っている。／兄弟さえも 人を贖い出すことができない。／自分の身代金を神に払うことはできない。」
2　知恵（一〇節）――「知恵のある者たちが死に」
3　誉れ（一二節）――「人は栄華のうちにとどまれない。」
この世の人々はみな、この三つのものによって幸福を得ようとするが、これらのものによっては決してまことの幸いを得ることはできない。ただ神だけが、全き救いによって真の幸いを与えることができるお方である。すなわち、「しかし 神は私のたましいを贖い出し／よみの手から 私を奪い返してくださる」（一五節）。

第五〇篇　現在における神のさばき

神は、現在におけるさばきに人々を呼び集められる。
1　神は人々を呼び集められる（一～六節）
2　ご自分の民に語られる（七～一五節）
3　悪しき者に語られる（一六～二三節）

本篇に記されるところは、悪人に対する現在のさばきである。ヨハネの黙示録二〜三章を対照して見られよ。

第五一篇　砕けた心の叫び

五一篇は五〇篇の答えである。前篇で神は人に対して語られたが、本篇においてはその人が神に対して答えている。すなわち、本篇は砕けた心の叫びである。ひとり静かにこれを読み、この御言葉によって祈るべきである。

▼砕けた心は何を願うか。

1　すべての罪が消し去られること（一節）――「私の背きをぬぐい去ってください。／あなたの豊かなあわれみによって。」

2　きよめられること（二、七、一〇節）――「私の咎を　私からすっかり洗い去り／私の罪から　私をきよめてください。」「ヒソプで私の罪を除いてください。／そうすれば私はきよくなります。／私を洗ってください。／そうすれば　私は雪よりも白くなります。」「神よ　私にきよい心を造（ってください）。」

3　喜び（八、一二節）――「楽しみと喜びの声を聞かせてください。／そうすればあなたが砕かれた骨が喜びます」（一二節）。
4　聖霊（一〇、一一、一二節）――「揺るがない霊を　私のうちに新しくしてください。」「あなたの聖なる御霊を／私から取り去らないでください。」「仕えることを喜ぶ霊で　私を支えてください。」
5　罪人の救い（一三節）――「私は背く者たちに　あなたの道を教えます。／罪人たちは　あなたのもとに帰るでしょう。」
6　感謝のできる心（一五節）――「主よ　私の唇を開いてください。／私の口は　あなたの誉れを告げ知らせます。」
7　一般のリバイバル（一八～一九節）――「どうかご恩寵により　シオンにいつくしみを施し／エルサレムの城壁を築き直してください。／そのとき　あなたは　義のいけにえを／焼き尽くされる全焼のささげ物を喜ばれます。／そのとき　雄牛があなたの祭壇に献げられます。」

真に悔い改めた者の心の中には、この七つの願いがなければならない。ある人はただ第一（すべての罪・背きが消されること）だけを願うが、彼らはその結果として、ついにはこの七つのことを願うに至るであろう。一七節のように、神のみこころにかなうささげ物を献げた者は、心からこの七つの祈りをささげるのである。

▼次に、他の面から本篇を見、砕けた心とはどんなものであるかを見よう。

1　自分の罪の恐ろしさを知る（三～四節）――「まことに 私は自分の背きを知っています。／私の罪は いつも私の目の前にあります。／私はあなたに ただあなたの前に罪ある者です。／私はあなたの目に 悪であることを行いました。」

2　神のあわれみを知る（一節）――「神よ 私をあわれんでください。／あなたの恵みにしたがって。／私の背きをぬぐい去ってください。／あなたの豊かなあわれみによって。」

3　罪は神に対するものであることを知る（四節）――「私はあなたに ただあなたの前に罪ある者です。／私はあなたの目に 悪であることを行いました。」

4　生来の汚れを悲しむ（五節）――「ご覧ください。私は咎ある者として生まれ／罪ある者として 母は私を身ごもりました。」 悔い改めの浅い者は、ただ過去に犯した罪だけを感じ、現在の汚れた心を気に留めないが、真に深く悔い改めた者は二つのことを感じるのである。

5　深いきよめを願う（一〇節）――「神よ 私にきよい心を造り／揺るがない霊を私のうちに新しくしてください。」

6　他の人を導こうと欲する（一三節）――「私は背く者たちに あなたの道を教え

ます。」

7　一般の祝福を願う（一八節）――「どうかご恩寵によりシオンにいつくしみを施し／エルサレムの城壁を築き直してください。」

▼本篇は自己の霊的状態を知るのに最も大切な詩篇である。私たちがもし自分の罪を深く感じたいならば、深い祈りのうちに本篇を熟読することである。罪を感じることは救いの土台である。「地面を深く掘り下げる」（ルカ六・四八）ことは甚だ大切なことである。そうしなければ、その人の救いは浅いもので終わってしまう。私たちは自他のために「地面を深く掘り下げ」なければならない。しかし、多くの伝道者は「その剣をとどめて血を流さないようにする者」（エレミヤ四八・一〇）のように浅く取り扱う。こういう人はのろわれるべきである。私たちは自らも罪を深く感じるとともに、他者に対しても罪を深く感じさせなければならない。深い認罪こそ、やがて徹底した救いを得させる唯一の道である。

第五五篇　悪しき都

九節から一一節までに、悪しき都のうちに何があるかを教示している。

1　暴虐（九節）――「私はこの都の中に暴虐と」
2　争い（九節）――「争いを見ています。」
3　不法（一〇節）――「不法……が都のただ中にあります。」
4　害悪（一〇節）――「害悪が都のただ中にあります。」
5　破滅（一一節）――「不法が都のただ中にあり」
6　虐待（一一節）――「虐待と」
7　詐欺（一一節）――「詐欺はその広場を離れません。」

本篇を四八篇と比較せよ。悪しき都は罪人の団体、神の都は救われた者の団体を指し示している。

第五六篇　三重の救い

▼本篇の分解
1　人の行い（一～七節）
2　神の行い（八～一三節）
▼一三節に三重の救いが記されている。

1　死（滅亡）より救われる――「私のいのちを死から。」――新生の経験
2　罪の力より救われる――「私の足をつまずきから。」――聖潔の経験
3　神の光の中を歩ませる――「私が　いのちの光のうちに／神の御前に歩むために。」――聖霊に満たされた生涯

第六〇篇　勝利への道

本篇は、サタン（悪魔）と戦って、新しい力を得る道である。

1　堕落した信者の生涯（一～三節）――「神よ　あなたは私たちを拒み／私たちを破られました。……」

2　神の旗（四～五節）――「あなたは　あなたを恐れる者に／旗を授けられました。／弓から逃れた者をそこに集めるために」（四節）。「旗を授けられる」とは、神が信仰と望みを起こして勝利を与えてくださることを意味している。またこれは神の旗であるから、神が必ず共に出陣されることを示している。

3　神の約束（六節）――「神は聖所から告げられました。」その神の言葉に頼るのである。そうすれば喜んでいただける。「わたしは　喜んで……。」

4　恵みの獲得と自覚（七節）――「ギルアデはわたしのもの。マナセもわたしのもの。／エフライムは　わたしの頭のかぶと。／ユダはわたしの王笏。」　神から与えられた恵みを信仰をもって自分のものとし、それらを獲得していることを自覚することである。次の引照を見よ。

①エペソ人への手紙一章三節――「私たちの主イエス・キリストの父である神がほめたたえられますように。神はキリストにあって、天上にあるすべての霊的祝福をもって私たちを祝福してくださいました。」

②コリント人への手紙第一、三章二一節――「すべては、あなたがたのものです。」

③オバデヤ書一七～一九節――その領地は今まで敵の手にあったが、今やそこを所有するようになった。この七節はこの領地のことである。

5　敵に対する勝利（八節）――「モアブはわたしの足を洗うたらい。／エドムの上にわたしの履き物を投げつけよう。／ペリシテよ　わたしのゆえに大声で叫べ。」

6　どのようにして勝利を得るか（九節）――「だれが　私を防備の町に連れて行くのでしょうか。／だれが　私をエドムまで導くのでしょうか。」

7　神によって勝利を得る（一〇～一二節）――「神よ　あなたご自身が／私たちを

拒まれるのですか。／……どうか敵から私たちを助けてください。／人による助けはむなしいからです。／神にあって　私たちは力ある働きをします。／神が　私たちの敵を踏みつけてくださいます。」

このように堕落していた者もついには勝利者となるのである。本篇は霊的戦争の詩であって、また祈りの戦いの詩でもある。

第六一篇　砕けた心から出る信仰の叫び

1　あわれな状態から神に祈る（一～二節）――その人の状態は次のとおりである。
①ほとんど喪心して――「私の心が衰え果てるとき」
②神から遠ざかる――「私は地の果てから　あなたを呼び求めます。」

2　神に拠り頼む（三～四節）――「あなたは、
①私の避け所
②敵に対して強いやぐら。
③私は　あなたの幕屋にいつまでも住み
④御翼の陰に身を避けます。」

3　祈りによって恵みを得る（五〜七節）

①信じて神の答えを受け入れたので、恵みのゆずりの地を得る――「神よ まことにあなたは 私の誓いを聞き入れ／御名を恐れる者の受け継ぐ地を 私に下さいました。」

②いのちを得る――「どうか王のいのちを延ばし／その齢を代々に至らせてください。」

③神の保護を得る――「王が 神の御前でいつまでも／王座に着いているようにしてください。／恵みとまことを与えて／王をお守りください。」

4　感謝と献身（八節）――「こうして 私はあなたの御名を／とこしえまでもほめ歌い／日ごとに 私の誓いを果たします。」

第一に神から遠ざかり、しかし第二には神に拠り頼み、そして第三に祈りは答えられて恵みを得る。それゆえに、第四には感謝と献身に至る。これが信仰による祈りの順序である。

第六二篇　ただ神を待て

1　神を待て（一〜二節）
2　人々が反対するとき、神を待て（三〜四節）
3　他者にも神を待つべきことを勧めよ（五〜八節）
4　神から離れたとき、神を待て（九〜一〇節）
5　なぜ神を待つべきか（一一〜一二節）
①力は神のものであるゆえ（一一節）
②恵みもまた神のものであるゆえ（一二節）

▼本篇と次篇にある「私のたましい」について四つの引照を見よ。
1　神を待つことを決心する（五節）――「わたしのたましいよ 黙って ただ神を待ち望め。」
2　飢え渇きを生じる（六三・一）――「私のたましいは あなたに渇き」
3　満足を得る（六三・五）――「脂肪と髄（ずい）をふるまわれたかのように／私のたましいは満ち足りています。」

4　神を追慕する（六三・八）――「私のたましいは　あなたにすがり」　すなわち続いて神の恵み、また神ご自身を「慕追ふ」（文語訳）のである。
この四段階の順序があることを注意せよ。

第六三篇　神を慕う者の幸福

▼本篇に過去、現在、また将来の経験が記されている。

1　過去の経験

①神の栄光を見た（二節）――「私は　あなたの力と栄光を見るために／こうして聖所で　あなたを仰ぎ見ています。」

②神の助けを経験した（七節）――「まことに　あなたは私の助けでした。」

2　現在の経験

①神に信頼する（一節）――「神よ　あなたはわたしの神。」

②神を慕い追う（八節）――「私のたましいは　あなたにすがり」

3　未来の経験

①神を切に尋ね求める（一節）――「私はあなたを切に求めます。」

②神をほめる（三、五節）――「私の唇は あなたを賛美します。」
③神に祈る（四節）――「あなたの御名により 両手を上げて祈ります。」手を上げるとは、祈りの姿勢である。
④恵みに満たされる（五節）――「脂肪と髄をふるまわれたかのように／私のたましいは満ち足りています。」
以上の経験こそ、ペンテコステの経験ではないか。
▼本篇にある三つの喜びを見よ。
1 恵みに満たされたことを喜ぶ（五節）――「脂肪と髄をふるまわれたかのように／私のたましいは満ち足りています。／喜びにあふれた唇で／私の口はあなたを賛美します。」
2 神の保護のうちに安全であることを喜ぶ（七節）――「まことに あなたは私の助けでした。／御翼の陰で 私は喜び歌います。」
3 神ご自身を喜ぶ（一一節）――「しかし 王は神にあって喜び」文語訳は「神をよろこばん」と訳している。
これをローマ人への手紙五章の三つの喜びと対照せよ。
1 望みをもって喜ぶ（二節）――「神の栄光にあずかる望みを喜んでいます。」

2　愛を感じて喜ぶ（三節）――「それだけではなく、苦難さえも喜んでいます。」五節まで続けて読めば、苦難の中にあってさえ喜ぶのは、神の愛が私たちの心に注がれているがゆえであることを見る。

3　神ご自身を喜ぶ（一一節）――「それだけではなく、私たちの主イエス・キリストによって、私たちは神を喜んでいます。」

第六五篇　神の耕し

▼本篇の分解

1　神の聖所において神の恵みを見る（一～四節）

2　海岸において神の力を見る（五～八節）

3　田畑において神の祝福を見る（九～一三節）

私たちは第一に神の恵みを見、次に神の力を感じ、そして第三に神の祝福を受けるのである。

▼四節の、恵みに満ち足りるようになる順序は次のとおりである。

1　心の準備

①感謝（一節）――「シオンには賛美があります。」文語訳は「あゝ神よさんびはシオンにて汝をまつ」となっている。
②献身（一節）――「あなたに誓いが果たされますように。」
③祈り（二節）――「祈りを聞かれる方よ／みもとにすべての肉なる者が参ります。」
④懺悔（ざんげ）（三節）――「数々の咎が私を圧倒しています。」

2　神との接近、交わり

①潔められて（三節）――「あなたは赦してくださいます。」文語訳は「なんぢ我儕（われら）のもろもろの愆（とが）をきよめたまはん」である。
②選ばれて（四節）――「あなたが選び」
③近づけられて（四節）――「近寄せられた」
④神と交わる（四節）――「（幸いなことよ）あなたの大庭に住む人。」

3　その結果

恵みに満たされる（四節）――「私たちは　あなたの家の良いもの／あなたの宮の聖なるもので満ち足ります。」

▼九節から一三節までの一段で、神はどのようにして私たちを祝福なさるかを見る。

コリント人への手紙第一、三章九節にあるように、私たちは「神の畑」である。本篇に、神がその田畑にどのようにして水を注ぎ、耕されるかを見ることができる。

第六六篇　豊かな所への道

一〇節から一二節において「豊かな所」に行く道が記されている。一面から見れば、これは神の恐るべきお取り扱いであるが、神はこのようにして私たちを恵み豊かな所に導かれるのである。

1　試みられる（一〇節）――「神よ まことに あなたは私たちを試し」
2　火で練られる（一〇節）――「銀を精錬するように、私たちを練られました。」
3　網で捕らえられる（一一節）――「あなたは私たちを網に引き入れ」
4　重荷を負わされる（一一節）――「私たちの腰に重荷を負わされました。」
5　へりくだらされる（一二節）――「あなたは人々に 私たちの頭をまたがせ」
6　潔められる（一二節）――「私たちは 火の中 水の中を通りました。／しかし あなたは私たちを／豊かな所に導き出してくださいました。」

私たちが苦しみの火に遭うのは、試みられ、練られるためである。網で捕らえられたように不自由を感じるのは、神から離れて飛び出すことのないためで、重荷を負わされるのも、このことによってへりくだりに至るようになるためである。私たちが様々の苦難を通らされる終局の目的は、神が私たちを潔めて、恵み豊かな所に導くためにほかならないのである（ヘブル一二・一〇〜一一参照）。

▼かつて主の弟子ヤコブとヨハネが、主が御国で栄光の座に着かれるときに、主と共に位に座すことを願うと、主は「あなたがたは……わたしが飲もうとしている杯を飲むことができますか」と言われた（マタイ二〇・二二）。聖霊のバプテスマを求める者は、この覚悟がなければならない。どんな苦しみがあろうとも豊かな所に導かれることを祈らなければならない。

民数記三一章二三節に、火のきよめと水のきよめの二つがある。すなわち、「すべて火に耐えるものは、火の中を通せば、きよくなる。……火に耐えないものはみな、水の中を通さなければならない」とある。神は、火の聖潔を受けるに耐えられない者には水の聖潔を施される。しかし、私たちは火の聖潔を求むべきである。

第六七篇　リバイバルの祈り

本篇に、全世界のリバイバルを祈り求める普遍的な言葉が多くあるのを見よ。
地の上で（二節）すべての国々の間で（二節）
諸国の民が（三節）国々の民が（四節）
諸国の民を（四節）諸国の民が（五節）
地の果てのすべての者が（七節）

このように私たちも信仰を大きくし、心を広くして、すべての国々にリバイバルが来ることを祈りたいものである。しかしこれは聖霊の力と愛がなければ到底不可能なことである。

一九〇七年ごろ、英国においてこうした祈りをささげる団体（全世界リバイバル祈禱運動）が起こり、全世界のリバイバルのために心を合わせて祈った。すると神は直ちにその祈りに答え、まずインドに、次に中国に、アフリカの南部にリバイバルが起こったのである。本篇はこのようなリバイバルの祈りである。

しかし、ただいたずらに大きく全世界のために祈る前に、まず私たちにリバイバルを与えてください、そのリバイバルをまず私のうちに起こしてください！と祈らなければならない。

▼それゆえ、一節にまず自分のための祈りがある。

1　神のあわれみを願う――「どうか　神が私たちをあわれみ

2　神の祝福を祈る――「祝福し」

3　神の愛に感じることを求める――「御顔を私たちの上に／照り輝かせてくださいますように。」

これは、私たち自身の信仰が再び燃え上がらされるための祈りである。その結果として二節のように、多くの罪人は救われるのである。「あなたの道が地の上で／御救いが　すべての国々の間で知られるために」（二節）。

▼三節を見れば、民たちが神に感謝するならば、また民たちの心の中に救いの喜びがあるならば、それはいよいよ広まって「諸国の民」に及び、いまだ神をほめたたえたことのない人々までが神をほめるようになるのである。これこそリバイバルの特徴である。

「神よ　諸国の民があなたをほめたたえ／諸国の民がみな　あなたをほめたたえますように」（三節。文語訳参照）。

▼リバイバルの結果

1　「実を結ぶ」（六節）――「大地はその実りを産み出しました。」

2　神の祝福を得る（六～七節）――「神が　私たちの神が／私たちを祝福してくだ

さいますように。神が私たちを祝福してくださり」
3　人々は神を畏れる（七節）――「地の果てのすべての者が 神を恐れますように。」
▼本篇以下七〇篇までは、各篇ともにリバイバルのための祈りである。
六七篇――まず自分の心のうちにリバイバルを願う祈り。
六八篇――立ち上がって、力を現されることを祈る祈り。
六九篇――罪の重荷を負い、ゲッセマネの苦しみを経験して祈る祈り。
七〇篇――急いでくださいい、と祈る祈り。

第六八篇　リバイバルの祈り

本篇もまたリバイバルの祈りである。英国国教会においては、聖霊降臨節に本篇を読むことが恒例となっている。本篇の大意は次のとおりである。
1　神が立ち上がって働かれることを祈る（一～六節）
2　神はその民を幸いな国に導かれること（七～一四節）――これは霊的にはペンテコステのことである。
3　神はシオンの山に宿って、その民を祝福されること（一五～一八節）――霊的意味は、教会内に宿って、絶えずいのちと恵みを与えられることを指している。
4　他の人々が神に服し、神を礼拝する（二九～三五節）

第六九篇　私たちのゲツセマネ

本篇は厳粛なる御言葉である。新約中に七回、本篇から引照されている。ことに主イエスのゲツセマネの苦しみと十字架の贖いを指す言葉が、本篇から引照されている。しかし私たちは今、自分の罪を感じて本篇を読むべきである。また周囲の人々の罪を感じて読むこともできる。ダニエルはイスラエルの同胞のために祈ったとき、イスラエル人の罪を自分の罪として懺悔（ざんげ）し、とりなしの祈りをささげた。それゆえ、六七、六八篇のようにリバイバルを祈る者は、本篇のように人々の罪の恐ろしさを感じて祈らなければならない。こうして私たちはいくらかでも、ゲツセマネにおける主イエスのお心を自分の心として祈ることができるのである。

▼特に二二節から二八節を見よ。ここにおいて罪の八つの結果を見ることができる。
1　罪はその人を捕らえて滅びに陥れる（二二節）――「彼らの前の食卓は罠となり／栄えるときに 落とし穴となりますように。」

2　罪は心を暗くする（二三節）――「彼らの目を暗くなり見えなくなりますように。」
3　罪は恐れを起こす（二三節）――「その腰がいつもよろけますように。」
4　罪は神の怒りを招く（二四節）――「あなたの憤りを　彼らの上に注いでください。／燃える怒りを　彼らに追いつかせてください。」
5　罪は荒廃をもたらす（二五節）――「彼らの宿営が荒れ果て　その天幕から住む者が絶えますように。」
6　罪はいよいよ増し加わる（二七節）――「彼らの咎に咎を加え」
7　罪人は神の前に義とならない（二七節）――「彼らをあなたの義のうちに入れないでください。」
8　罪人は永遠に望みを失う（二八節）――「彼らがいのちの書から消し去られますように。／正しい者と並べて／彼らが書き記されることがありませんように。」
以上、七つの節は罪がまことに恐るべきことを記している。罪人はこのように滅びに行く道をたどりつつあるのだ。
▼その反対に、二九節から三六節には救われた者の感謝が記されている。この人は前述のような罪人で、滅びの道をたどっていたが、今や二九節のように神の救いによ

って「高い所」に置かれたので、

1　感謝の心をもって霊的なささげ物を献げる（三〇〜三一節）――「歌をもって私は神の御名をほめたたえ／感謝をもって　私は神をあがめます。／それは　雄牛にまさって主に喜ばれます。／角が生え　ひづめが割れた若い牛にまさって。」

2　他の信者を喜ばす（三二節）――「心の貧しい者たちよ　見て喜べ。／神を求める者たちよ　あなたがたの心を生かせ。」　すなわち、こういう人は他の人の感謝を聞いて新しいいのちを得るのである。

3　すべてのものに感謝することを促す（三四節）――「天地よ　主をほめたたえよ。／海とそこにうごめくすべてのものも。」

4　リバイバルの望みを抱く（三五〜三六節）――「まことに神は　シオンを救い／ユダの町々を建て直される。……」

第七〇篇　主よ、急いでください

本篇に、「急いでください」、あるいはこれに類する言葉が数回記されている。「神よ　私を（速やかに）救い出してください」（一節）。

「主よ 急いで私を助けに来てください」（一節）。

「神よ 私のところに急いでください」（五節）。

「主よ 遅れないでください」（五節）。

四回、神に対して、「急いでください」と促している。こういう祈りをささげるのは実に大胆なことである。しかし、神はこのような遠慮のない大胆な祈りを喜んで受け入れてくださる。信仰ある者は常にこういう祈りをささげる。信仰の祈りは常に、今、急いでください、と祈り求めるのである。

第七一篇　絶えざる祈り

今一度、自分の心を探り、自分のために祈る祈りである。

▼本篇の分解

1　祈り（一～四節）
2　証し（五～八節）
3　祈り（九～一三節）
4　確信（一四～一六節）

5　祈り（一七～一八節）
6　感謝（一九～二四節）

▼本篇の終わりに、どのようにして感謝すべきかを記している。すなわち、次のとおりである。

1　楽器をもって（二二節）――「私もまた　琴であなたをほめたたえます。／わが神よ　あなたの真実を。／私は　竪琴に合わせてあなたにほめ歌を歌います。／イスラエルの聖なる方よ。」

2　歌をもって（二三節）――「私があなたにほめ歌を歌うとき／私の唇は高らかに歌います。／あなたが贖い出された私のたましいも。」

3　証しによって（二四節）――「私の舌も絶えず／あなたの義を告げます。」

▼本篇に、三度「絶えず」（八、一五、二四節）という言葉を見る。絶えず感謝し、賛美するのである。

▼また「いつも」あるいは「絶えず」という言葉も三度見る。英訳は continually である。

1　常に保護される（三節）――「私の避け所の岩となってください。／いつでもそこに入れるように。……」文語訳は「ねがはくは汝わがすまひの磐(いは)となりたまへわれ恒(つね)にそのところに往(ゆ)くことを得ん　なんぢ我をすくはんとて勅命(みことのり)をいだしたまへり　そは汝はわが磐わが城なり」となっている。

2　常に感謝する（六節）――「私はいつもあなたを賛美しています。」

3　常に喜ぶ（二四節）――「しかし私は　絶えずあなたを待ち望み／いよいよ切にあなたを賛美します。」

▼また本篇には、「あなたの義」についてたびたび記されている。

二節――「あなたの義によって私を救い　助け出してください。」

一五節――「私の口は絶えず語り告げます。／あなたの義と救いとを。」

一六節――「あなたの　ただあなたの義だけを心に留めて。」

一九節――「神よ　あなたの義は天にまで届きます。」

二四節――「私の舌も絶えず／あなたの義を告げます。」

第七二篇　全世界の王なるキリスト

本篇は、キリストが全世界の王となられることを待望する詩である。

1　キリストが王となる結果の平安と義（一～七節）

2　その主権の及ぶ広い領地（八～一一節）
3　王の恵みと救い（一二～一五節）
4　あふれるほどの恵み（一六節）
5　永遠に続く栄光（一七節）
そして一八節から二〇節は、詩篇第二巻の終わりの言葉である。

ちなみに、第一巻の終わりは四一篇の最後。第三巻の終わりは八九篇の最後。第四巻の終わりは一〇六篇の最後。第五巻の終わりは一五〇篇の最後である。参照して黙想せよ。

詩篇第三巻

第七三篇　この世の精神からの救い

この世の精神とは、現在のものに心を奪われることである。罪人は現在のものに心を奪われる。しかし、神の人は目をあげて、神の愛と義とを待ち望むのである。

▼心の汚れ

1　ねたみ（三節）――「それは 私が悪しき者が栄えるのを見て／誇り高ぶる者をねたんだからだ。」

2　疑い（一一節）――「そして 彼らは言う。／『どうして神が知るだろうか。／いと高き方に知識があるだろうか。』」

3　つぶやき（一三節）――「ただ空しく 私は自分の心を清め／手を洗って 自分を汚れなしとした。」（ヨブ二一・一五、マラキ三・一三～一四参照）

▼どのようにしてこうした心から救われることができるか。ここに六つの段階があ

る。そしてこれは信仰に至る六段階でもある。

1　神に近づくこと（一七節）——「ついに私は　神の聖所に入って」

2　罪人の終局を考えること（一七〜二〇節）——「彼らの最期を悟った。……」

3　自分の愚かさを悟ること（二二節）——「私は愚かで考えもなく／あなたの前で獣のようでした。」

4　神と共にあることを感ずること（二三節）——「しかし　私は絶えずあなたとともにいました。／あなたは私の右の手を／しっかりとつかんでくださいました。」

5　神の栄光を望むこと（二四節）——「あなたは　私を諭して導き／後には栄光のうちに受け入れてくださいます。」

6　神から受ける富を見ること（二五〜二六節）——「あなたのほかに／天では　私にだれがいるでしょう。／地では　私はだれをも望みません。／この身も心も尽き果てるでしょう。／しかし　神は私の心の岩／とこしえに　私が受ける割り当ての地。」

それゆえこの六つの段階によって、疑いから転じて信仰に立つことができるのである。

▼特に二三節から二五節までを見よ。この詩人は三節から七節において、神を信じない人の幸福そうに見える状態を目にして、心の中に疑問を感じたが、今や信者の富

に目を向けることができた。この世の富に目をつけず、信者の富に目を向けるようになったので、希望が生まれた。すなわち、

二三節――世の人には頼るべきものがない。しかし信者は神と共にあり、神に支えられる。

二四節――世の人は導きも望みももっていない。しかし信者はこれを所有している。

二五節――世の人はその富から慰めを得る。しかし信者は神を愛する愛から慰めを受ける。

▼こうしてこの詩人は最後の二八節において、ここから学んだ結論を記した。「しかし私にとって／神のみそばにいることが幸せです。／私は**神**である主を私の避け所とし／あなたのすべてのみわざを語り告げます。」

他の人にとっては世の富を所有することが良いことであろうが、私たちにとっては、神に近くあることが最も良いことなのである。

第七四篇　罪の結果を見てのとりなしの祈り

本篇は、罪の結果が見えるときにささげるべきとりなしの祈りである。格別に、教

会の中に罪があるのを見て、ささげるとりなしの祈りである。
▼本篇の要点は次のとおりである。
1　神から離れたことを嘆いて祈る（一節）――「神よ　なぜ　いつまでも拒み／御怒りをあなたの牧場の羊に燃やされるのですか。」
2　過去の恵みを追想して祈る（二節）。
①贖い――「どうか思い起こしてください。／昔あなたが買い取られ／ゆずりの民として贖われた　あなたの会衆を。／あなたの住まいであるシオンの山を。」
②臨在――「どうか思い起こしてください。／……あなたの住まいであるシオンの山を。」
③敵のなした行為を述べて祈る（三～一一節）
④神がなされたことを祈りの中に述べる（一二～一七節）
⑤とりなしの祈り（一八～二三節）
▼一八節から二三節までの部分を注目せよ。これこそとりなしの祈りの標本である。
1　敵の力を覚えて祈る（一八節）――「**主**よ　どうか　心に留めてください。／敵がそしり　愚かな民が御名を侮っていることを。」
2　神のいつくしみを覚えて祈る（一九節）――「あなたの山鳩のいのちを／獣に

引き渡さないでください。／あなたの悩む者たちのいのちを／永久に忘れないでください。」　悪魔の攻撃は野生の獣が鳩を捕らえるようである。しかし神は私たちをご自分の鳩として愛される。

3　神の約束を覚えて祈る（二〇節）――「どうか　契約に目を留めてください。／地の暗い所は　暴虐の巣ですから。」

4　神の栄光を覚えて祈る（二二節）――「神よ　立ち上がり／ご自分の言い分を立ててください。／愚か者が休みなくあなたをそしっていることを／心に留めてください。」　敵のそしりを思い、ご栄光のために祈るのである。

第七五篇　悪に対する神の審判

前篇一〇節に、「神よ　いつまで　はむかう者はそしるのですか」とあったが、本篇においてその答えが記されている。すなわち、神は現在においても、必ず悪をさばかれるのである。前篇では、神が立ち上がって働かれるようにと祈ったが、本篇において神はそれに答えて、すでに罪をさばくことを始められたことを知る。

▼本篇の要点は次のとおりである。

1　信仰をもって神に感謝する（一節）
苦しめられるとき、その苦しみに目を留めず、目をあげて神に感謝するのである。
2　神ご自身が語られる（二〜三節）
神は、その感謝のうちに御声を聞かせてくださる。三節に、私たちが見ることのできないところに働くと語られたが、その神は今もその力と勢いを伸ばされるのである。

それゆえ、
3　罪人にへりくだるべきことを忠告する（四〜六節）
4　神のさばきを宣言する（七〜一〇節）
①悪い者には苦しみを与え（八節）
②正しい者には慰めを与えられる（九節）

第七六篇　神は勝利者である

本篇は、神がアッシリアの王センナケリブの軍隊を皆殺しにされたとき（Ⅱ列王一九・三五）に歌った詩である。霊的な意味では、主イエスが十字架上において全き勝利を得られたことに適合する。

▼本篇の要点は次のとおりである。

1　神はだれのために働かれるのか（一～二節）

①神を知る者のため――「神は　ユダにご自分を示される。」

②神を崇める者のため――「イスラエルに　その御名の偉大さを。」

③神に近づく者のため――「その仮庵はサレムに」

④そのご臨在を覚える者のため――「その住まいはシオンにある。」

2　神の全き勝利（三～六節）――ローマ人への手紙六章六節、コロサイ人への手紙二章一四～一五節を対照せよ。

3　神を畏れなければならないこと（七～一〇節）

4　神に献身すべきこと（一一～一二節）

▼本篇に「恐るべき」あるいは「恐れて」という言葉が四度出ている。

1〈七節〉「実にあなたは恐ろしい方」

2〈八～九節〉「地は恐れて沈黙しました。／神が　さばきのために……立ち上がられたそのときに。」

3〈一一節〉「主の周りにいる者はみな／恐るべき方に贈り物を献げよ。」

4〈一二節〉「主は……地の王たちにとって　恐るべき方。」

聖霊はこの短い本篇に四度もこの言葉を宣べておられるゆえ、この各々の節に心を留めて、私たちも神を畏れかしこむべきである。

第七七篇　疑惑から信仰へ

本篇も、詩人の経験を歌った詩であって、疑いから信仰に移ることについて記している。

▼本篇の分解

1　霊の暗闇と苦難（一〜四節）

2　過去の恵みを失った失望（五〜六節）

3　六つの疑問（七〜九節）

4　神を見上げ、その御業を覚える（一〇〜二〇節）

▼特に、七節から一二節までを見よ。そして七節から九節には六つの疑問が記されている。

1　「主は　いつまでも拒まれるのか」（七節）。

2　「もう決して受け入れてくださらないのか」（七節）。

３　「主の恵みは とこしえに尽き果てたのか」（八節）。
４　「約束のことばは 永久に絶えたのか」（八節）。
５　「神は いつくしみを忘れられたのか」（九節）。
６　「怒って あわれみを閉ざされたのか」（九節）。

サタンはこのように、常に疑いを起こさせようとする。信者は心の中にその種を受けることがあるかもしれない。しかし、一〇節から一二節にその治療法がある。

１　思い起こすこと（remember）——文語訳、「いで至上者（いとたかきもの）のみぎの手（みて）のもろもろの年をおもひいでん」（一〇節）。“I will remember the years of the right hand of the most High.”（英欽定訳）
「昔からの あなたの奇しいみわざを思い起こします」（一一節）。
「私は あなたのなさったすべてのことを思い巡らし」（一二節）。
２　深く思うこと（meditate）——「あなたのみわざを、静かに考えます」（一二節）。
そして、ヘブル人への手紙一三章八節の主イエスを信ずべきである。
３　宣べ伝えること（talk）——文語訳、「われヤハの作為（みわざ）をのべとなへん」（一一節）。
“I will meditate also of all thy work, and talk of thy doings.”（英欽定訳、一二節）。すなわち、これは証しすることである。

第七八篇　神のご忍耐

本篇は、前篇で学んだように（七七・一二）、神の御業を語る詩である。言葉を換えて言えば、歴史からの教訓である。その目的は、七節にあるように「彼らが神に信頼し／神のみわざを忘れず／その命令を守るため」である。

▼本篇において格別に学ぶことは、神のご忍耐とあわれみの深いことである。

〈八～一一節〉民の罪
〈一二～一六節〉神は救いを施して恵んでくださる
〈一七～二二節〉民の罪
〈二三～二九節〉神は日々の糧を与えて恵んでくださる
〈三〇～三七節〉民の罪
〈三八～三九節〉神は罪を赦して恵んでくださる
〈四三～五五節〉神は敵をさばき、また導きを与えて恵んでくださる
〈五六～五八節〉民の罪
〈五九～六四節〉神のさばき

〈六五～七二節〉リバイバル――六五節はこの歴史の転機である。その結果、
六六節で、敵を滅ぼし、
六八節で、住みかを選び、
七〇節で、王を選ばれた。
▼なぜ、リバイバルが起こらないのか。本篇にあるように、神の民の不信仰のゆえではないか。

第七九篇　教会のための祈り

本篇は、神殿が汚されたときに祈った祈りで、リバイバルの祈りとも言うべきものである。神の教会が汚れを受けたとき、私たちもこの篇にあるように砕けた心をもって祈るべきである。
▼本篇の要点は次のとおりである。
1　敵の働き（一～四節）
この一段に「あなたの」という言葉がたびたび記されているのを心に留めよ。
「国々はあなたのゆずりの地に侵入し」（一節）

「あなたのしもべたちの屍を／空の鳥の餌食とし」(二節)
「あなたにある敬虔な人たちの肉を 地の獣に与え」(二節)
これは、自分の苦しみを感じてではなく、神の御苦しみを感じて祈るのである。
2　敵がさばかれることを祈る(五～七節)
3　自分のための祈り(八～一三節)
八節――過去における罪の赦しを願う。
九節――現在において神の助けを願う。
一〇節――神のご臨在と力が現されるように願う。
一一節――あわれむべき者が救われるように願う。
一三節――とこしえの感謝

第八〇篇　リバイバルの祈り

本篇も、リバイバルを祈る祈りである。
▼三、七、一九節は本篇のコーラスである。
「神よ 私たちを元に戻し／御顔を照り輝かせてください。／そうすれば 私たちは救

われます」（三節）。

「万軍の神よ　私たちを元に戻し／御顔を照り輝かせてください。／そうすれば　私たちは救われます」（七節）。

「万軍の神　主よ　私たちを元に戻し／御顔を照り輝かせてください。／そうすれば　私たちは救われます」（一九節）。


このコーラスの中に二つの願いが表現されている。すなわち、

1　「私たちを元に戻してください。」――私たちの心を砕いて、悔い改めを与えてください、という祈り。

2　「御顔を照り輝かせてください。」――ご自身を現してください、という祈り。

▼このコーラスを見ると、初めに「神よ」とあり、次に「万軍の神よ」、終わりに「万軍の神　主よ」とある。「万軍の神」とは、特に神の権力を表した言葉で、「主」とは、忠実にその約束を守る契約の神であることを表す御名である。この三つの呼びかけによって、このコーラスを歌うごとにだんだんと信仰が進展していることに心を留めよ。

▼一～二節における大胆な祈りを見よ。
「聞いてください」、「光を放ってください」、「御力を呼び覚ましてください」、「私

たちを救いに来てください」。
私たちもこのように遠慮なく大胆に神に近づいて、祈りをささげるべきである。
▼本篇の分解
1　熱心な祈り（一～二節）　コーラス（三節）
2　現在の苦難のありさま（四～六節）　コーラス（七節）
3　過去における恵み（八～一一節）
4　現在におけるサタンの力（一二～一三節）
5　熱心な祈り（一四～一七節）
6　決心（一八節）　コーラス（一九節）
▼注意して本篇を見ると、本篇の三段においてイスラエルの民を三つのひな型をもって記しているのを発見する。
一節から三節においては、軍隊として。
四節から七節においては、神の群れとして。
八節から一九節においては、神のぶどうの木として。

第八一篇　神の恵み

本篇における中心の言葉は一〇節で、本篇の主意を教えている。

「わたしは　あなたの神　**主**である。／わたしが　あなたをエジプトの地から連れ上った。／あなたの口を大きく開けよ。／わたしが　それを満たそう。」

この九〜一〇節は聖書の中央の節で、聖書の中心はここにあると言っても差し支えないであろう。

▼本篇の分解は左のとおりである。

1　感謝（一〜四節）
2　神の救い（五〜七節）
3　神の勧め（八〜一〇節）
4　神の嘆き（一一〜一二節）
5　神の勧めとそれに従う結果（一三〜一六節）

▼一一〜一二節において、神はイスラエルの不信仰のために、ご計画どおりの恵みを与えることができないことをお嘆きになる。一四節以下にあるような恵みを備えて

おられるがゆえに、一三節のように神に従順であることを求められるのである。

従順であるべき勧め（一三節）――「わたしの民がわたしに聞き従い／イスラエルがわたしの道を歩んでいたなら。」

▼その結果として得られる恵み（一四～一六節）

1　勝利（一四節）――「わたしはただちに　彼らの敵を征服し／彼らに逆らう者に手を下したのに。」

2　罪人の救い（一五節）――「主を憎む者どもは主にへつらうが／彼らの刑罰の時は永遠にまで至る。」

3　あふれるほどの恵み（一六節）――「しかし主は　最良の小麦を御民に食べさせる。／わたしは岩から滴る蜜で　あなたを満ち足らせる。」

神は私たちそれぞれのためにも、この三つの恵みを備えておられるゆえ、私たちは主に従順であるように。

第八四篇　三つの幸い

四節と八節の終わりに「セラ」（止まって考えよ、の意）がある。これによって本篇を三つに区分することができる。またこの三区分の各部に「なんと幸いなことでしょう」という言葉がある（四、五、一二節）。この三つの「幸い」は、その各部分の主意を示すものと見ることができる。そして、この三つの幸いはいずれもペンテコステに関わるものである。ペンテコステの恵みを受けて、こういう幸いを経験するのである。

第一段（一～四節）の主意は、

「なんと幸いなことでしょう。／あなたの家に住む人たちは」（四節）。

これは新約の光をもって見れば、ヨハネ福音書一五章にあるように「キリストにとどまる」ことである。"abideth Me."

第二段（五～八節）の主意は、

「なんと幸いなことでしょう。／その力があなたにあり／心の中に シオンへの大路のある人は」（五節）。

神にあって力をもち、また絶えず心のうちに天国の栄光をもつ者の幸いである。ペンテコステの恵みを受けて、このような者となるのである。

第三段（九～一二節）の主意は、

「万軍の**主**よ なんと幸いなことでしょう。／あなたに信頼する人は」（一二節）。

信仰の人の幸いである。ペンテコステの経験によって、このような信仰を抱くことができるのである。

▼七節に「彼らは力から力へと進み」とあるが、これについて次の引照を見よ。

力から力へと進む――詩篇八四篇七節

光から光へと進む――箴言四章一八節

恵みから恵みへと進む――ヨハネ福音書一章一六節

栄光から栄光へと進む――コリント人への手紙第二、三章一八節

私たちはこの四つの引照にしたがって、ますます進みゆく者でありたい。

▼一一節において次のことを見よ。

1　神はどのような方か――「神である主は太陽 また盾。」

神は、私たち信者の心の中にある光であって、また外にあってはサタンの攻撃を防ぐ盾となってくださるのである。

2　神は何を与えてくださるか――「主は恵みと栄光を与え」

現在においては恵みを、来たるべき世においては栄光を与えてくださるのである。人が与えるぶどう酒、世の賜物は次第に悪くなるが、これに反して神の賜物はどんどん良くなるのである（ヨハネ二・一〇参照）。

3　神は何を約束されたか――「誠実に歩む者に良いものを拒まれません。」

神は、ご自分に従う者たちにすべての良いものと恵みを自由に与えてくださるのである。

第八五篇　リバイバルの祈り

六節の終わりに、「私たちを生かしてくださらないのですか」という言葉がある。英欽定訳は"Revive us again."「私たちを再び生かしてください（リバイブしてください）」で、これが本篇の主意となる句である。本篇もリバイバルの祈りである。

▼本篇の要点は次のとおりである。

1　過去の恵みを記憶する（一～三節）――過去のこと。

2　新しい恵みを求める（四～八節）――現在のこと。新しい恵みを求めるゆえに、八節において神の御声に耳を傾ける。リバイバルのために祈っているときに、しばしば祈りをやめて神の御声を聴く必要がある。

3　神の全き恵みを信ぜよ（九～一三節）――将来のこと。

第八六篇　祈りの生活

1　祈りにおける正しい態度（一～四節）

①自分の欠乏を感じる心（一節）――「私は苦しみ 貧しいのです。」

②神を畏れる心（二節）――「私は神を恐れる者です。」

③信仰（二節）――「あなたのしもべをお救いください。」

④倦まない熱心（三節）――「絶えず 私はあなたを呼んでいます。」

⑤希望（四節）――「主よ 私のたましいはあなたを仰ぎ求めています。」

2　このような祈りに対する神の態度（五～八節）

①祈りを歓迎される（五節）

②恵み深くあられる（五節）――「主よ まことにあなたは／いつくしみ深く 赦しに富み／あなたを呼び求める者すべてに／恵み豊かであられます。」

③喜んで答えられる（七節）――「あなたが私に答えてくださるからです。」

④大いなる力をもって働かれる（八節）――「主よ 神々のうちであなたに並ぶ者はなく／あなたのみわざに比べられるものはありません。」

祈るときに、こういう正しい態度をもち、またこれに対する神の態度を知るのは大切である。こうして、そのために力ある祈りをささげることができるのである。

▼本篇を二つに大別すれば、

1　祈りにおける心の準備（一〜八節）

2　祈りの結果（九〜一七節）

とすることができる。いま第二段の要点を挙げれば、次のとおりである。

九〜一〇節に、祈りの結果として神のご計画を明らかに見ることができる。

一一節で、なお明らかな光を求め、

一二〜一五節で、神の栄光を見て感謝し、

一六〜一七節で、新しい恵みを求める。

▼一〇節に「あなたは大いなる方」とあるが、これについて三つのことに注目せよ。

「主よ まことにあなたは／いつくしみ深く」（五節）

「あなたの恵みは私の上に大きく」（一三節）

「あなたはあわれみ深く……恵みとまことに富んでおられます」（一五節）。

第八九篇　恵みと真実

本篇に、「恵み」と「真実」という言葉がたびたび出てくる。一節―恵み、真実。二節―恵み、真実。五節―真実。八節―真実。一四節―恵み、まこと（真実）。二四節―真実、恵み。二八節―恵み。三三節―恵み、真実。四九節―恵み、真実。

それゆえ、この二つは本篇において大切な言葉である。神は常にこの二つをいっしょに表しておられる。その恵みのゆえに私たちの罪を赦し、その真実によって約束を必ず成就されるのである。

▼本篇を二つに大別すれば、

1　過去における神の御業を語る（一～三七節）。

2　現在の状態を述べ、また神の約束を論じて、いま恵みを注がれるように求める（三八～五二節）。

▼一九節から二七節を特に注意して読もう。ここにダビデのことが記されているが、これは救い主、すなわち主イエスのひな型と預言である。七つの要点を見よ。

1　救い主は力ある者（一九節）――「わたしは一人の勇士に助けを与え」文語訳は「われ佑助(たすけ)をちからあるものに委ねたり」（マタイ二八・一八対照）。

2　救い主は民の中から選ばれた者（一九節）――「民の中から一人の若者を高く上げた」（ヨハネ一・一八対照）。

3　救い主は神のみこころにふさわしい者（二〇節）――「わたしは　わたしのしもべ……を見出し」（ヨハネ八・二九対照）。

4　救い主は神から油注がれた者（二〇節）――「わたしの聖なる油で　油を注いだ」（使徒一〇・三八対照）。

5　救い主は神が共にいて強くされた者（二一節）――「わたしの手は彼とともにあって揺るがず／わたしの腕も彼を強くする」（ヨハネ一四・一〇対照）。

6　救い主は神の長子（二七節）――「わたしはまた　彼をわたしの長子……とする」（ヨハネ一・一四対照）。

7　救い主は地の王たちの王（二七節）――「地の王たちのうちの最も高い者とする」（黙示録一九・一六対照）。

詩篇第四巻

第九〇篇　七つの祈り

一二節から一七節までに七つの祈りが記されている。

1　時を重んじることを祈る（一二節）――「どうか教えてください。自分の日を
数えることを。／そうして私たちに 知恵の心を得させてください。」
2　神との交わりを祈る（一三節）――「帰って来てください。主よ いつまでなの
ですか。／あなたのしもべたちを あわれんでください。」
3　満足を祈る（一四節）――「朝ごとに／あなたの恵みで私たちを満ち足らせて
ください。」
4　喜びを祈る（一四～一五節）――「私たちのすべての日に／喜び歌い 楽しむこ
とができるように。／どうか喜ばせてください。」
5　リバイバルを祈る（一六節）――「みわざを あなたのしもべらに／ご威光を 彼

らの子らの上に現してください。」
6　きよめを祈る（一七節）――「私たちの神　主の慈愛が／私たちの上にあります
ように。」（コロサイ三・一二〜一四参照）
7　成功を祈る（一七節）――「私たちのために　私たちの手のわざを／確かなもの
にしてください。／どうか　私たちの手のわざを／確かなものにしてください。」（ヨハ
ネ一五・一六参照）

第九一篇　全能者の陰

本篇は、神の至聖所に宿ることを歌った詩である。
▼二節と一四節を対照せよ。二節で詩人は主のことを述べたが、一四節で主は詩人のことを述べられた。私たちも神のことを証しするとき、私たちのことに関する神の約束を聞くことができる。
▼一四節から一六節に、神を愛し、神を信じる者に与えられる七つの恵みが約束されている。
「彼がわたしを愛しているから」――すなわち、神を愛するゆえに、

「彼がわたしの名を知っているから」──すなわち、神を信じるゆえに、

1　援助（一四節）──「わたしは彼を助け出す。」

2　天の所の生涯（一四節）──「わたしは彼を高く上げる。」」（エペソ二・六参照）

3　祈りの答え（一五節）──「彼がわたしを呼び求めれば／わたしは彼に答える。」

4　救い（一五節）──「わたしは苦しみのときに彼とともにいて／彼を救い」

5　神の誉れ（一五節）──「彼に誉れを与える。」（黙示録三・五後半参照）

6　豊かないのち（一六節）──「わたしは 彼をとこしえのいのちで満ち足らせ」

7　啓示（一六節）──「わたしの救いを彼に見せる。」

神を愛し、神を知り、これに信頼する者には、以上のような七つの恵みが約束されているのである。

第九二篇　安息日の歌

本篇に、「栄える」（英欽定訳では flourish）という意味の言葉が三度記されている。一二節、一三節、一四節である。

真のクリスチャンの生涯は常に栄えているはずである。その霊的生涯が枯れ衰え、

いのちのない姿であるのは神のみこころではない。聖霊によって信仰の生涯を送る者は常に栄えているはずである。一二節以下にある次の数点を見よ。

1　荒野の中でも栄える（なつめ椰子のように）（一二節）――「正しい者は　なつめ椰子の木のように萌え出で」

2　強くて堅い（一二節）――「レバノンの杉のように育ちます。」

3　絶えず神の至聖所にいる（一三節）――「彼らは　主の家に植えられ／私たちの神の大庭で花を咲かせます。」

4　多くの実を結ぶ（一四節）――「彼らは年老いてもなお　実を実らせ」

5　聖霊による恵みの潤いを豊かに得る（一四節）――「青々と生い茂ります。」

このような生涯はその人のためではなく、神のご栄光のためである。

▼本篇は標題に記されているように、安息日の歌である。九三篇から九七篇までは標題が記されていないが、ある人は本篇以下九七篇までを安息日の歌であると言う。

第九三篇より第九九篇まで　王たる主

九三篇から九九篇までは、主が王であられることを歌った詩である。

九三篇一節――「**主**こそ王です。威光をまとっておられます。」

九七篇一節――「**主**は王である。／地は小躍りせよ。多くの島々は喜べ。」

九九篇一節――「**主**は王である。／国々の民は恐れおののけ。」

みな同じ言葉で始まっている。これは、神が王であられることを信じ、そのために喜び歌うのである。

▼そこで、以上七つの詩篇の大意を記そう。

〈九三篇〉王の座と栄光

〈九四篇〉王のさばき

〈九五篇〉王の恵み

〈九六篇〉王に対する礼拝

〈九七篇〉王の奇しい御業

〈九八篇〉王の勝利

〈九九篇〉王のとこしえの臨在

▼第九五篇　神の安息

一節――「さあ **主**に向かって 喜び歌おう。」

六節――「来たれ。ひれ伏し 膝をかがめよう。」
七節――「今日もし御声を聞くなら」
言葉を換えて言えば、「さあ、私たちは聞こう」である。本篇の主意はこの三つのことである。これはまた恵みを受ける順序であって、私たちは恵みを受けるためにはこの三つのことをしなければならない。

▼本篇の大意は「わたしの安息」(一一節)、すなわち神の安息である。本篇には、神の安息に入れないのは何ゆえであるかが教えられている。

1 神に聞かないから(七節)――「今日 もし御声を聞くなら」 神の御声を聞かない者は安息に入ることができない。

2 心が頑なだから(八節)――「あなたがたの心を頑なにしてはならない。」 自分のことだけを求めて神に譲らず、みこころを求めないからである。

3 心が誤っているため(一〇節)――「彼らは心の迷った民だ。」 すなわち、心から罪を選ぶので、安息に入ることが不可能なのである。

4 神の道を知らないから(一〇節)――「彼らはわたしの道を知らない。」
「そのため わたしは怒りをもって誓った。/『彼らは決して わたしの安息に入れない』」(一一節)。

▼本篇においては、神がどのような方であるかをいろいろの面から述べている。
1　救いの岩（一節）――「私たちの救いの岩に向かって 喜び叫ぼう。」 動かすことのできない確かな救いである。
2　大いなる王（三節）――「まことに**主**は大いなる神。／すべての神々にまさって大いなる王である。」
3　造り主（五～六節）――「海は主のもの。主がそれを造られた。／陸地も御手が形造った。／来たれ。ひれ伏し 膝をかがめよう。／私たちを造られた方 **主**の御前にひざまずこう。」
4　牧者（七節）――「まことに 主は私たちの神。／私たちは その牧場の民 その御手の羊。」
これら四つにおいて、神の恵みの次の四つの面を知ることができる。
1　神は救われる
2　神は治められる
3　神は保たれる
4　神は養われる

▼第九六篇　神を礼拝せよ

本篇は、すべての民に対して神を礼拝すべきことを勧める詩である。その普遍的であることに注意せよ。

「全地よ」（九節）、「国々」（三節）、「諸国の民」（三、五、七、一〇、一三節）。それだから、広い心と望みをもって神を賛美するのである。

▼本篇を分解すれば、次の四つの勧めに分けることができる。

1　神に向かって歌え（一〜二節）

2　神のことを宣べ伝えよ（二〜六節）

3　神に献げよ（七〜八節）

4　神を礼拝せよ（九〜一三節）

▼第九七篇　神の火

本篇は「神の火」について記している。神の火は、

1　罪を焼き尽くす（三節）――「火は御前に先立ち／主の敵を囲んで焼き尽くす。」

2　明らかな光を放つ（四節）――「主の稲妻は世界を照らし」

3　頑固な心を溶かす（五節）――「山々は**主**の御前にろうのように溶ける。／全地

の主の御前に。」

4　神の栄光を現す（六節）――「天は主の義を告げ／諸国の民はその栄光を見る。」

▼**第九九篇　聖なる主**

本篇に三度、「主は聖なる方」と記されている（三、五、九節）。これはイザヤ書六章三節の「聖なる、聖なる、聖なる」のようである。五節と九節は同じような言葉で、コーラスのようである。

▼一、二、三節における三つのことを味わうべきである。

1　神は王である（一節）――「**主**は王である。／国々の民は恐れおののけ。／ケルビムの上に座しておられる方に。／地よ 震えよ。」

2　神は偉大である（二節）――「**主**はシオンにおられる 大いなる方。／主は すべての国々の民の上に高くいます。」

3　神は聖である（三節）――「大いなる 恐れ多い御名をほめたたえよ。／主は聖なる方。」

第一〇〇篇　感謝の歌

本篇は、どのようにして神に感謝すべきか、またどのようにして感謝の生涯を送ることができるか、すなわち、感謝の生涯を送る道、またそれについて必要な条件は何であるかを記している。

1　服従（二節）——「喜びをもって**主**に仕えよ。」
2　神を求める（二節）——「喜び歌いつつ御前に来たれ。」
3　信仰（三節）——「知れ。**主**こそ神。」
4　神に近づく（四節）——「感謝しつつ 主の門に／賛美しつつ その大庭に入れ。」
5　恵みを知る（四節）——「主に感謝し 御名をほめたたえよ。」過去における恵みの感謝である。

以上、五つのことのために、感謝と喜びの生涯を送ることができるのである。それではこうした生涯の土台は何かといえば、五節の事実を知ることである。

「**主**はいつくしみ深く／その恵みはとこしえまで／その真実は代々に至る。」

これを確信し、これを知ることによって、以上の五つの天にある喜びの生涯を送ることができるのである。
▼二節に「喜びをもって主に仕えよ」とある。何のために喜びをもって主に仕えるのかについては、三節にその理由が記されている。
1　主は神である。すべての力を所有されるゆえに、「知れ。主こそ神」。
2　主は造り主である。私たちを知り、また守られるゆえに、「主が 私たちを造られた。／私たちは主のもの」
3　主は牧者である。私たちを恵み養われるゆえに、「私たちは……主の民 その牧場の羊」。
▼五節に、感謝すべき三つの理由がある。
1　「主はいつくしみ深く」
2　「その恵みはとこしえまで」――それゆえ絶えることはない。
3　「その真実は代々に至る」――それゆえその約束は信用するに足りる。

第一〇二篇　リバイバルの詩

一二節から二二節までは、リバイバルのことを歌った祈りの詩と見ることができる。

1　リバイバルの時が来る（一三節）――「あなたは立ち上がり／シオンをあわれ
んでくださいます。／今やいつくしみの時です。／定めの時が来ました。」
2　神の教会のために重荷を負う人がいる（一四節）――「まことに あなたのしも
べたちはシオンの石を喜び／シオンのちりをいとおしみます。」
3　そのために罪人は救われる（一五節）――「国々は**主**の御名を／地のすべての
王は あなたの栄光を恐れます。」
4　神はご自身を現される（一六節）――「**主**はシオンを建て直し／その栄光のう
ちに現れ」
5　祈りは答えられる（一七節）――「窮した者の祈りを顧み／彼らの祈りをない
がしろにされないからです。」　一三節以下の恵みはみな祈りの答えである。
6　これらのリバイバルの約束は、特に私たちのためである（一八節）――「この
ことが 後の世代のために書き記され／新しく造られる民が**主**を賛美しますように。」
7　神は罪人のうめきを聞かれる（一九～二〇節）――「**主**は その聖なるいと高き
所から見下ろし／天から地の上に目を注がれました。／捕らわれ人のうめきを聞き」
8　そして罪人を解放される（二〇節）――「死に定められた者たちを解き放つ。」
9　こうしてそのみこころを現される（二一節）――「人々が **主**の御名をシオンで

／主の誉れをエルサレムで語り告げるために。」
▼本篇の標題に、「苦しむ者の祈り。彼が気落ちして、自分の嘆きを**主**の前に注ぎ出したときのもの」とある。私たちもこの詩人のように重荷を負って嘆き、リバイバルのために祈るべきである。

第一〇三篇　賛美の勧め

本篇中に、「**主**をほめたたえよ」という言葉が五度記されている。一、二、二〇、二一、二二節。このように、本篇は神を賛美すべきことを勧める詩である。
▼何のために賛美すべきなのか。一、二節において特に二つのことのために主をほむべきことを教えている。
1　その御名のために。言葉を換えて言えば、そのご性質のために（一節）――「わがたましいよ　**主**をほめたたえよ。／私のうちにあるすべてのものよ／聖なる御名をほめたたえよ。」
2　その様々な恵みのために。言葉を換えて言えば、その御業のために（二節）――「わがたましいよ　**主**をほめたたえよ。／主が良くしてくださったことを何一つ忘れるな。」

私たちは神の御恵みのためにしばしば神をほめたたえるが、そのご性質のために神をほめたたえることは稀ではないか。しかし、このことはさらに肝要なことである。恵みのために賛美するだけであれば、恵みの主ご自身よりも恵みそのものに心を奪われる結果になるかもしれない。恵みを喜ぶよりも、恵みの主ご自身を喜ぶことはさらに肝要なことなのである。

▼三節から五節に、神の御業について六つの恵みが記されている。

1　赦罪（三節）——「主は　あなたのすべての咎を赦し」

2　癒し（三節）——「あなたのすべての病を癒やし」

3　贖い（四節）——「あなたのいのちを穴から贖われる。」

4　恵みの冠（四節）——「主は　あなたに恵みとあわれみの冠をかぶらせ」

5　満足（五節）——「あなたの一生を　良いもので満ち足らせる。」

6　能力（五節）——「あなたの若さは　鷲のように新しくなる。」

▼本篇中に、神のご性質について三つの要点が記されている。

1　神は正しいお方（六節）——「主は　義とさばきを／すべての虐げられている人々のために行われる。」

2　神は恵み深いお方（八節）――「主は　あわれみ深く　情け深い。／怒るのに遅く恵み豊かである。」

3　神は愛に富む父（一三節）――「父がその子をあわれむように／主は　ご自分を恐れる者をあわれまれる。」

以上、三つの点によって神のみこころを知ることができる。私たちはまず、神の義を感じるべきである。これこそ恵みに感じる土台である。ある人は初めから神の恵みや神の父の愛を感じるが、それだけでは恵みに感ずることも浅く、深刻ではない。まず神の義を深く感じてこそ、その恵みと愛とを感じることも大きいのである。神の正義と公正は、特に旧約の教えるところであり、またこれは新約の土台である。

第一〇四篇　創造者に対する賛美

本篇においては、特に神の創造の御業を賛美している。これを創世記一章と比較すれば、

五、六節――第二日の創造の働き

一三節――第三日の創造の働き

一九節――第四日の創造の働き
二五節――第五日の創造の働き
このように、創世記の順序にしたがって神に感謝している。
▼神の働きの結果はいつも満足すべきものである。それだから本篇に「満ち足りる」という言葉が特別の言葉として数回出てくる。
一三節――「みわざの結ぶ実によって 地は満ち足りています。」
一六節――「主の木々は満ち足りています。／主が植えられたレバノンの杉の木も。」
二四節――「地は あなたのもので満ちています。」
二八節――「あなたが御手を開かれると／彼らは良いもので満ち足ります。」
創世記一章に、「神はそれを良しと見られた」とたびたび記されている。そして本篇において私たちは神の御業によって満ち足りるべきことを知るのである。

第一〇五篇　神の契約と契約を結んだ人

▼本篇の分解
1　私たちの神（一～七節）

2　その契約（八〜一二節）
3　契約した者を守られる（一三〜一五節）
4　契約した者を試みられる（一六〜二五節）
5　契約した者の敵を滅ぼされる（二六〜三六節）
6　契約した者の救い（三七〜四五節）

▼最後の「契約した者の救い」の部の中に、七つの要点が記されている。

1　富（三七節）――「主は銀と金を持たせて　御民を導き出された。」
2　力（三七節）――「主の諸部族の中で　よろける者は一人もなかった。」
3　慰め（三九節）――「主は　雲を広げて仕切りの幕とし」
4　光（三九節）――「夜には火を与えて照らされた。」
5　豊かな糧（四〇節）――「民が願い求めると　主はうずらをもたらし／また　天からのパンで彼らを満ち足らせた。」
6　御霊の満たし（四一節）――「主が岩を開かれると　水がほとばしり／川となって砂漠を流れた。」
7　約束の地（四四節）――「主は彼らに国々の地を与えられた。／国々の民の労苦の実を　彼らが受け継ぐために。」

第一〇六篇　恵みを忘れるな

▼一節――「主に感謝せよ。主はまことにいつくしみ深い。／その恵みはとこしえまで。」

この言葉はイスラエル人がたびたび歌ったコーラスであって、詩篇中にしばしば出てくる。本篇のほかに、一〇七篇一節、一一八篇一節、一三六篇一節にある。なお、歴史書の中にもたびたび記されている。歴代誌第二、五章一三節、同七章三、六節、同二〇章二一節、エズラ記三章一一節、エレミヤ三三章一一節。

▼本篇中にある特別な言葉は「忘れる」である。イスラエルの民は、

1　神の豊かな恵みを忘れた（七節）――「私たちの先祖はエジプトで／あなたの奇しいみわざを悟らず／あなたの豊かな恵みを思い出さず／かえって 海のほとり 葦の海で逆らいました。」

2　神のみわざを忘れた（一三節）――「しかし 彼らはすぐに みわざを忘れ／主のさとしを待ち望まなかった。」

3　救い主を忘れた（二一〜二二節）――「彼らは 自分たちの救い主である神を忘

れた。／エジプトで大いなることをなさった方を。／ハムの地で奇しいみわざを／葦の海のほとりで恐るべきみわざを行われた方を。」

しかし神はお忘れにならない（四五節）――「主は彼らのためにご自分の契約を思い起こし／豊かな恵みにしたがって彼らをあわれまれた。」

▼八節初めと四四節初めにある「しかし」「それでも」は注意すべき大切な言葉である。その前節との関係で、この言葉を味わえ。それによって神の恵みを知ることができる。

「私たちの先祖はエジプトで／あなたの奇しいみわざを悟らず／あなたの豊かな恵みを思い出さず／かえって海のほとり葦の海で逆らいました。／しかし主は御名のゆえに彼らを救われた。／ご自分の力を知らせるために」（七～八節）。

「主は幾たびとなく彼らを救い出されたが／彼らは相謀って逆らい／自分たちの不義の中におぼれた。／それでも彼らの叫びを聞いたとき／主は彼らの苦しみに目を留められた」（四三～四四節）。

▼二一節に「救い主である神」とあり、この言葉は旧約に七回記されている。そして本篇のほかはみなイザヤ書の中にある。四三章三、一一節、四五章一五、二一節、四九章二六節、六〇章一六節（「救う者」）、六三章八節。

詩篇第五巻

第一〇七篇　祈りの答えである神の救い

本篇中に四度、コーラスの言葉が記されている。「主に感謝せよ。その恵みのゆえに。／人の子らへの奇しいみわざのゆえに」（八、一五、二一、三一節）。

この四つのコーラスの言葉によって、本篇を四つに区分することができる。そして、その各部に次の言葉があるのに注意せよ。「この苦しみのときに 彼らが主に向かって叫ぶと／主は彼らを苦悩から救い出された」（六、一三、一九、二八節）。

それだから、本篇は祈りによって救われた様々な経験を述べて、そのために神を賛美すべきであると勧めた詩であることを知る。

▼本篇の分解

1　迷える旅人が救われる（一～九節）
〈罪人が救われること〉――「わたしは道です」と言われたキリストによって救われる。
2　囚人が解放される（一〇～一六節）
〈罪人が自由を得ること〉――「わたしは真理です」と言われたキリストによって自由を与えられる（ヨハネ八・三二）。
3　病める者が癒される（一七～二二節）
〈罪人が新しいいのちを受けること〉――「わたしはいのちです」と言われたキリストによって癒される。
4　水夫が暴風雨から救われる（二三～三二節）
〈サタンの攻撃から救われること〉
5　豊かな恵みと平安（三三～四一節）
〈天の所の幸い〉

以上の順序に注目せよ。第一に道を得、第二に自由を得、第三に内部にある心の病を癒され、第四に外部から来るサタンの攻撃から救われ、第五に天の所に導かれる。これこそ全き救いに至る順序ではないか。

▼四～五節において罪人の状態を見る。
1　心は寂しい――「彼らは荒野や荒れ地を」
2　さまよいおる――「さまよい」
3　安息がない――「人が住む町への道を見出せなかった」（四節）。
4　満足がない――「飢えと渇きによって」
5　生命がない――「彼らのたましいは衰え果てた」（五節）。
▼主の救いはこれらの状態から救い出されることである。六節から九節を見よ。
1　苦難から救い出される。（六節）――「主は彼らを苦悩から救い出された。」
2　まっすぐな道に導かれる（七節）――「彼らをまっすぐな道に導き」
3　安息を与えられる（七節）――「人が住む町へ向かわせた。」
4　満足を与えられる（九節）――「まことに主は　渇いたたましいを満ち足らせ／
飢えたたましいを良いもので満たされた。」
5　豊かないのちを与えられる（九節）
そしてこのような救いは祈りの答えである。
「この苦しみのときに　彼らが**主**に向かって叫ぶと」（六節）。

第一〇八篇　与えられた恵みを獲得する道

本篇によって、神がすでに与えられたすべての恵みを実際に獲得する道を学ぶのである。神はすべての恵みを与えてくださった（エペソ一・三）。しかし、人はみな必ずしもこれを経験したとは言い難い。それではどのようにしてそれを体験するのか。

1　神を崇めよ（一～六節）。
2　御言葉に頼れ（七節）。
3　自分のゆずりの地を信仰をもって要求せよ（七～八節）。
4　信仰によって敵に勝て（九節）。
5　どのようにして新しい恵みを受け取ることができるか（一〇節）。
6　ただ神の助けによってである（一一～一三節）。

第一〇九篇　罪の恐るべき刈り入れ

日本語訳では、六節は祈りの言葉となっているが、これは祈りではなく、原語では未完了形で、ただ「彼の上に悪人が立ち、その右に敵が立つ」という意味である。ヘブル語では祈りの言葉と未完了形とが同じ形であるゆえに混同するが、ここは祈りと解すべきではない。

第一一〇篇　昇天された主

この短い本篇にある言葉は、新約聖書の中に十四回も引照されている。そしてその引照された箇所を見ると、本篇が主イエスに関わる預言であることは明白である。

1　シオンの王（一～二節）
2　その民の指導者（三節）
3　祭司長（四節）
4　人のさばき主（五～七節）

十字架につけられた主はこの四つの名をもっておられる。そしてこれは特に昇天された救い主を示している。

▼一節の言葉は新約にたびたび引照されている。これによって、主イエスについて五つのことを学ぶことができる。

1　主イエスは天の御使いよりも高くおられる（ヘブル一・一三）。

「いったいどの御使いに向かって、神はこう言われたでしょうか。／『あなたは、わたしの右の座に着いていなさい。／わたしがあなたの敵をあなたの足台とするまで』／と。」

2　主イエスは神である（マタイ二二・四三〜四四）。

「イエスは彼らに言われた。『それでは、どうしてダビデは御霊によってキリストを主と呼び、／「主は、私の主に言われた。／『あなたは、わたしの右の座に着いていなさい。／わたしがあなたの敵を／あなたの足台とするまで』」／と言っているのですか。』」

3　主イエスは贖いを完成された（ヘブル一〇・一二〜一三）。

「キリストは、罪のために一つのいけにえを献げた後、永遠に神の右の座に着き、あとは、敵がご自分の足台とされるのを待っておられます。」

4　主イエスは天に昇られた（使徒二・三三〜三六）。

「ですから、神の右に上げられたイエス……ダビデが天に上ったのではありません。彼自身こう言っています。／『主は、私の主に言われた。／あなたは、わたしの右の座に着いていなさい。／わたしがあなたの敵を／あなたの足台とするまで。』」

5　主イエスは未来において必ずすべての敵に勝たれる（Ⅰコリント一五・二五）。

「すべての敵をその足の下に置くまで、キリストは王として治めることになっているからです。」

以上のように、本篇の一節の言葉によって、以上の五つの重要なことを証拠立てることができるのである。

▼三節に「聖なる威光をまとった（日）」、五節に「御怒りの日」とある。前者は、今の恵みの日を指し、後者は未来におけるさばきの日を指している。

▼本篇はまた次の二つの篇と関係がある。

本篇――天におられる主

一一一篇――地上における主のお働き

一一二篇――この世にある主の忠実なしもべ

第一一三篇　感謝のすすめ

一一三篇から一一八篇の終わりまでは、ユダヤ人が過越の祭りの時に常に歌った詩である。それだから、マタイ福音書二六章三〇節に「彼らは賛美の歌を歌ってからオリーブ山へ出かけた」とあるのは、そのときこれらの詩篇の一つ、あるいは全部を歌ったのであろう。過越の祭りは救いの記念の祭りであるから、この六つの詩篇は特に救いを感謝する詩である。

一一三篇――神は人をあわれまれる
一一四篇――神の臨在の力
一一五篇――生ける神を信ぜよ
一一六篇――救いの杯
一一七篇――すべての国々の感謝
一一八篇――主の御業

▼本篇の分解

1　感謝を勧める（一〜三節）
2　神のご性質を感謝する（四〜六節）
3　神の御業を感謝する（七〜九節）

第一一四篇　勝利の秘訣

▼本篇の主意は次のとおりである。

1 救われる（一節）。
2 神を宿す（二節）。
3 神のものとなる（二節）。
4 以上三つの理由によって勝利を得る（三～六節）。
5 それゆえ神を畏れかしこめ（七～八節）。

第一一五篇　死せる神と生ける神

▼本篇の分解

1 いのちのない神（一～八節）
2 生ける神（九～一八節）

▼生ける神は、次のようなお方である。

1 私の助けである（九、一〇、一一節）――「**主**に信頼せよ。／主こそ助け。」
2 私の保護者である（九、一〇、一一節）――「また盾。」
3 私たちを恵まれる神（一二～一三節）――「**主**は私たちをみこころに留め／祝福してくださる。／イスラエルの家を祝福し／アロンの家を祝福し／**主**を恐れる者を祝福してくださる。／小さな者も 大いなる者も。」

4　私たちを増し加え（祝福し、繁栄させ）られる神である（一四節）――「主があなたがたを増やしてくださるように。／あなたがたと あなたがたの子孫とを。」

▼九、一〇、一一節の各節ごとに、「主に信頼せよ」と三度記されている。また一二、一三節を見ると、「（主は）祝福してくださる」と四度記されている。「主に信頼せよ」との戒めにしたがえば、神は必ず恵みを与えてくださる。なお、一一七篇を見れば、「主をほめたたえよ」「ほめ歌え」「ハレルヤ」と続けて記されている。

以上、三つの短い御言葉の順序に注意せよ。すなわち神に拠り頼んだ者は恵まれ、恵まれた者は賛美するようになる。聖霊はこれらの言葉をそれぞれ三度ずつ（あるいは四度）記されたゆえ、これらは特に注意すべき言葉であることを知るであろう。

第一一六篇　救いの杯

本篇は、救いの道を示す詩である。

1　罪のために苦しむ（三節）――「死の綱が私を取り巻き／よみの恐怖が私を襲

い／私は苦しみと悲しみの中にあった。」
2　神に祈る（四節）――「そのとき　私は**主**の御名を呼び求めた。／『**主**よ　どうか私のいのちを助け出してください。』」
3　祈りは答えられる（五節）――「**主**は情け深く　正しい。／まことに　私たちの神はあわれみ深い。」
4　豊かな救いを得る（六～七節）――「**主**は浅はかな者をも守られる。／私がおとしめられたとき　私を救ってくださった。／私のたましいよ　おまえの全きいこいに戻れ。／**主**が　おまえに良くしてくださったのだから。」
▼この救いに以下の七つのことがある。
1　いのち（八節）――「あなたは　私のたましいを死から……救い出してくださいました。」
2　慰め（八節）――「私の目を涙から……救い出してくださいました。」
3　罪に勝つ力（八節）――「私の足をつまずきから救い出してくださいました。」
4　神の前の生涯（九節）――「私は生ける者の地で／**主**の御前を歩みます。」
5　感謝の思い（一二節）――「主が私に良くしてくださったすべてに対し／私は**主**に何と応えたらよいのでしょう。」

6　神のものであるとの信仰（献身の結果）（一六節）――「主よ　私はまことにあなたのしもべです。／あなたのしもべ　あなたのはしための子です。」
7　感謝と賛美（一七節）――「私はあなたに感謝のいけにえを献げ／主の御名を呼び求めます。」

全き救いを与えられた者は、以上の七つを保持している。

第一一七篇　すべての国々の感謝

すべての国民に向かって神に感謝すべきことを促す世界宣教の詩である。なぜ賛美すべきなのか。

1　その大いなる恵みのゆえに（二節）――「主の恵みは私たちに大きい。」
2　その変わらない真実のゆえに（二節）――「主のまことはとこしえまで。／ハレルヤ。」

その恵みが大きいゆえに、どんな罪人をも救われる。その真実は不変であるゆえに、すべての約束は必ず成し遂げられる。この二つの理由のために全世界の民は感謝しなければならない。

第一一九篇　神のみことば

詩篇の中で最も長い本篇は、神の御言葉について歌った詩である。本篇中に神の真理がすべて記されている。主イエスの救いのすべての面は本篇の中に啓示されている。本篇はヘブル原語ではヘブル語のいろは順に配列され、初めの八節は各節とも、アルファベットの第一音である「アレフ」に始まり、次の八節は各節ともその第二音「ベス」で始まり、その次の八節は各節とも第三音「ギメル」で始まり、以下このように八節ずつその順序を追っている。そして、これによって本篇は自然に区分される。いま各区分の大意を示そう。

アレフ――潔められた幸福
ベス――御言葉の潔める能力
ギメル――潔き（きよ）心の求め
ダレス――広き心の叫び
ヘ――忠実な願い
▼ワウ――恵みの結果

この部分に二つの祈りがある。

1　いつくしみと救いを祈る（四一節）――「主よ　あなたの恵みが私にもたらされますように。／あなたの救いが　みことばのとおりに。」

2　他の人々を教えられるようにと祈る（四三節）――「私の口から　真理のみことばを／取り去ってしまわないでください。」

この祈りの結果は――

1　反対者に答えることができる（四二節）――「そうすれば　私をそしる者に対して／言い返すことができます。」

2　服従（四四節）――「こうして私は　あなたのみおしえを／いつも　とこしえまでも守ります。」

3　自由（四五節）――「そうして私は広やかな所に歩いて行きます。／あなたの戒めを私が求めているからです。」

4　証しする大胆さ（四六節）――「私は　あなたのさとしを王たちの前で述べ／しかも　恥を見ることはありません。」

5　神のことばを喜ぶ（四七節）――「私はあなたの仰せを喜びます。／それを私は愛します。」

6　御言葉を玩味黙想する（四八節）――「私は　愛するあなたの仰せを求めて両手を上げ／あなたのおきてに思いを潜めます。」

▼ザイン――苦難の中の望み

この部分には、御言葉によって与えられる様々な恵みが示されている。

1　希望（四九節）――「どうか　あなたのしもべへのみことばを／心に留めてください。／あなたは　私がそれを待ち望むように／なさいました。」

2　いのち（五〇節）――「まことに　あなたのみことばは私を生かします。」

3　慰め（五〇節）――「これこそ悩みのときの私の慰め。」（五二節参照）

4　勝利（五一節）――「高ぶる者は　ひどく私を嘲ります。／しかし　私はあなたのみおしえからそれません。」

5　喜び（五四節）――「あなたのおきては　私の旅の家で／私の歌となりました。」

▼ヘス――信者の霊的な経験

1　祈り（五八節）――「私は心を尽くして　あなたに乞い求めます。／みことばのとおりに　私をあわれんでください。」

2　悔い改め（五九節）――「私は　自分の道を顧みて／あなたのさとしの方へ足の向きを変えました。」

3　服従（六〇節）――「私はすぐ ためらわずに／あなたの仰せを守りました。」

4　迫害の中での勝利（六一節）――「悪しき者の綱が私に巻き付いても／あなたのみおしえを 私は忘れませんでした。」

5　感謝（六二節）――「真夜中に 私は起きてあなたに感謝します。／あなたの正しいさばきのゆえに。」

6　聖徒の交わり（六三節）――「私は あなたを恐れるすべての人／あなたの戒めを守る人たちの仲間です。」

7　恵みの経験（六四節）――「主よ 地はあなたの恵みに満ちています。」

▼テス――神のお取り扱い

ヨード――造り主に対する被造物の叫び

カフ――苦しみの時の望み

ラメド――神の御言葉を守る

メム――静かに考えることの利益

ヌン――光である御言葉

サメク――人の考えと神のおきてとの比較

アイン――虐げられた者の訴え

ペ――生ける神を慕う
ツァデー――神の義
コフ――熱心な叫び
レシ――神の顧みを願う
▼シン――御言葉の結果

1　畏れ（一六一節）――「しかし私の心は／あなたのみことばにおののいています。」

2　歓喜（一六二節）――「私は　大きな獲物を見つけた者のように／あなたのみことばを喜びます。」

3　愛（一六三節）――「私は偽りを憎み　忌み嫌います。／私はあなたのみおしえを愛しています。」

4　切なる賛美（一六四節）――「あなたの義のさばきのゆえに／私は日に七度　あなたをほめたたえます。」

5　大いなる平安（一六五節）――「あなたのみおしえを愛する者には／豊かな平安があり　つまずきがありません。」

6　望み（一六六節）――「**主**よ　私はあなたの救いを待ち望んでいます。／私はあなたの仰せを行っています。」

▼タウ――御言葉によって様々な恵みを得る。

第一二〇篇より第一三四篇まで　都上りの歌

一二〇篇から一三四篇までの十五の詩篇は都上りの詩である。ユダヤ人は毎年エルサレムの神殿に上るとき、その道すがらこれらの詩篇を歌った。今日の私たちクリスチャンもまた、天国に上る途中であるから、これらの詩を歌うべきである。各篇の大意を示そう。

▼一二〇篇――偽りの唇、欺きの舌から救われることを祈る

▼一二一篇――神の守り

▼一二二篇――神の都を待ち望む

▼一二三篇――祈りをもって待ち望む

▼一二四篇――敵からの救い

この篇において敵は、①猛獣のように（三、六節）、②大水のように（四～五節）、③また鳥を捕まえる者の罠のように（七節）攻めて来ても、神が味方であるゆえに、救われたことを感謝している。

▼一二五篇――聖徒にとっての強い力

▼一二六篇――全き救いの幸い

▼一二七篇――祝福の源である神の力の働き

1　神は建てられる（一節）――「**主**が家を建てるのでなければ／建てる者の働きはむなしい。」

2　神は守られる（一節）――「**主**が町を守るのでなければ／守る者の見張りはむなしい。」

3　神は休息を与えられる（二節）――「実に　主は愛する者に眠りを与えてくださる。」
4　神は与えられる（三節）――「見よ　子どもたちは主の賜物／胎の実は報酬。」

▼一二八篇――**神を畏れる家庭の幸い**

1　働きは祝福される（二節）――「あなたがその手で労した実りを食べること」
2　幸い（二節）――「あなたの幸い」
3　健康（二節、英訳の意）――「あなたへの恵み。」
4　多くの子が与えられる（三節）――「あなたの妻は　家の奥で／たわわに実るぶどうの木のようだ。」
5　家庭の繁栄と団欒（だんらん）（三節）――「あなたの子どもたちは　食卓を囲むとき／まるでオリーブの若木のようだ。」

▼一二九篇――**苦しみの中の勝利**

1　神の民は敵に苦しめられても神に守られる（一～四節）。
2　神の民を苦しめる敵は衰え滅びる（五～八節）。

▼一三〇篇——深い淵から全き救いを求める

一節——深い淵からの叫び
二節——信仰をもって祈る
三節——神は不義を認められる
四節——神は不義を赦される
五節——神を待ち望む
六節——必ず光を与えられる
七節——ただ神から恵みを望む
八節——すべての不義から救われる

▼一三一篇——乳離れした子どものような人の祈り

▼一三二篇——神のおられるところ

特に一三節以下を注目せよ。神が宿られる結果を見る。

1　豊かな恵み（一五節）——「わたしは豊かにシオンの食物を祝福し」

2　満足（一五節）――「その貧しい者をパンで満ち足らせる。」
3　救いの衣（一六節）――「その祭司たちに救いをまとわせる。」
4　あふれる喜び（一六節）――「その敬虔な者たちは高らかに喜び歌う。」
5　新しい力（一七節）――「そこにわたしはダビデのために／一つの角を生えさせる。」　角は力の表徴である。
6　光（一七節）――「わたしに油注がれた者のために／ともしびを整える。」
7　勝利（一八節）――「わたしは彼の敵に恥をまとわせる。」
8　王の権威と栄光（一八節）――「しかし 彼の上には王冠が光り輝く。」

▼一三三篇――一致の幸い

兄弟姉妹が一つとなることの結果、受ける恵みは、
1　油（二節）――「それは 頭に注がれた貴い油のようだ。／それは ひげに アロンのひげに流れて／衣の端にまで流れ滴る。」　油は常に聖霊の表号である。
2　露（三節）――「それはまた ヘルモンから／シオンの山々に降りる露のようだ。」　露は静かに下る恵みを指す。私たちはたびたび集会で聖霊の恵みを受ける。しかし、ひとり静かに祈り、御言葉を読むときでも、静かに恵まれることがしばしばで

ある。
3　永遠のいのち（三節）――「とこしえのいのちの祝福を命じられたからである。」

▼一三四篇――賛美によって恵みを受ける
祝福（三節）――「天地を造られた**主**が／シオンからあなたを祝福されるように。」

第一三五篇　主をほめたたえよ

▼本篇に、「**主**をほめたたえよ」という言葉が十度、記されている。本篇の大意は次のとおり。
1　主を賛美すべきことを促す（一～三節）。
2　自然界の主である神、イスラエルを選ばれた（四～七節）。
3　こうしてイスラエルを恵み、祝福された（八～一四節）。
4　偶像の空しいこと（一五～一八節）。
5　イスラエルのすべての者に神を賛美すべきことを勧める（一九～二一節）。

第一三六篇　永遠に絶えることのない恵み

本篇では感謝すべき神の御業を順次に述べて、一節ごとに「……感謝せよ。／主の恵みはとこしえまで」と記している。

1　恵み深く大いなる主であるゆえに、感謝すべきである（一〜三節）。
2　自然界における神の御業を見て、感謝すべきである（四〜九節）。
3　イスラエルの歴史における神の恵みを思い、感謝すべきである（一〇〜二六節）。

第一三七篇　捕囚者の悲嘆

1　過去における恵みを思い出して悲しむ（一節）。
2　喜びを失い、賛美を中止して苦しむ（二〜三節）。
3　証しをする勇気もない（四節）。
4　しかし、今一度神のご臨在（エルサレム）を慕う（五〜六節）。
5　敵が滅ぼされることを祈る（七〜九節）。

第一三九篇　私を探ってください

「神よ　私を探って……ください」とは、偽善者には祈ることのできないもので、潔い忠実な聖徒だけが祈ることのできるものである。

▼本篇の分解

1　神は私のすべてを知っておられる（一～六節）
①私の立ち居振る舞いをも（二節）
②私の思いをも（二節）
③私の行為をも（三節）
④私の休息をも（三節）
⑤私の習慣をも（三節）
⑥私の言葉をも（四節）
2　神は常に私と共におられる（七～一二節）
3　私が生まれる以前から神は知っておられる（一三～一六節）
4　神のご計画は尊い（一七～一八節）
5　敵のことを訴える（一九～二二節）

6　神に探られることを祈り求める（二三〜二四節）

第一四二篇　自由を願う

▼本篇の分解は次のとおりである。

1　熱心な祈り（一〜二節）
2　神は自分の状態を知っておられる（三節）
3　恐ろしい時に助ける者がない（四節）
4　目を上げ、信じて祈る（五〜六節）
5　神の豊かな恵み（七節）

第一四五篇　賛美の歌

本篇は、標題にあるように賛美の歌である。

▼本篇の分解

1　神の御名を賛美する（一〜三節）

2　神の御業を賛美する（四～七節）
3　神の恵みを賛美する（八～一〇節）
4　神の御国を賛美する（一一～一三節）

▼この順序に心を留めよ。まず、御名のため、すなわち神のご品性、神ご自身のために賛美し、次にその神のみこころから起こる働きのために賛美する。その中には恐るべき御業もあるが、特に十字架において現され、ペンテコステで現された御業のゆえに賛美する。その次に御業の結果である恵みのゆえに賛美し、最後に御国のために神をほめたたえる。その御国は、現在は信者の心のうちに隠れて存在しているが、やがて将来において明らかに現れるのである。

▼本篇に英語の"all"日本語で「すべて」「みな」の文字が多くあることに注意せよ。九節に二度、一〇節、一四節、一五節、一六節、一七節に二度、一八節に二度、二〇節に二度、二一節。

このように、「すべて」「みな」を多く用いて神を賛美している。これについて深く考えよ。神の恵みは人類一般に注がれている。また将来において神の御業が現れるとき、すべての人は恵みを得るようになる。

第一四六篇〜第一五〇篇　ハレルヤ、ハレルヤ

本篇から一五〇篇までの五つの篇はハレルヤ詩篇である。これらの詩篇においては初めと終わりに「**主**をほめたたえよ」（原語はハレルヤ）とある。二つのハレルヤの間に、なぜ賛美すべきかの理由が示されている。

▼詩篇を初めから終わりまで注意深く研究すると、クリスチャン生涯におけるあらゆる経験が記されていることがわかる。苦難に陥った場合、罪を犯したとき、あるいは御言葉の光を得たとき、勝利を得たときなど、いろいろな場合のことが記されている。そして、詩篇を読んでいくうちに次第に神をほめたたえる心が起こり、ついにはただハレルヤ、ハレルヤの心だけとなるようになる。人がハレルヤと心から言えるようになったなら、その人は全き人である。そもそも神が私たちに対してもたれる終局の目的は何かといえば、このハレルヤを唱えることを教えることにある、と言っても差し支えない。神は、この一つの目的のためにすべてのことをなさるのである。神はご自身を呪う者、また憎む者の心を溶かして、呪いと憎しみの心を次第に取り去って、その心にハレルヤの心を満たされる。神はなぜ十字架上で勝ちを得られたのか、また、

なぜ聖霊を与えられたのかといえば、私たちそれぞれにハレルヤを唱えることを学ばせるためであった。言葉を換えて言えば、この詩篇の終わりの五篇を教えるためである。それゆえ、ハレルヤの心を養うために私たちはしばしばこの五つの詩篇を読むべきである。

▼一四六篇

本篇の分解

1 神に拠り頼む者は幸いである（一〜五節）
2 神の御業と賜物を述べて、賛美すべきことを勧める（六〜一〇節）

▼六節以下において次のことを見る。

1 神の創造の力（六節）――「主は 天と地と海／またそれらの中のすべてのものを造られた方。」
2 神の真実（六節）――「とこしえまでも真実を守り」
3 その公平（七節）――「虐げられている者のためにさばきを行い」
4 その恵み（七節）――「飢えている者にパンを与える」
5 自由を与えられる（七節）――「**主**は捕らわれ人を解放される。」

6　光を与えられる（八節）――「**主**は目の見えない者たちの目を開け」
7　力を与えられる（八節）――「**主**はかがんでいる者たちを起こされる。」
8　愛される（八節）――「**主**は正しい者たちを愛し」
9　守られる（九節）――「**主**は寄留者を守り」
10　助けたもう（九節）――「みなしごとやもめを支えられる。」
11　悪しき者を罰せられる（九節）――「しかし悪しき者の道は 主が曲げられる。」
これらのことを見て、二節のように、「私は生きているかぎり **主**をほめたたえる。

……私の神にほめ歌を歌う。」

▼**一四七篇**
本篇の分解――一節、七節、一二節に、「ほめ歌を歌え」とある。そしてこの言葉の位置によって三つに区分することができる。
1　霊的祝福のためにほめ歌を歌え（一～六節）
2　物質上の祝福のためにほめ歌を歌え（七～一一節）
3　万物を統べ治められることのためにほめ歌を歌え（一二～二〇節）
▼本篇に「みことば」について三度記されている。

1　一五節――「そのみことばは速やかに走る。」
2　一八節――「主が みことばを送ってこれらを溶かし」
3　一九節――「主はヤコブには みことばを……告げられる。」
このように御言葉の力を感じて神をほめたたえよ。

▼**一四八篇**

本篇の分解――一節に「天において主をほめたたえよ」とあり、七節に「地において主をほめたたえよ」とある。これによって二つに区分する。

1　天にあるものよ、主をほめたたえよ（一～六節）
2　地にあるものよ、主をほめたたえよ（七～一四節）

人間だけでなく、神に造られたものはすべて神をほめたたえるべきである。天使も星も太陽も、この地上にある山も木も鳥も獣も、そして人間もみな神をほめたたえる。主が万物より誉れを受けられる時が来る。

▼**一四九篇**

本篇もまたペンテコステ的賛美である。心の中にペンテコステの霊があるなら、

1　二節のように、創造者をほめ、また自分が仕える王をほめ
2　三節のように、様々な工夫をもって神を賛美する。
3　五節を見れば、眠る時でも感謝する。
4　六節から九節には、神のためにさばきを行って賛美する。

▼第一五〇篇

1　どこで賛美するのか（一節）――「神の聖所で　神をほめたたえよ。／御力の大空で　神をほめたたえよ。」
2　なぜ賛美するのか（二節）――「その大能のみわざのゆえに／神をほめたたえよ。」
3　何をもって賛美するのか（三～五節）――「角笛を吹き鳴らして　神をほめたたえよ。／琴と竪琴に合わせて　神をほめたたえよ。／タンバリンと踊りをもって　神をほめたたえよ。／弦をかき鳴らし笛を吹いて　神をほめたたえよ。／音の高いシンバルで　神をほめたたえよ。／鳴り響くシンバルで　神をほめたたえよ。」
4　だれが賛美するのか（六節）――「息のあるものはみな／**主**をほめたたえよ。／ハレルヤ。」

将来における天国において、本篇は完全に成就するであろう。

マタイの福音書研究ノート

工藤弘雄　訳

序言

「この聖なる頁は、キリストの生き生きとしたイメージを読者の眼前にくっきりと描き出してくれる。それは、きわめて近く、親しくキリストご自身を読者に提供してくれるであろう。たとえ主ご自身が語られるのを直接聞いている群衆の中に私たちがいたにしても、それにもまさって本福音書により、私たちはキリストの生涯とその御思いに近くあるのである。」（「エラスムス版ギリシア語聖書序文」）

「本福音書はキリストの肉である。」（イグナティオス）

だれも否定できないキリストの四つの事実

1　キリストは人間生活の最高の型を現されるお方（Revealer）。

2　キリストは人類のあらゆる過ちを贖ってくださるお方（Redeemer）。

3　キリストは世に現れた、いとも注目すべき王国を統べ治められるお方（Ruler）。

4　キリストは彼に服従するところどこでも、国民生活の秩序を回復されるお方（Restorer）。（イザヤ五八・一二）

本福音書はキリストと、目の開かれていない指導者たちとの戦いの記録である。それは、宗教的指導者たちによって導かれたユダヤ国民が、いかにしてキリストに敵対する者の座に着くに至ったかの物語である。

ヘロデ王が不安を覚え、エルサレムの人々もみな同様であったあのマタイ福音書二章の時から、犯罪人を解放し、イエスを十字架につけることを要求するマタイ福音書二七章に至るまで、ユダヤ人たちが主イエスに対してその心をますます頑なにしていく様を私たちは見る。彼らは主イエスの死の責任をピラトから奪って、「その人の血は私たちや私たちの子らの上に」と言った。「この民を導く者は迷わす者となり、彼らに導かれる者は惑わされる者となる」(イザヤ九・一六)。

彼らは十字架のみもとで主をののしり、主の復活に際しては兵隊たちに金を与えて、偽りの証言をさせた。

彼らのさらなる不信仰にもかかわらず、いかにキリストは罪人を受け入れられたかを見る。

本福音書はユダヤ人に彼らの罪を認めさせ、異邦人にしても同様、彼らの失ってしまったものを示すことにある。

福音。本書は「新約」、すなわち新しい契約の初めの書である。古い契約は退けられた。ここに新しい契約が与えられるに至った。

マタイとはいかなる人物か。

マタイの本名はレビであった。マルコ福音書二章一四節およびルカ福音書五章二七節では、このように呼ばれている。彼に「マタイ」という名前を与えたのは、主であった。ゆえに彼は自らをそのように呼んでいる。マタイの意味するところは「神の賜物」である。主がシモンをペテロと呼んだように、ヤコブとヨハネがボアネルゲ（雷の子）であったように、マタイという名前は彼がその名前そのものだということを示し、また常に神の恵みを彼に思い起こさせた。

マタイは自分自身を「取税人マタイ」と呼んでいる（一〇・三）。マルコ福音書およびルカ福音書のリストでは、彼はそのようには呼ばれていない。彼は取税人クラスの卑しめられた者たちに属していた。このようにして罪人たちに対する福音書を記した。彼は古い契約の下では失敗した者であり、救い主のご召命に応じて立ち上がらせていただいた者であった。彼自身の家から福音のおとずれが聞こえてくる。「わたしが来たのは……罪人を悔い改めさせるためである」（九・一三、英欽定訳）。

マタイは広き道を捨て（罪人の門である）狭い門から入って、永遠のいのちに至る道に進んだ。彼は取税人であるゆえにユダヤ人の苦々しい嫌悪を身に感じており、同時に異邦人の日常生活についても知っていた。彼はユダヤ人であれ、異邦人であれ、いずれにせよ、救い主が必要であることを認めていた。しかして彼は、ユダヤ人、異邦人のための救い主を見いだした。また、異邦人とユダヤ人に対する御約束を知っていた。ほかの福音書記者たちにまさって、異邦人に多く言及している。彼は、主の宣教が異邦人のガリラヤにおいて始められたことを語っている（四・一五）。そして終わりに及んで、イエスは弟子たちをガリラヤに召集し、ご遺訓を与えておられる（二八・七、一〇、一六）。そしてそこで弟子たちに、すべての国民を弟子化せよ、と命じられた——単にユダヤ人だけではなく。

マタイは主イエスの一行の会計係であっても不思議ではなかったが、それ以上に重要な仕事、書記として働いた。主がみことばを宣べ伝えるところなら、どこにおいても、マタイはそのみことばを書き記したと思われる。五、六、七、一一、一二、一三、一八、二二、二三、二四、二五の各章を見よ。本福音書は、主が直接語られたことが全体の四分の三を占めている。また、二十の奇跡、二十のたとえ話が記録されている。本福音書はヨハネ福音書一章一〇～一二節に要約される。

マタイ——王なるキリスト（獅子）

マルコ——しもべなるキリスト（牛）

ルカ——人なるキリスト（人）

ヨハネ――神なるキリスト（鷲）

ケルビムの以下の四つの面をもつ（エゼキエル一・一〇）。

キリスト――神の枝。神の業、神をあらわす

キリスト――王。エレミヤ二三・五

キリスト――しもべ。ゼカリヤ三・八

キリスト――人。ゼカリヤ六・一二

キリスト――神の栄光。イザヤ四・二

以上の順序によってキリストを知るようになることが大切である。キリスト者はこれら四つの面を現すはずである。

第一章

一節　イエス・キリストの系図、すなわちイエス・キリストの先祖たち。アダムの系図（創世五・一）。アダムの子孫たちを参照のこと。「アダムにあってすべての人が死んでいる」とあるように、アダムの系図においては、みな「死んでいる」（創世五・五、八、一〇、一四等、英欽定訳）のである。しかし、「キリストにあってすべての人が

生かされる」（Ⅰコリント一五・二二）。そう、新たにイエス・キリストの系図に属する者はすべて、「生かされる」に導かれる。

八節　この系図には省略がある。ヨラムとウジヤの間には、アハズヤ、ヨアシュ、アマツヤが入るはずである。同様に一一節のヨシヤとエコンヤの間にはエホヤキムが入る。

ここに五人の女性の名前が挙げられている。タマル（三節）。ラハブ（五節）、彼女らは異邦人。ルツ（五節）、彼女はモアブ人（申命二三・三）。バテ・シェバ（六節）。そしてマリア（一六節）。この系図はユダヤ人の偏見を覆すものであった。ある者は、ユダヤ人の忌み嫌う異邦人だった。しかし、キリストの来られることによって、これらの一切が恵みのしるしとなるのである。大いなる特権をもってはいたが、堕落してしまったこうした血筋にキリストは結びつけられていた。

ダビデの子のソロモンは失敗した。しかしダビデの子であるイエスは成功し、永遠の神の宮をお建てになった。アブラハムの子孫は失敗した。しかしアブラハムの子であるイエスは成功し、すべての国民に祝福をもたらし、神によって建てられ造られた都に私たちを導き入れてくださる。この「ダビデの子」は王として、天においても地においてもすべての権威を授けられた。また、この「アブラハムの子」は信仰によって歩み、その地を受け継がれた。

さて、マタイ福音書の系図はヨセフのもので、ルカの系図はマリアのものである。イエスはヨセフの法律上の世継ぎであられた。なぜならヨセフはマリアを妻として認めていたからである。しかし実際のところ、イエスはマリアの子であり、マリアの世継ぎであられた。彼は、約束された子孫が生まれることになっていた家系のものであられた。

一節　ダビデの子。アブラハムの子。キリストは二大契約の成就者であられる。ダビデもアブラハムも、神ご自身が誓いをなされた者たちである（創世二二・一八、詩篇八九・三、三四〜三五）。

ダビデの子。本書では八回そのように呼ばれている。ダビデについては新約で五十九回触れられている。ダビデの子、すなわち世界の王（黙示録五・五参照）。アブラハムの子。すなわち、世界を継ぐお方（ローマ四・一三、ガラテヤ三・一四、一六）。すべての輩は祝福され（創世一二・三）、すべての国民も祝福される（同二二・一八）。このようにイエスは王位を受け継ぐお方であり、また約束を受け継ぐお方であられた。

一八節　「イエス・キリストの誕生は次のようであった。」普通ではない誕生。新しい血筋。イザヤ書一一章一節、「若枝」。

一六節「マリアの夫ヨセフ」、「キリストと呼ばれるイエスは、このマリアからお生まれになった」のである。

一七節　四十一世代を貫いて、約束はなお有効であった。そしてついにそれは成就した。

彼の名前は——

1　キリスト（一七節）。油注がれたお方。預言者、祭司、王として。

2　イエス（二一節）。救い主。「すべての名にまさる名」（ピリピ二・九）。

3　インマヌエル（二三節）。常に共におられるお方。

4　王（二・二）。一切の支配者。

一八節以下　ヨセフへの受胎告知。

二二節「成就するためであった」（二・一五、二三、八・一七、一三・三五）。マタイ福音書に八回、ヨハネ福音書に八回記されている。

二三節「主が預言者を通して語られた」（二・一五、一七、二三、三・三）。

二五節　人の姿になられた（ピリピ二・七、ヘブル二・一七）。主はご自身をアブラハムの子孫とみなされた。女からお生まれになった（ガラテヤ四・四）。

神がその栄光のうちに現れたなら、人間はふるえおののき、遠ざかってしまうであろう。それゆえに主はご自身の栄光を脱ぎ捨て、最も卑しい姿をとって来られた。

受肉の秘義

永遠から――

1　ヨハネ福音書一章一節。「初めにことばがあった。」　キリストは神の顕現であられる。

2　「ことばは神とともにあった。」

3　「ことばは神であった。」

受肉において（前述の各項と比較のこと）

1　ヨハネ福音書一章一四節。「ことばは人となって……。」

2　主は「私たちの間に住まわれた」。

3　「私たちはこの方の栄光を見た……。」　「あなたがたは下から来た者ですが、わたしは上から来た者です」（八・二三）。

キリストの七段の謙遜（ピリピ二・六～八）

1　「神としてのあり方を捨てられないとは考えず」

2　「ご自分を空しくして」

3　「しもべ　の姿をとり」

4 「人間と同じようになられました。人としての姿をもって現れ」（受肉）
5 「自らを低くして」
6 「死にまで……従われました」
7 「十字架の死にまで」（十字架）
人々は自分たちの目から見て、偉大なキリストを求めていた。しかし飼い葉桶に眠るみどり子キリストを見いだすことができなかった。人々は獅子を求めていたが、見よ、子羊（黙示録五章）。

受肉の目的

1 父なる神を現すため（ヨハネ一・一八、一四・九）。
2 罪を取り除くため（Ⅰヨハネ三・五）
3 私たちがいのちを得るため（Ⅰヨハネ四・九）。
4 悪魔のわざを打ち破るため（同三・八）。
5 栄光の主の来臨に備えるため（ヘブル九・二八）。
6 天からの火を投げ込むため（ルカ一二・四九）。
キリストのご生涯は、神がいかにお感じになり、私たち人間に対して、いかに行動されるかについて、神を現している。キリストは神であられる（マタイ一・二三、ヨハネ一・一、五、一八、一〇・三〇、二〇・二八、ローマ九・五、Ⅰテモテ三・一五、ヘブル一・八、Ⅰヨハネ五・二〇、黙示録一・八）。「私たちの神であり救い主であるイエス・キリスト」（Ⅱペテロ一・一）。「父のふところにおられるひとり子の神が、神を説き明かされたのである」（ヨハネ一・一八）。『三十九箇条』（訳注＝英国宗教改革時代に英国国教会の教義的立場を明らかにするために書かれた宗教要綱）。第二条を見よ。

「十全にして完全な二つの性質、すなわち、神性と人性とが、一つの位格の中に、決して分離されえないものとして結合された。この位格こそ、まことの神またまことの人である、ひとりのキリストである。」

処女降誕

神の御子が人間の姿をとられたことを思うとき、主のご降誕が奇跡的であることは決して不思議なことではなく、まして、地上における主のご生涯の最後において復活の奇跡に至るのは、必然のことであった。

エバは罪をもたらし、マリアは救い主を産んだ。

旧約における処女降誕の言及

1　創世記三章一五節、「女の子孫」。

2　イザヤ書七章一四節、「処女が身ごもっている。そして男の子を産み、その名をインマヌエルと呼ぶ」。イザヤ書八章八～一〇節、「インマヌエル」のゆえに敵は撃破される。イザヤ書九章六節においては、このみどりごについて明らかに語られている。

3　エレミヤ書三一章二二節、「女の優しさが一人の勇士を包む」。ユダヤ人はこのことをメシアに適用していた。

4　ミカ書五章二～三節、「産みの苦しみをする産婦が産み落とす時まで」（英欽定訳）。ここでこの母の名前はなく、父については全く触れられていない。

マタイとルカの叙述は互いに独立している。しかし両書は共に処女降誕について言及している。それは使徒たちの間に行きわたっていた信仰であるゆえに、使徒的権威をもって私たちに迫ってくる。マタイにおけるこの記事はヨセフの観点から記され、ルカにおいてはマリアの観点から記されている。ガラテヤ人への手紙四章四節、「女から生まれた者」。コリント人への手紙第二、五章二一節、「罪を知らない方」。

第二章

神の王と人の王

異邦人による王なるキリストの承認

「こうして　すべての王が彼にひれ伏し
すべての国々が彼に仕えるでしょう。」（詩篇七二・一一）

「ヤベシュの人々は言った。『私たちは、明日、あなたがたのところに出て行きます。あなたがたの良いと思うように私たちにしてください』」（Ｉサムエル一一・一〇）。

歴代誌第二、九章のシェバの女王も参照。

ヘロデ大王は、アルケラオ（二二節）、ヘロデ・アンティパス（一四・一）、およびピリポ（ルカ三・一）の父にして、ヘロデ・アグリッパ（使徒一二・二）の祖父。

二節　ユダヤ人の王。主イエスはダビデに語られた約束を受け継ぐ（一・一）。その方の星。民数記二四章一七節、「ヤコブから一つの星が進み出る」。イザヤ書六〇章三節、「国々はあなたの光のうちを歩み……」。博士たちは星に親しんでいた。今や一つの星は彼らをキリストに導くのである。シェキナの栄光が「燃える柴」の中に現されたように、また「火の柱」において現されたように、その星の出現においても現れたのであろうか。

三節　「動揺した。」　キリストが心のうちに現されるとき、それまで支配者であった古き「我」は動揺する。八章二九節（ガダラ人）参照。ルカ福音書二章二〇節（羊飼い）、二八節（シメオン）、三六節（アンナ）とは対照的。キリストの降誕はヘロデには恐れとなり、一般民衆には喜びとなった（ルカ二章）。

五節　主の来臨への私たちの期待が単に肉的なものであれば、それは私たちにとって何ら益するところがない。たとえば祭司長たちや民の律法学者たちはキリスト降誕の「時」と「場所」を知っていた。しかし主を発見しようと、博士たちについて行かなかった。同様に私たちはキリストのご再臨について、すべてを知っていても、いまだ鶴首して彼を待ち、喜びを抱いて迎えるところにまで至っていない。

六節　「一番小さい」、低い心の中に救い主は宿られる。「心の貧しい者」（「霊において貧しい者」英欽定訳）、「柔和な者」（マタイ五・三、五）。士師記六章一五節、「私の氏族は……最も弱く、そして私は父の家で一番若いのです」。ルカ福音書九章四八節、「一番小さい者が、一番偉いのです」。コリント人への手紙第一、一五章九節、「使徒の中では最も小さい者」。エペソ人への手紙三章八節、「聖徒たちのうちで最も小さな私」。

七節　律法学者たちはキリスト降誕の場所がどこか語ることができたが、彼ら自身は行こうとはしなかった。

八節　「行って拝むから」。「王座を投げ出して」ではなく、「今なお自分は王であり、彼に恩を着せてもよい」との態度。雅歌六章一節、「あなたの愛する方はどこへ行かれたのでしょう」とは対照的。

キリストは礼拝をお受けになる。「ツァラアト〔訳注＝新共同訳では、重い皮膚病〕に冒された人がみもとに来て、イエスに向かってひれ伏し……た」（八・二）。「一人の会堂司が来てひれ伏し……た」（九・一八）。「舟の中にいた弟子たちは……イエスを礼拝した」（一四・三三）。「ゼベダイの息子たちの母が、息子たちと一緒にイエスのところに来てひれ伏し……た」（二〇・二〇）。「彼女たちは近寄ってその足を抱き、イエスを拝した」（二八・九）。「そしてイエスに会って礼拝した」（同一七節）。

九節　私たちが従って行くときに、はっきりした光が与えられる。昔、臨在の雲に導かれて、約束の国を見いだしたように（民数九・一六〜一八）。主イエスへの聖霊降臨は、主が神の御旨の中にあり、神の道を歩んでいたことに対するしるしである（ルカ三・二二参照）。

一〇節　「この上もなく喜んだ。」　三節とは対照的。

一一節　「ひれ伏して礼拝した。」　この方を主と認めて。「黄金」すなわち王に献げるものとして。「乳香」すなわち神への礼拝として。「没薬」すなわち御子の死を予測しつつ。これらの贈り物は聖家族のエジプトへの旅と、かの地における生活を助けることになったか。

「幼子を見」すなわち「幻」(vision)、「ひれ伏して」すなわち「明け渡し」(submission)、「献げた」すなわち「献納」(conscration)を意味する。

一二節　神の警告、ひめやかな神の御声（一三、二〇節）。礼拝の後で、神のご警告。

一三節　ヨセフへの警告、「私が知らせるまで」、導きの御約束。主はご自身の町に帰って来られたと同時に逃げなければならなかった。

一四節　即座の従順、静かな避難場所において続いた忍耐。

三種類の求める者たち

1　ヘロデ、心を頑なにし、憤慨する。

2　学者たち、キリスト降誕の場所を知り、博士たちの証しを聞きつつも、尋ねようとは思わず。

3　博士たち、熱心に求め、キリストを見つけ出す。

一六節　エドム人、いかにエドム人がイスラエル人を憎悪したことか（オバデヤ一〇～一四）。

一九節　ヨセフは神の導きを即座に理解し、その導きに従った。

二二節　百九回の預言はキリストにおいて成就した。

二三節　ナザレ。イエスにとって最も不適当な環境。すなわちイスラエル人によって蔑まれ、卑しめられていた町。キリストは、ミカ（六節）、ホセア（一五節）、エレミヤ（一八節）、イザヤ（二三節）によって証しされた。

ミカ、ホセア、エレミヤ、「預言者たち」による四つの預言。

1　ミカの預言。イスラエルを治める者、牧者としてベツレヘムに生まれ（ミカ五・二）、御子に対する敬意（博士たち）と憎悪（ヘロデ）。

2　ホセアの預言。「エジプトからわたしの子を呼び出した」（ホセア一一・一）。幼子がエジプトから呼び出されたという単なる事実の中に、実は御国への民の出国を導くという意味が含まれている。国外追放と出エジプト。

3　エレミヤの預言。ラケルの涙は渇くであろう。「あなたの泣く声、あなたの目の涙を止めよ。……あなたの将来には望みがある」（エレミヤ三一・一六〜一七）。ここに希望がある。嘆き悲しみと喜びと希望の歌。

4　預言者たちの預言。ナザレ人、「新芽」を意味する（イザヤ一一・一）。すなわち、やがてイスラエルを治める枝となる（エレミヤ三三・一五）。

卑しめられたところから王様へ。

第三章

二章と三章の間に三十年の隔たりがある。

二節　ヨハネの説教、キリストへの道備え。

1　過去の罪を悔い改めよ（二節）

2　天の御国が近づいた（同節）

3　未来に備えて義の実を結べ（八節）

4　即刻のさばき（一〇節）

5　聖霊によるバプテスマ（一一節）

次も参照。マルコ福音書一章八節、ルカ福音書三章一六節、ヨハネ福音書一章三三節、使徒の働き（使徒行伝）一章五節、一一章一六節。

6　きよめ（一二節）

「悔い改めなさい。」これは御国が霊的なものであって、罪人はだれも御国に属することができないことを示している。キリストは御国を建設するために来られた。

「天の御国」と「神の国」は同義である。「天の御国」はマタイに三十三回記されているが、他の福音書にはこの用語は使われていない。「神の国」はマタイ福音書に八回、ルカ福音書に二十八回、マルコ福音書に十六回記されている。

ダニエル書二章四四節によれば、「天の御国」は地上にもたらされることを示し、「神の国」とは神が王であることを示す。

「天の御国が近づいた（四・一七、一〇・七、ルカ二一・三一、使徒二八・二三）。

ヨハネは、「主」（三節）、「救い主」（ヨハネ一・二九参照）、「きよめ主」、「聖霊の与え主」、「さばき主」（一〇節）としてのキリストを宣べ伝えた。

四節　ヨハネが何であり、また何をなしたか、そのすべては彼のメッセージと全く一致している。そして、それはそのメッセージの重要性を表し、彼がいかに世を蔑視していたかを示している。

六節　深い罪の自覚、バプテスマを受けるとは、自らが霊的に病んでいるとの自覚をもつことである。

七節　「まむしの子孫たち。」　主イエスもこの表現を用いられた（一二・三四、二三・三三）。すなわち「悪魔の子ら」と同義（ヨハネ八・四四、Ⅰヨハネ三・八）。

八節　あなたの生涯において回心の結果を示せ。

九節　「われわれの父はアブラハムだ」。使徒継承（Apostolical Succession）〔訳注＝「われわれの父はアブラハムだ」を「使徒継承」に通じる思想と見る」。

一一節　旧約時代は水によるきよめ、すなわち外側のきよめであり、新約時代は内側のきよめ、すなわち火のきよめである。

一三節　キリストの聖霊によるバプテスマ。

主は罪を悔い改める罪人たちとともにヨルダン川に降りられた。それはご自身がそうすることによって、すべての正しいことを成就するためであった。このゆえに三つのことが起こった。第一に天は開かれた。すなわち神を見ること。第二に御霊が主の上に降(くだ)られた（使徒一・八）。第三に父なる神の証しを得られた。主は父に喜ばれ、御子として上よりの証しをいただいた。主は見、また聞かれた。

ヨルダン川はイスラエル人にとってそうであったように、キリストにとっても霊的死を意味する。水のバプテスマは、自らの死を意味するバプテスマの型である。あなたはこのバプテスマを受けるか（ルカ一二・五〇）。ここでは、主イエスとヨハネのほかに、だれも御霊の降臨を見なかった。己と世に死ぬバプテスマにまで降る者はみな、開かれた天を見る。

一六～一七節　御霊、御父の御声、御子。御子が地に降られたので、三位の神が現れた。「神の御霊が鳩のようにご自分の上に」、あらためて、すなわち特別なご奉仕のために（イザヤ一一・二、四二・一、六一・一）。

一七節　「これはわたしの愛する子。」　これはキリストの預言者（一七節）、祭司（一七・五）、王（詩篇二・六〜七）のいずれの就任式においても用いられた言葉である。「また、わたしを遣わされた父ご自身が、わたしについて証しをしてくださいました。あなたがたは、まだ一度もその御声を聞いたことも、御姿を見たこともありません」（ヨハネ五・三七）。これらの言葉は詩篇二篇の御子と主イエスとを一致させる。御父は御子が「傷のない」いけにえであることを宣言された。

天が開かれた

1　天が開けて、神々しい幻を見る（エゼキエル一・一）。
2　天が開けて、大祭司なるキリストと、天に達する梯子を見る（ヨハネ一・五一）。
3　天が開けて、後に起こるべきことを見る（黙示録四・一）。
4　天が開けて、「良くやった」との称賛の声を聞く（使徒七・五六）。

バプテスマのヨハネは一か所にとどまり、彼のところへ来る者たちに御言葉を語った。主イエスは巡回をなし、ご自身を必要とする者たちを捜し求められた。

キリストに対する証し

1　旧約の預言者たちの証言（マタイ一、二章）。

2　天よりの証言（二章）。
3　最大の預言者ヨハネの証言（三章）。
4　父なる神の証言（三章）。

ルカ福音書においては旧約の預言者たちのことに言及されておらず、新しい預言の霊によって証しされている。すなわち、ザカリヤ、エリサベツ、マリア、シメオン、アンナたちを通して。

「彼が神に喜ばれていたことは、移される前から証しされていたのです」（ヘブル一一・五）、「わたしはこれを喜ぶ」（マタイ三・一七）。

「これはわたしの愛する子」は詩篇二篇七節よりの引用、「わたしはこれを喜ぶ」はイザヤ書四二章一節よりの引用と見ることができる。実に律法が授けられたときに、天が開けて神の声があったように、福音が宣べ伝えられ始めるときもまた同様である。

第四章

天が開かれると、地獄もまた開かれる。天から声があると、地獄からもまた声がある。働き人はすべて聖霊の注ぎを受け、また試みにあわなければならない。主イエスはこの時に至るまで三十年間絶えず試みられ、絶えず勝利を収めてこられた。父はこの期間、御子を「わたしはこれを喜ぶ」と証しされた。きよめられた魂も誘惑を受ける可能性がある。ただ誘惑と罪との相違に注意せよ。

ここに大いなる対照がある。御霊は降り、父からの御声があった。にもかかわらず主イエスは荒野において御父から全く見放され、弱さと欠乏を感じておられる。キリストは天からの声とは裏腹に、あたかも天の御国に挑戦するような状況に追いやられた。アダムは最良の状況のもとで失敗した。しかし第二のアダムは最悪の状況の中で勝利された。三節に「肉」、五節に「悪魔」、八節に「世」の誘惑が記されている。これらとモーセに対する三つの誘惑と勝利とを比較せよ。

すなわちヘブル人への手紙一一章二五節では悪魔、二六節では肉、二七節では世の誘惑が記されている。

荒野の試誘について

1　**四節**　神が主イエスをそこに追いやられたゆえに、主はご自分を救い出そうとはなさらない。「神の口から出る一つ一つのことば」は「あなたの唇のことばに従い」(詩篇一七・四)。詩篇一一九篇一一節、エペソ人への手紙六章一七節も参照せよ。

2　**五節**　「聖なる都に連れて行き、神殿の屋根の端に立たせて」。マラキ書三章一節には「主が突然、その神殿に来る」とある。

六節 悪魔もまた聖書の御言葉を用いて試みようとする。

七節 主は「とも書いてある」と言われる。御言葉は一か所だけでなく、他の箇所とも十分にバランスを保つべきことを示される。

同節 「あなたの神である主を試みてはならない」！ このひと言で十分である。サムエル記第一、一七章四〇節を見よ〔訳注＝ダビデは五つの石を選び取って、一石でゴリヤテを倒した〕。

三つの引用はすべて申命記からである。第一の試みは「自分自身のことを顧みよ」。第二の試みは「自分のことは顧みるな」。第一の試みは「神を頼むな」。第二の試みは「神に頼め」。

3 **八節** 「非常に高い山」。最も深い神との交わりの中にすら誘惑はある（一七・一）。サタンの目的はキリストを十字架から逸らすことである。

同節 「この世のすべての王国」（黙示録一一・一五参照）。サタンは人々に忠誠心を与える力をもっている。しかし二八章一八節を参照せよ。

九節 サタン礼拝（黙示録一三・四、八）。しかしダニエル書七章一四節では、主が、諸民族、諸国民、諸言語の者たちがご自分に仕える御国をお受けになると記されている。

一一節　「イエスを離れた。」　ヤコブの手紙四章七節には、「ですから、神に従い、悪魔に対抗しなさい。そうすれば、悪魔はあなたがたから逃げ去ります」とある。マタイ福音書四章には、私たちに対する悪魔（五節）、肉（三節）、世（八節）の三つの挑戦が記されている。

御使いは勝利の後に来て、イエスにお仕えする。救いを受け継ぐべき人々に奉仕するために遣わされる御使いについては、ヘブル人への手紙一章一四節を見よ。また、列王記第一、一九章五節のエリヤの記事も参照せよ。

試みのとき、「主の祈り」をせよ。父よ！　そう、ここに子であることの確信がある。「御名が聖なるものとされますように。御国が来ますように。……私たちを試みにあわせないで、悪からお救いください。」

一一節と一二節との間に十か月の隔りがある。ここにヨハネ福音書一章一九節から四章四二節までが挿入される。

一二節　ガリラヤにおけるキリストの宣教はバプテスマのヨハネの宣教が終結したときに開始された。

同節　「退かれた。」　英欽定訳では「去った」。英改訂訳では「立ちのかれた」。

一三節　「カペナウム」、最も宣教が必要とされていた場所。異邦人のガリラヤ。

「イスラエルの」ではなく、異教の地ガリラヤ。

一七節　三つの大いなる言葉。「悔い改めなさい」（一七節）、「ついて来なさい」（一九節）、「幸いです」（五・三）。

一九節　主は、シモンとアンデレに、働き人になるという思いを与えた。

二〇節　彼らは一切を捨てた。すなわち御国を見いだすために。ヘブル人への手紙一一章一四～一六節を参照せよ。

二三節　①勤勉に、忍耐深く「教えること」。②大胆に「宣べ伝えること」。③愛と同情をもって「癒すこと」。

同節　「御国の福音」（九・三五、二四・一四、使徒二八・二三参照）。

二五節　「群衆」、マタイ福音書では五十回、マルコ福音書では三十八回、ルカ福音書では四十一回、ヨハネ福音書では二十回記されている。

第五章

この「山上の説教」がなされたのは、おそらく主のご奉仕の中間時点であろう。

一節　「その群衆を見て」、群衆を見ることによって主の心は弟子たちに語るようにと動かされた。マタイ福音書はその四分の三が、キリストの直接語られたことを記録し、その四分の一は主の御業と生涯の記録（物語体）である。これは御国の憲法である。すなわち弟子たちが群衆に、いかにふるまうかを教えておられる。重要なことは何であるかであって、何をなすかではない。「幸いです。」これは人間に対する神のみこころであり、また主の御国建設のご目的である（二四・三以下のオリーブ山の説教とこの山上の説教とを比較せよ）。三節から一二節まではきよき人物、一三節から一六節まではきよき感化。シナイ山と律法がユダヤ人にとってすべてであったように、この説教はクリスチャンにとってすべてである。

本説教の主題は「きよい心から生まれる愛」（Ⅰテモテ一・五参照）である。時はたぶん初夏であろう。冬の嵐は過ぎ去り、花は開き、鳥はさえずっている。一節から一三節は「幸いな者」。ここにきよめの細かい描写がある。幸いとは環境ではなく、きよめにある。

きよめとは、消極面では――

1　謙遜（三節）、すなわち自らの過ちを知ること（ヨブ四二・五～六）。

2　自らと他の者の罪に対して悲しむ心（四節）。

3　柔和（五節）。

4　神への渇き（六節）。
積極面では――
5　あわれみ、すなわち他の者に対する熱い心（七節）。
6　きよさ（八節）。
7　平和をもたらす力（九節）。
8　迫害の中における喜び（一〇～一二節）。
このような魂は迫害を掻き立てる。これらはキリストの性質である。同時に、キリストが内に住んでくださるとき、キリスト者の性質となる。それゆえキリスト者には次の祝福がもたらされる。
1　天の御国（三節）。
2　慰め（四節）。
3　地（五節）。
4　満ち足りること（六節）。
5　あわれみ（七節）。
6　神の顕現（八節）。
7　完全なる神の子（九節）。

以上の各項目の反対は、不信心な者たちの様相となる。幸いとは、私たちが何をなすかではなく、何であるかによって、もたらされる。

キリストは旧約聖書に養われ、また通じておられた。このお方こそ歴史上最も偉大な聖書の教師であった。三節から一二節は「幸いな者」に関する主イエスの旧約聖書研究である。また三節から九節まではすべて旧約からの引用である。

「心の貧しい者」（三節）――イザヤ書五七章一五節。

「柔和な者」（五節）――詩篇三七篇一一節。

「義に飢え渇く者」（六節）――詩篇六三篇一、五節。

「あわれみ深い者」（七節）――詩篇一八篇二五節。

「平和をつくる者」（九節）――箴言一二章二〇節。

あなたがたは地の塩であり、光である。ただ単にそれらをもつのではない。一三～一四節は、このようなクリスチャンの感化を示す。世の状態は腐敗と暗黒である。

一三節　あなたがたは地の塩である。塩はいつまでも塩で、腐敗を防ぐ（消極面）。

一四節　あなたがたは光である。喜びと真理をもたらし、またいのちとは何であって、かつ何を可能にするかを示す（積極面）。塩は効きめを失う可能性がある。そのとき、もはや何の影響力もない。また光も覆い隠される可能性がある。

一四〜一五節　町すなわち教会の及ぼす感化。燭台すなわち家における感化。光のように輝き（ピリピ二・一六）、光を積極的に掲げよ。升の下の燭台では、火事になるか火が消えるかのどちらかである。

一七節　ここで新しい段落に入る。キリストは古い契約（旧約）を成就するために来られたが、私たちも同様に旧約を成就するのである。「神よ、あなたのみこころを行うために」（ヘブル一〇・七）、およびローマ人への手紙八章三〜四節を参照せよ。旧約はそのみこころを説明する。マタイ福音書三章一五節で、「正しいことをすべて実現すること」とあるが、それは旧約においてあらわされている。それゆえに旧約聖書は当然、神の言葉である。

一八節　「一点一画も決して消え去ることはありません。」　一点一画とは、英語で言えばiの点とtの横線である。実に聖書の言葉は消え去ることがありえない（ヨハネ一〇・三五）。マタイ福音書二四章三五節を見よ。神の御言葉は天地よりも永遠である。

二〇節　「まさっている義」、すなわち「きよい心から生まれる愛」（Iテモテ一・五参照）。ここで王なる主は、御約束（一〜一二節）とご命令（二一〜四八節）を与えてくださる。

二二節　「わたしはあなたがたに言います」は「主はこう言われる」と同義。なんという王的かつ神的権威であろうか。これは同章に八回記されている。
二一節　律法の求める義とは何であるか。
1 「主のように穏やかであれ」（英改訂訳）。
2 「きよくあれ」（二七〜三〇節）。あなたがたを罪に導く一切を断固として除き去れ。
3 「真実であれ」（三三〜三七節）。
4 「主のごとく素直であれ」（三八〜四二節）。人から攻撃されたとき、キリストを明らかに現せ。
5 「愛であれ」（四三〜四八節）。キリストのように。
花嫁の純潔さは神が見られ、神が計られる。
二二節　「さばき」とあるが、これは小事件が取り扱われるところ。「最高法院」とあるのはサンヘドリン。「火の燃えるゲヘナ」とは、市中の汚物や犯罪者の死体が焼かれるところ。「ばか者」は原語では「ラカ」で、他人をみくだす最もきつい表現。「愚か者」はさらに侮辱的行為の極みである。
二四節　まず「行って」、そして「来なさい」（二一・二八）。さらに「行って」告げよ（二八・一九）。こうして「来れ」（二五・三四、英欽定訳）（訳注＝文語訳等には『来りて……国を嗣げ』とあるが、とにかく、この二つの「行って」と、二つの「来なさい」は意味深い言葉である」。

第一になすべきこと、まず和解せよ（二四節）。まず自分の目から梁を取り除け（七・五）。まず内側をきよめよ（二三・二六）。まず神の国を求めよ（六・三三）。

二五節　「あなたを訴える人」、サタン（Ⅰペテロ五・八）。ここに救われていない者の状態がある。すなわち、その人は悪魔に捕らえられ（Ⅱテモテ二・二六）、さばきの座に引かれて行く。そこでの判決は明らかである。唯一の救いのチャンスは救い主の出現であり、罪の赦しである（ルカ七・四二参照）。キリストはサタンよりも強いお方である（ルカ一一・二二、詩篇二一・一二）。

人が犯す四つの罪は、「怒り」（二二節）、不品行（二八節）、不誠実（三三節）、憎悪（三八節）である。

四四節　私たちを迫害する者は、私たちから次のものを受けるはずである。すなわち「愛」、「祝福」、「善をなす親切な行為」、「祈り」。これらを与えて、敵する心を除き去れ。これらはきよめの明白なしるしである。

四五節　「あなたがたの父の子どもになるために……。」　あなたがたの光を他の者たちに届かせせよ。

「あなたがたの父の子ども」とは――

1　愛において主のようにあれ――五章四三～四八節。
2　与えることによって主を喜ばせよ――六章一～四節。
3　祈りのうちに主に語れ――六章五～一五節。
4　主に見られる断食をせよ――六章一六～一八節。
5　主に全く任せきれ――六章一九～三四節。

第六章

一節　真の宗教（または義）とは以下の三点から成る。
1　隠れた施し（三節）。すなわち他者になすべき行為。
2　隠れた祈り（六節）。すなわち神になすべき行為。
3　隠れた断食（一六節）。すなわち自己になすべき行為。
〈訳注＝一節の「善行」は、英欽定訳では「施し」、英改訂訳、新米標準訳、邦訳の文語訳、口語訳などでは「義」、新英訳は「宗教」、新改訳２０１７、詳訳、リビングバイブルなどでは「善行」となっているが、原語はディカイオシュネーで「義」。バックストンのノートは英欽定訳をもとにしているようだが、ここでは英欽定訳のアームズ「施し」をとらず、英改訂訳のライチャスネス「義」をとり、その具体的な展開を、「施し」、「祈り」、「断食」と見ている。」
以上のことをあなたと父との間の事柄とせよ。しばしば祝福を受けられない理由はここにある。

三節 「施し」 自分のしてきたことに心を留めてはならない。

五節 「祈り」 人に見られる祈り。それは、人々から称賛を得られても、父の報いは得られない（六節）。祈りの聞かれない一つの理由がここにある。

六節 神と二人だけになれ。列王記第二、四章五、三三節を参照せよ。タメイオン「自分の部屋」はストアハウスで「倉庫」の意味あり。すなわち、来たるべき日のために蓄え、現在の必要に応じて取り出すところ。

七節 「同じことばをただ繰り返してはいけません。」 交わりとおしゃべりとは異なる。

八節 主はすべての必要に応えてくださる。

祈るときには次のようであれ。

1 隠れたところにおいて（六節）。
2 明確に（七節）。
3 広く大きく（八節）。

九〜一三節　主の祈り。神に関わる三つの嘆願と、私たちの必要に関わる四つの嘆願。私たちは王に嘆願するように招かれている。主はいかに祈るかを教えてくださる。祈りの内容はすべてこのようであれ。

1　子であるという確信（九節）。
2　神への崇敬（同節）。
3　リバイバルの切願、自らとその周囲に（一〇節）。
4　みこころのみがなることを、自らと他の者たちに（同節）。
5　肉の糧の求め、欠乏の感覚（センス）（一一節）。
6　罪の赦しの願い、罪の感覚（センス）（一二節）。
7　罪からの解放、危険の感覚（センス）（一三節）。
8　神はこれをなしてくださるとの信仰（一三節）。

国はあなたのもの、すなわち神がすべての責任を負うこと。
力はあなたのもの、すなわち全能の力は神にあること。
栄光はあなたのもの、すべての誉れは神にあること。

〔訳注＝「国と力と栄えは、とこしえにあなたのものだからです。アーメン。」この句は最古の写本には欠けているが、英欽定訳などでは本文に加えられている。〕

国、ここに第三の誘惑あり。

力、ここに第一の誘惑あり。

栄え、ここに第二の誘惑あり。

〔訳注＝荒野の誘惑と主の祈りを対比したもの。主の祈りは荒野の誘惑の勝利の秘訣である。〕

「主の祈り」より教えられるキリスト者生涯、それは——
1　子としての生涯（九節）。「天にいます私たちの父よ」と。
2　礼拝の生涯（同節）。「御名が聖なるものとされますように」と。
3　期待する生涯（一〇節）。「御国が来ますように」と。
4　明け渡しの生涯（同節）。「みこころが天で行われるように、地でも行われますように」と。
5　拠り頼みの生涯（一一節）。「私たちの日ごとの糧を、今日もお与えください」と。
6　罪赦された生涯（一二節）。「私たちの負い目をお赦しください」と。
7　罪を赦す生涯（同節）。「私たちも、私たちに負い目のある人たちを赦します」と。
8　導かれる生涯（一三節）。「私たちを試みにあわせないで」と。
9　守りと救いの生涯（同節）。「悪からお救いください」と。

10 自己放棄の生涯（同節欄外注）。「あなたのものだからです」と。

一一節　「マナ」については出エジプト記一六章四節を参照せよ。

一六節　断食。自己を制すること。父からの公然の報いは、一、六、一八節を見よ。

一九節　「虫」、すなわち徐々に腐ること。「盗人」、すなわち一気に失うこと。霊的な宝は以下のことによって失われるであろう。

1　怠惰と無頓着。

2　サタンと罪。

〔訳注＝怠惰と無頓着は「虫」を意味し、私たちの霊的祝福を徐々に奪い、サタンと罪は「盗人」を意味し、私たちの霊的祝福を一気に奪い去ってしまう。〕

一六節から二四節の主題は「献身と聖別」であり、二五節から三四節の主題は「信仰」である。献身の生涯とは、その心が天にあり、天に富をもつこと（一九～二一節、コロサイ三・二）、一心な目をもつこと（二二節）、一人の主人をもつこと（二四節）。

二〇～二一節　天に宝を積むことについては、コリント人への手紙第一、三章一二節を参照せよ。

二二～二三節　神を見つめる目と、まず神の国を求める目は、体全体を明るく輝かせる（ルカ一一・三六）。一心に見つめる目とは、神にのみ栄光を帰すという一つの願い。全身が明るいとは、鮮明な視力と喜びと健康。私たちの見る目（ヘブル一一・九、二七、Ⅱペテロ一・九、イザヤ三三・一七）。悪い目とは、ゆがめられた視力、誤った考え。闇とは、進む道に光がなく、善悪の判断がなく、全く視力がない。

二四節　サタンを憎めば、神を愛し、サタンに親しめば、神を疎んじる。

二五～三四節　安息の生涯。ここに真の安息日がある（ヘブル四・九）。

二五節　信仰とは、「心配してはいけない」ということである。この聖句は本章に四回記されている（二五、二八、三一、三四節）。いのちを与えてくださるお方は、そのいのちを保つために食物を与えてくださる。同時に、私たちの側における思慮深い備えも勧めておられる。

二八節　野の花がどのように育つかを思え。その単純さ（二八節）、その無上の美しさ（二九節）、その短いいのち（三〇節）を見る目をもて。

三〇節　「信仰の薄い人たちよ。」原語のオリゴピストスについては、八章二六節、一四章三一節、一六章八節、一七章二〇節を見よ。

三二節　異教。

三三節　「求めなさい。」ここに心のどん底から切望するものがある。「そうすれば、これらのものはすべて、それに加えて与えられます。」そう、何も失わず、すべてが与えられる。

第七章

一～六節　人に対しては「寛大であれ」。

七～一一節　神に対しては「祈り深くあれ」。

一～六節　人を批判的にさばいてはならない。むしろ自分自身をさばけ。「うわべで人をさばかないで、正しいさばきを行いなさい」（ヨハネ七・二四）。

五節　霊的な視力がはっきりとしていれば、兄弟姉妹の目にあるちりではなく、それを取り除く方法がはっきりとわかるであろう。

六節　必要なのは、あら捜しではなく識別力である。ここに「犬」とか「豚」とか記されているが、実にある者たちはまったく獣のようである。

七～一二節　いかにしてこれらの律法を実行することができるか。ここに父なる神への懇願がある。主に寄りすがるように恵みを求めよ。切なる願いをもって力を尽くして主ご自身を捜し求めよ。後に一歩も引かない熱心さをもって門をたたけ。

九節　パンを求める。すなわち十分な満足と活力を与える主食。
一〇節　魚を求める。パンに添えるもので、味をつけるもの。
一三～二七節　救いと滅び。
一三～一四節　二つの門、二つの道、二つの結末。
一五～二〇節　二種の木、二種の結実、二種の結末（一九節）。
二四～二七節　二つの土台。言葉は実にあらず（二一節）。行為も実にあらず（二二節）。実とは、神のみこころを行うことであり（二一節）、主を知ることである（二三節）。
一三～二三節　キリスト者の生涯とは――
1　その開始（一三～一四節）は「キリストは道である」。
2　その前進（一五～二〇節）は「キリストは真理である」。
3　その結果（二一～二三節）は「キリストはいのちである」。
一三節　広い道は次第に狭くなって、ついには一切を失ってしまう。狭い道は広くなって、ついにはいのちの満たしに至る。
一五節　「用心しなさい。」　マタイ福音書一〇章一七節、一六章六節を見よ。
二二～二三節　彼らは良き業をなしてきた。しかし神のみこころを行ってきたわけではなかった。キリストは彼らを「不法を行う者たち」と呼ばれる。「わたしはおまえたちを全く知らない」と。そう、彼らと主との間には、何らの親しい交わりもなかった。

二二節　自らの魂を欺く。実に多くの者たちがその現実に気づくときは、時すでに遅しなのである。彼らのほとんどは通常、宗教的な人々である。

同節　キリストはご自身がさばきであると宣言される。比較せよ。「多くの人たち」(一三節参照)、「わずかな人たち」(一四節参照)。

二三節　彼らの働きはすべて罪深い。その実の内部には「我意」といううじ虫が巣食っていた。

二四節　キリストは、聴衆のある者は賢く、ある者は愚かであることをご存じである。

二四～二七節　二種の人、二種の土台、二種の結末。

二四節　しっかりと土台を据えよ。そのようにして建て上げよ。安全性とは、家を建てることに気を配ることにはよらない。また、家の美しさによるのでもない。

二五節　この賢い人の建てた家は、倒れることも、大波を被ることもない。

二六節　この愚かな人の建てた家は、好天気の時は他の家と同様、一見立派に見える。しかしテストは嵐であった。詩篇四六篇こそ、「岩」の上に建てられた家の歌である。「どんな苦難にあっても喜びに満ちあふれています。」 嵐の中で「岩」の上に立つパウロを見よ（Ⅱコリント七・四）。

「岩の上に土台を据えよ。」 そのためにまず「地面を深く掘り下げよ」（ルカ六・四八）。キリストのほかに私たちの岩はない（Ⅰコリント三・四以下）。

永遠への建設

二四節と二六節 「わたしのこれらのことばを聞いて……。」 主の教えこそ永遠の岩、いかなる嵐もこれを脅かすことはできない。「わたしのこれらのことば」とは、「主イエス・キリストの健全なことば」（Ⅰテモテ六・三）である。

マタイ福音書五章から七章は、主が求めておられるきよさを示している。ヨハネ福音書一四章から一六章においては、その魂の癒される道を示している。キリストは御霊によって啓示された。

第八章

五章から七章は主の教え、八章、九章は主の御業。主の救いの力を示す十の奇跡。八、九章にはその十の救いのタイプを見る。主は次のような状態の人たちを救ってくださった。
1　ツァラアト〔重い皮膚病〕に冒された人（八・二）。
2　ひどい苦しみの中にある人（八・六）。
3　熱を出して寝込んでいる人（八・一四）。
4　暴風で大荒れの中にある人（八・二三）。
5　悪霊につかれた人（八・二八）。
6　中風を病んでいる人（九・二）。
7　死んでしまった人（九・一八）。
8　長血を患っている人（九・二〇）。
9　目の見えない人（九・二七）。
10　口のきけない人（九・三二）。
こうした御業を通してキリストはご自身の御国をおつくりになる。
主の御業から、今や王国と王の御力が一目瞭然となった。
病と暴風と悪霊と死は、主の前から退けられた。主は強い人の家を奪った。
一節　おびただしい群衆がついてくる。しかしきわめて少数の者が主に触れる。
キリストの恵みは主の御約束を越え、人々に見下された者や異邦人にまで流れ下る。

きよさそのもののお方が、罪に汚れた者たちに会ってくださる。
三節 キリストがお触りになること（一五節参照）と、語られること（九・二九参照）。主が触られた者は、それによってきよめられる。
四節 最も証ししにくい場所での証し。「ささげ物をし」（レビ一四・三〜四。二羽の小鳥、参照）、十字架を通して、その癒しがくることを象徴的に示している（八・一七）。キリストは人を回復させて、真の人間にしてくださる。
五節 キリストは、あるローマの軍人のしもべを癒された。
六節 中風で悪霊によりひどく苦しんでいた百人隊長のしもべは、肉体と魂の病人。
八節 おことばだけで（詩篇三三・九、一〇七・二〇）。ローマの軍人が一人のユダヤ人に語りかけているとは！
九節 「私も権威の下にある者だからです。」彼は、主が神の権威の下にあり、このように権威をもっておられることを見て取っていた。
一〇節 大いなる信仰（一五・二八参照）。二人とも異邦人である。二六節の「信仰の薄い者たち」と比較せよ。
大いなる信仰とは――
1　絶望状態を主にまでもっていく信仰。

2　御言葉以外に、主から何も求めない信仰。
3　その結果が即座にあらわれることを期待する信仰（九節）。
4　大いなる素晴らしいことを見る信仰（一一節）。
5　失望させられない信仰（一三節）。

二節では自分自身のための祈りがあり、六節には他の者のための祈りがあるが、一五節では祈りがなくても主は癒しておられる。

一一節　主は、異邦人のために開かれた門をご覧になる（詩篇二二・二七、九八・三、イザヤ二・二～三、「すべての国々が流れて来る」を参照）。

一二節　キリストは地獄について描写しておられる。福音書に七回記されている（一三・四二、五〇、二二・一三、二四・五一～二五・三〇、ルカ一三・二八）。「泣いて」、失われた機会を悔やむ。罪に対する激しい悔恨。「歯ぎしりする」、反発と怒り。「外の暗闇」、そこに恐怖があり、何の進歩もなく、他からの助けがいっさいないところ。

一三節　彼の信仰は直ちに祝福を得る。「あなたの信じたとおりになるように」、これは百人隊長の信仰に対するキリストの「アーメン」である（黙示録三・一四）。

一五節　熱の引いた後、少しも衰弱がない。

一六節　世界は一つの病院である。至るところに偉大な医者を必要としている。癒しの秘訣は、力ある御言葉（一六節）であり、カルバリの勝利（一七節）である。

一七節　「病を負った」はバスタゾーで、「弱さを担う」（ローマ一五・一）、「重荷を負い合う」（ガラテヤ六・二）で用いられている原語であって、ペテロの手紙第一、二章二四節やヘブル人への手紙九章二八節で「罪を負う」ことに用いられているアナフェローとは異なる。神はご自身自ら荷を負われる。

一八節から二七節は、キリストに従うことと、それに含まれていること。

一八節　主は彼らの忠誠心をテストされる。

一九節　キリストに従うとは、巡礼者を意味する典型的な献身。

二〇節　キリストはその律法学者に、彼が負わなければならない十字架を示される。キリストに従ってくる者は主を第一としなければならない。「人の子」とあるが、これは本書に三十二回記されている。

暴　風

二三節　服従はあなたを嵐に導くかもしれない。

二四節　主はここで全く無関心のように見える。主が明らかに働いておられる時だけでなく、眠っておられると思われる時でも、このお方を信頼せよ。「眠っておられた」（二四節）。これは完全な人の子である。「風と湖を叱りつけられた」（二六節）。これは完全な神の子である。

二五節　「主よ、助けてください。」　弟子たちはなんとなく、主がなしてくださるであろうと信じていた。「風を叱りつけられた」とは、風が悪魔から出ていることを暗に示している。

二六節　「信仰の薄い者たち。」　キリストは、あなたがたの信仰が失敗する時でも嵐からあなたがたを救い、立たせてくださるであろう。しかし信仰は、嵐の中にあっても、主がご自身の意志を成し遂げられるとの確信である（使徒四・二九）。惨めなのは嵐の中でキリストなしでいる者である。

二七節　サタンからの暴風はただ主の栄光を明らかにするだけである。「人々は驚いて言った」とあるが、主を驚嘆せよ。弟子たちは「いったいこの方はどういう人なのだろうか」と言う。ところが悪霊はイエスを「神の子よ」と言う（二九節）。

二八節　主は同船のご自身の者たちにその御力をあらわされたが、今やその御力を異邦人たちの前にあらわされる。

二九節　生まれつきの魂の、キリストへの反抗。「神の子よ」、すなわち、マタイ福音書一六章一六節と同様、全き信仰告白。ただし知識は信仰ではない。生まれながらの魂は、主に対してゆがめられた考えをもっている。主が祝福と愛をもって近づいてくださるのに、苦しみをもたらすのではないかと恐れている。キリストは、このように反抗する者、主をののしる者をも救ってくださる。主は、苦悩を与える者からこの人たちを救おうとして来られる。

悪霊たちは苦しめられることを予期している。時が定まっていることを知っている。また神の御子が自分たちのさばきを行うことを知っている。

三一節　キリストの許しなしで、悪霊たちは彼らの好むところに自由に行くことはできない。だれよりも自分たちが主のコントロールのもとにあることを知っている。

三二節　主はその男に、悪霊たちが急いで行くところを示される。

三四節　生まれながらの心は、主が人を救うのを我慢ができない。それで、その地の人々は、主に去ってくれるように頼んだ。サタンの秘かな影響。二九節を参照のこと。悪霊たちの祈りは聞かれた（三一節）。村の人たちの祈りも聞かれた（三四節）。五章、六章、七章では、主は「わたしはあなたがたに言います」と語られ、ご命令を与えられた。

八章では、主の御言葉が力をもって働くことを示されている。すなわち三節、一三節、二六節、三二節を見よ。

私たちが主のご命令を受けるとき、それは私たちのうちに成就する。

あなたの敵を愛せよ。

思い煩うな。

まず求めよ。

さばくなかれ。

〔訳注＝八章の「……と言われた。するとなった」（八、一三、二六、三二節）に現された主の権威ある言葉に見るように、山上の説教の言葉もまた私たちに力をもって臨み、そのみわざを私たちのうちに成就するのである。〕

第九章

二節 イエスはご覧になる。

1 信仰を見た（二節）。
2 その人の罪を見た（二節）。
3 律法学者たちの考えを見抜いた（四節）。
4 他の者たちが取税人と見ていたマタイを使徒として見た（九節）。

5　他の者たちが、見捨てられた者としか見ていなかった女性を、救うべき罪人として見た（二二節）。
6　群衆の状態を見た（三六節）。
このように真の現実を見るキリストの目をもて。

キリストの二つのメッセージ

1　罪の赦し。
2　起きて歩け。
「中風」　キリストはまず彼の罪を取り扱われる。おそらくこの人はその病のことで咎めを感じていたのだろう。
「しっかりしなさい。」　このお声のあるところに――
1　罪のゆえに失ったすべての更新がある（二節）。
2　いかなる嵐の中においても平安がある（一四・二七）。
3　不当な圧迫を加えられるときにも力がある（ヨハネ一六・三三）。
4　失望落胆のど真ん中にも開かれた門がある（使徒二三・一一）。
六節　主はヤハウェとして行動される（詩篇一〇三・三）。
九節

1　イエス・キリストは一人の人をご覧になった。ユダヤ人たちは一人の取税人を見た。
2　罪のゆえに神殿において犠牲を献げる特権を失い、見捨てられた者に対する恵み。
3　キリストは多忙な者のところに来られる。
4　キリストはレビに新しい名前をお与えになった。それは、「主の賜物」という意味である。
5　キリストを知った者に対して、即座の決断を呼びかけられる。
6　マタイ自身は自分がすべてを捨てたことについてはひと言もふれていない（ルカ五・二八を参照せよ）。
7　マタイ自身は、彼が自分の家で宴会を催して、友人たちをキリストに導こうとしたことについても、私たちに何も語ってくれてはいない（ルカ五・二九を参照せよ）。
このようにして多くの人たちがイエスに従った（マルコ二・一五を参照せよ）。
「わたしについて来なさい。」　言いわけをしないこと。理屈を言わないこと。人は主の召しを拒むことができる。

一〇節　罪人たちの真ん中に座られるイエス（ルカ一四・二一、黙示録一九・九を参照せよ）、解放の宴（出エジプト一二・一一）。
一一節　パリサイ人のつぶやき（九・三、三四、ルカ一五・二八）。
一二節　罪は病であり、キリストはそれを癒す唯一の「医者」である。
一三節　パリサイ派の人たちが全力をあげて聖書を読んでも、まだ神のみこころを知るに至っていない。主の求められるのはいけにえではなく、真実の愛である（ホセア六・六、ミカ六・六〜八）。
マタイ福音書一二章七節でも、主によって再度引用されている。「真実の愛」、すなわち、あなたに対する賜物。「いけにえ」、すなわちあなたのささげ物。主は与えることを好み、受けることを好まれない。
一五節　キリストを知るなら、婚姻の時にもまさる愛と喜びがある。
一六節　救いは単に古い性格につぎをあてることではない。単につぎをあてられただけの人物であるなかれ。救いは聖霊による、皮袋を張り裂く力のある新しいぶどう酒をもたらすものである（ヨブ三二・一九〜二〇）。
一八節　「今」（「今でも死んでおります。」　ヨハネ一一・二二英欽定訳を参照せよ）。ヤイロの祈り。礼拝と信仰の精神をもって、「娘は生き返ります」と。
二〇節　遅滞、女性のために。

二三節　キリストのメッセージは女性に確信を与える。「娘よ。」　彼女はおそらく破門、離縁、見捨てられた者であったろう。しかし主はその女性に優しく語りかける。

二五節　「群衆が外に出されると……。」　ある者たちはキリストの御業を見ることができない。

二七節　目の見えない二人の人。

二八節　「家に入られる」まで何の答えもなかった。「わたしにそれができると信じるのか」、彼らは主のみこころは信じたが、主の御力を信じたか。

三〇節　新しい世界がにわかに彼らの目の前にあらわれる。

三二節　この人は悪霊の力によって口がきけなかった。

三三節　「口のきけない人がものを言うようになった。」　キリストは悪霊を追い出して、語ることができるようにされた。群衆の驚嘆。

三五節　キリストの巡回――

1　教え。恵みをもって、聖書を用いて。

2　宣べ伝え。権威をもって、決断を求めて。

3　お癒しになった。あわれみと力を示しつつ。

三六節　主は群衆をご覧になった。弱り果てて倒れている彼らの現実の姿と、やがて訪れる彼らのあるべき姿の両方を見ておられた。人々は、何も与えてもらえないところへ向かいつつあった。そして弱く、重荷を負い、疲れ果てていた。「羊飼いのいない」とは、世話をし、養い、保護する者がいないということ。あわれみを引き起こすような状態（伝道者四・一）。キリストは同情に満ちたお方である。すなわち畑は色づき、刈り入れを待っている。けれども、ここに希望がある。

三七節　主は大いなる可能性を見ておられる。

三八節　それゆえに「祈りなさい」。「働き手を送ってくださるように」求めよ。働き人とは、収穫する者、羊を養う者のこと。「羊飼い」、人間にとって、羊飼いである神が必要である。「収穫」、収穫の主である神にとって、働き人である人間が必要である。

八章、九章において様々な者たちが助けられた。ツァラアト〔重い皮膚病〕に冒された人、ローマの百人隊長、熱病に冒された女性、悪霊につかれた人、取税人、長血を患っていた女性、死んでしまった少女。八章、九章において、「見よ」と十一回記されている。これは、思いがけないことが起こることを暗示している。ここに驚きと不思議がある。

第一〇章

九章三八節　「祈りなさい。」

一〇章六節　「行きなさい。」　主はまず「祈りなさい」と言われる。それから後、「行きなさい」と言われる。

一節　主は働き人を送り出すと同時に、彼らに御力をお与えになる。これは、ただ神の御子だけができることである。十二の使徒は来たるべき教会を明らかにあらわしている。この十二使徒というからし種から、教会という大きな木に生長するのである。マタイ福音書には、十二人を遣わすにあたって主のご命令がある（五節以下）。

二節　「弟子たち」（九・三七）が「使徒」となる。

四節　カナン人のシモン（英欽定訳）あるいは熱心党のシモン（訳注＝口語訳、新改訳）。

五～六節　これはイスラエルに対しての最後の証しの機会である。「むしろ、イスラエルの家の失われた羊たちのところに行きなさい」と、「全世界に出て行き」（マルコ一六・一五）の二つの「行きなさい」を比較せよ。

七節　神の要求と人間の祝福。

八節　「病人を癒やし」、これは働き人に対する信任状である。あなたがただで受けた霊的な力を活用せよ。上からの自由な恵みの知識こそ、御言葉を宣べ伝える力の源泉となる。

九節　もっともっと神ご自身に拠り頼め。私たちの所有物によって伝道の意欲が喪失されてはならない。供給こそは信仰を強めるものである。

一〇節　「袋」（英欽定訳では「ズタ袋」）、これは働き人の頭から除かれた（ルカ二二・三五）。

一二節　「平安を祈るあいさつをしなさい。」　家の人々、兄弟姉妹および友のために（詩篇一二二・七〜八）。

一三節　平和の使者であれ。

一四節　同時に、さばきの使者であれ。

一五節　福音を拒むことは最悪の罪である。

一六節　「わたしは……あなたがたを遣わします。」　羊飼いを必要とする羊のようであれ。賢い蛇のようであれ。素直な鳩のようであれ。

一七節　神の証しの到来は、人間の罪深さを明らかに示す。

一八節　このようにして福音の証しは王たちにまで届く。

二〇節　話すのはあなたがたではなく、あなたがたの父の御霊があなたがたの内から代わって語られる。

二二節　嘲り（あざけり）と憎悪を経て、あなたがたは豊かな地に導かれる。「わたしの（名の）ために」（一八、二二、三九節）、これは福音書において十七回記されている。

二六節　隠れたことは明るみに出される。このようにして福音は闇を突き破り、勝利するはずである。

二七節　暗闇で主のお声を聞け。そしてそれを公に語れ（イザヤ四五・三）。

大胆にさせる三つの動機——

1　たましいはからだよりも尊い（二八節）。
2　すべてはあなたがたの父の統べ治められるところ（二九節）。
3　御前に立つ日の意義と報い（三二節）。

二九節　神は今にも死のうとしている雀とともにある。「（人々を）恐れてはいけません」（二六、二八、三一節）。むしろ神を恐れよ（二八節）。

1　わたしを認めよ（三二節）。
2　わたしを愛せ（三七節）。
3　わたしに従え（三八節）。

いる。

このことはマルコ福音書、ルカ福音書、ヨハネ福音書においても繰り返し述べられて

三九節　わたしのためにいのちを捨てる。これは神の聖徒の至上の印である。

こうした至上の要求をすることができるのは神だけである。

4　わたしのためにすべてを捨てよ（三九節）。

第一一章

一節「指示を終えると……そこを立ち去られた。」　一三章五三節、一九章一節、二六章一節を参照せよ。弟子たちが遣わされたのは、「彼らの町々」（英欽定訳）であった。ルカ福音書一〇章一節も参照せよ。

三節「おいでになるはずの方はあなたですか。」　疑いがあれば、真っすぐ主ご自身のもとに行け。ヨハネは、これについてキリストご自身に聞くことを願った。というのは、彼は戸惑いを覚えていたからである。ヨハネは、「主は籾殻を焼き捨てるであろう」と、キリストのさばきについて宣べ伝えてきた。主はヨハネにイザヤ書三五章五節をもってお答えになる。「そのとき、目の見えない者の目は開かれ、耳の聞こ

えない者の耳は開けられる。」　そう、さばきの前にまず、「貧しい者たちに福音が宣べ伝えられています」。イザヤ書六一章一節、二節を見よ。主はナザレの会堂において「主の恵みの年」を告げられたが、「私たちの神の復讐の日」については言及されなかった。

四節　「自分たちが見たり聞いたりしていること」（訳注＝英欽定訳では「聞き見ていること」と、「聞く」が先に来ている）。すなわち「御言葉」と「御業」である。ヨハネ福音書一四章一〇節、使徒の働き（使徒行伝）四章二〇節を参照せよ。イザヤ書六一章一節では「宣教と御業」である。だから、あなたがたの目が開けられ、耳が聞こえるように祈れ（イザヤ三五・五）。

五節　恵みの奇跡の数々は、しおれかかっている信仰を強くする強壮剤である。実にキリストは救いの力に満ちあふれている。

六節　にもかかわらず主は拒まれた。単に頭で理解するのでなく、心から主に拠り頼む「者は幸いです」。

八節　私たちの生涯と証しに対して、主からどんな証しをいただけるのであろうか。ヘブル人への手紙一一章五節は、エノクに対する主の証し、サムエル記第一、一三章一四節はダビデに対する主の証し、ヨハネ黙示録二章一三節はアンティパスに対する主の証し。

一〇節「わたしの使い」、ヨハネは神の伝令使であった。

一一節「彼〔ヨハネ〕より偉大です」、すると私たちの特権がいかに大きなものであることか。

一二節 天国を強奪せよ。

一三節 彼らは福音の時代について「預言した」。エリヤすなわちヨハネの出現は福音の時代がすぐそこに来ていることを示している。

一五節「耳」とは「聞く能力」であって、聞く「機会」を意味し、「聞きなさい」とは「従え」ということであって、「責任」を意味する。

一六節 神のメッセンジャーに耳を傾けないという口実をもうけることは容易である。キリストやヨハネのメッセージに対して、彼らは何の反応も示さなかった。

一八節 警告のためにヨハネは来た。

一九節 一方、主は「恵み」をもって来られた。しかしヨハネもイエスもともに拒まれた。イエスは、落伍者や社会からはみ出した者たちの「友」である。実に、知恵の正しいことはその働きが証明する。神の民は正しく導かれる。「**主**よ あなたのみわざは なんと大きいことでしょう。あなたの御思いは あまりにも深いのです。無思慮

な者は知らず 愚かな者にはこれがわかりません」（詩篇九二・五～六）。

二〇節 彼らは光を見た。しかし彼らは闇を選んだ。主は愛と悲しみをもって彼らを「責め始められた」ことは疑いもない。「力あるわざ」については、詩篇一一一篇四～九節、ヨハネ福音書一四章一一節、一五章二四節を参照せよ。

二一節 コラジン。そこにおいて力あるわざがなされたが、聖書はそれについて何も記していない。

ベツサイダ。ペテロもアンデレもピリポもこの町の出身であった。しかし特権を蔑することは破滅をもたらす。

二三節 「おまえが天に上げられることがあるだろうか。」 この町々においてキリストはご自身の恵みと愛情を傾けて、「悔い改めなさい」と語り続けた（マタイ四・一七）。主は彼らの選び取った道の結末を告げられる。これは、主を退けた民に対する愛の号泣である。そしてコラジンもベツサイダも完全に地上からその姿を消した。カペナウムの二つの町はツロとシドンに比較され、カペナウムはソドムと比較された。カペナウムの罪がソドムの罪以上であったとは思われない。しかし神は、罪人に与えられた光にしたがってその罪をはかられる。

二五節 「そのとき」、すなわちヨハネが当惑し、主の宣教が拒絶され、主の期待が背かれたとき。そう、民たちはわけがわからず（一六〜一九節）、この町々は主を拒んだ（二〇〜二四節）。まさにそのとき、主は「父」をほめたたえる。それは、父なる神がある者たちに知恵を隠し、ある者たちに知恵をあらわすゆえに。ここに「人間の責任」（二二節）と「神の主権」（二五節）がある。

二六節　主は神の御旨の中に安んじられた。

二七節　ここで主はご自身の権能をあらわされる。コロサイ人への手紙一章一九節を参照せよ。

二八節　神の主権は、悔い改めない者に弁解の余地を与えない。けれども、だれでも主のもとに来ることができる。主は侮られ、拒まれたが、すべてのものがご自身のものであることをご存じであって、疲れたたましいに平安を与えることができる。すべての者は主に招かれている。ここにキリストの三つの姿がある。

1　救い主なるキリスト（二八節）
2　教師なるキリスト（二九節）
3　くびきを共に負うキリスト（三〇節）

「わたしのもとに来なさい」（二八節）。ここに新しいいのちの安息がある。
「わたしのくびきを負いなさい」（二九節）。ここに働きの真っ最中における安息がある。

「わたしから学びなさい」（二九節）。ここにきよい生涯の安息がある。

二九節　「柔和」とは、神に対してであり、「へりくだり」とは、人に対してである。

キリストに対する四つの態度――

1　求める態度（一～六節）

2　批評する態度（一七～一九節）

3　拒否する態度（二〇～二四節）

4　受け入れる態度（二五～三〇節）

二八～三〇節　これは、ユダヤの民の中にいる特別な階級の者たちへの主の招きである。堕落した民族の平安なき者、病める者のど真ん中にあって、こうした言葉を語ることができたのは、神のほかにだれもいない。

「重荷を負っている人」とは、間違いなく船を沈めてしまう嵐が来ているなかの、荷を積み過ぎた船のようである。だから急いで避難港に逃れ、荷を下ろせ。そこで――

1　私たちのなすべきことは――主のもとに行くこと

2　私たちが降ろすべきものは――重荷

3　私たちが負うべきものは――くびき

4　私たちが見いだすべきものは——四重の祝福、すなわち①安息、②教え、③より深い安息、④奉仕。
第一の安息とは、罪の重荷から解放された良心の安息と、さばきの恐れから解放された心の安息。

第二のより深い安息とは、内住の罪の力から解放された安息で、キリストの愛に憩う安息。

くびきとは、二人の者が一緒に働くために工夫されたものである。

第一二章

キリストは敵対者に立ち向かわれる（二、一四、二四、三八節）。
一～一二節　安息日に関する問題。
二二～三七節　主の権威に関する問題。
三八～五〇節　しるしに関する問題。
三～五節　「読んだことがないのですか」（四、五節）。
1　創世記を読んだことがないのか——マタイ福音書一九章四節〔訳注＝離婚につい

て、創世一・二七、二・二四〕
2　出エジプト記を読んだことがないのか――マタイ福音書一二章三一節〔訳注＝死人の復活について、出エジプト三・六〕
3　レビ記や民数記を読んだことがないのか――マタイ福音書一二章五節〔訳注＝安息日について、レビ二四・八、民数二八・九～一〇〕
4　サムエル記第一を読んだことがないのか――マタイ福音書一二章三節〔訳注＝安息日について、Ⅰサムエル二一・一～六〕
5　詩篇を読んだことがないのか――マタイ福音書二一章一六、四二節〔訳注＝メシアについて、詩篇八・二、一一八・二二〕

六～一〇節　イエスご自身が主なる神であることの主張――

1　宮よりも大いなるもの（六節）。
2　安息日の主（八節）。安息日は神の律法であって、他の宗教には見られない。
3　片手の萎えた人（一〇節）。主は、このような人をご自分のものと宣言される。

一一節　一匹の羊を、手をかけて引き上げられる。

救いのプロセス――

1　かけがえのない一個のたましい。

2　救いの御手。
3　引き上げる救い、すなわちよみがえりの生涯。
一四節　パリサイ派の人たちは宗教会議でキリストの死刑判決を下す。「イエスを殺そうかと相談し始めた。」　協議の末の故意の拒絶。これが神に対する人間の思い。生まれながらのたましいにとって、宗教は力になるのだろうか。
一五節　「彼らをみな癒やされた。」　これが人間に対する神の思い。主はそこを立ち去って、癒しを行われる。パリサイ派の人たちが主を殺そうとしたとき、罪人たちは癒された。
一八〜二一節　神の愛されたしもべ（わたしのしもべ、わが愛する者）。
1　神にとって喜びの存在、「わたしの心が喜ぶ」。
2　御霊の注ぎにあずかる者、「わたしの霊を授け」。
3　静けさの中でわざをなす者、「彼は言い争わず」。
4　あわれみの心でわざをなす者、「傷んだ葦を折ることもなく」。
5　人々に光（真理）を示す者、「正義を告げる」（一八節、英欽定訳）。
6　信頼を受ける者、「異邦人は彼の名に望みをかける」。
7　来るべき勝利者、「さばきを勝利に導くまで」。

以上は、キリストのような働き人たちの真の姿である。「傷んだ葦」とは、罪によって傷んだ葦。「くすぶる灯芯」とは、恵みに対する一抹の光。

二〇節　「さばきを勝利に導くまで。」　そのとき主の御声は聞こえ、主の栄光があらわれる。

二二〜三七節　悪霊につかれた者の主による解放の学び。

二三節　群衆は「この人がダビデの子なのではないだろうか」と言う。

二四節　パリサイ派の人たちは「ベルゼブルによることだ」と言う。これは意識的な冒瀆である。

二八節　「わたし」、「神」、「御霊」。すなわち三位一体。キリストは十字架上でサタンを縛りあげた。今や主はご自分の家財を奪い返すことができる。

三一節　聖霊に対する罪とは、主イエス・キリストが鮮やかに証しされても、これを信じることを拒否することである〔訳注＝ヘブル六・四〜六にも、光を受け、聖霊の恵みにあずかりながらも、堕落してしまうことがあるという恐るべき実例が記されている〕。

主イエスが悪魔の力によって働いたと信じることは、神の御子に対する冒瀆である。しかし、この罪は赦される余地がある。

三三節　パリサイ派の人たちは、悪い木を改善することによって良い実を得ようと考えていた。しかし良い実は良い木からのみ生ずる。

三九節　「この時代」（四一、四二、四五節）。パリサイ派の人たちのしるしを求める態度は、すべての国の人の態度を示している。主は、旧約聖書からたった一つのしるし、ヨナのしるしだけを彼らに示される。

四一節　ニネベの人々も南の女王も、さばきの日によみがえる。したがって両者は実在の人々である。

四二節　キリストは大いなるお方――

1　宮よりも大いなるもの（六節）。
2　安息日の主（八節）。
3　ヨナにまさるもの（四一節）。
4　ソロモンにまさるもの（四二節）。
5　ダビデよりも大いなる者（二二・四五）。
6　モーセよりも大いなる者（ヨハネ五・四六）。
7　アブラハムよりも大いなる者（ヨハネ八・五八）。

四三節　汚れた霊（二二、二八節）。これは人々の最後的な状態（四五節）。偶像礼拝はなくなり、宮はきらびやかになった。しかし、これはより悪い状態である。個人においてもこれは真理である。心は空になった。道徳的には正しくなった。それで満足してしまう。家が空いている。これこそ危険な状態である。パリサイ派の人たちを参照せよ。

四四節　空になった心はサタンにとって格好な場所である。

四六節　主の母、彼女は主を抑えようとした。

五〇節　「天におられるわたしの父のみこころを行うなら」、それこそ最も真正な親族関係である。「天におられるわたしの父」については、マタイ福音書に十二回記されている。六章九節、七章一一、二一節、一〇章三二節、一二章五〇節、一六章一七節、一八章一〇節、二三章九節など。

第一三章

一三章は論争、一三章は説教。

一節　主は休息のために家を出られた。本章はたとえ話による新しい教えである。一〇節の「なぜ」に注意せよ。これは湖畔の説教である。一節から三五節は、湖畔における群衆たちに対する四つのたとえ話である。三六節で主イエスは群衆をあとに残して、家の中において弟子たちに対する三つのたとえ話を語られた（三六～五〇節）。群衆に対する最初の四つのたとえ話は、サタンの表面的な成功と説教の外にあらわれた結果についてである。弟子たちに対する第二の三つのたとえ話は、神の国の奥義についてであり、またキリストの確かな勝利についてである。

種蒔きのたとえ――四種の聴衆

1　道端――無関心、無反応。
2　岩地――二心、良心への働きかけなし。根なし、すなわち秘かなる主との交わりと御言葉の養いなし。
3　茨の間――世の侵入。世の占領で御言葉は塞がれる。
4　良い地――明け渡された心。

三種の良い地――三十倍、六十倍、百倍。

もしこのたとえ話が理解されなければ、他のたとえ話も理解されない（マルコ四・一三）。

このたとえ話は特別にたましいの回心に言及している。しかし、福音を聞くときいつでも、このたとえ話は教訓となる。御言葉の種は軽蔑されるかもしれない。しかし種はそれぞれに生命をもっている。そして驚くべき現れの可能性がある。

一〇節から二三節を主は家において語られた。三六節はマルコ福音書四章一〇節の「イエスだけになったとき」にあたる。

一〇〜一一節　弟子たちは「彼らに」と言い、主は「あなたがたに」と言われる。弟子たちは信じていたゆえに、理解した。人々は信じなかったゆえに、理解しなかった。「たとえ」は、それによって彼らが奥義を悟ることができるためである。ヨハネ福音書一六章二五節、コリント人への手紙第一、二章七、一〇節を見よ。「天の御国の奥義」は、恵みの賜物として弟子たちに知ることが許されている。出エジプト記一四章二〇節を見よ。〔訳注＝この引照は何を意味しているのか。光と闇の両世界を意味しているのか。〕

一二節　「取り上げられる。」彼らは、確かな神の知識と確実な主の道の知識をもっていた。しかしそれを失う危険があった。いよいよ豊かになるか、いよいよ取り去られるか、道は二つに一つである。

一三節　キリストのご目的は、彼らが真理を受け入れ、それによって、いよいよ豊かになることであった。だから主はたとえをもって語られる。ちょうど愛する子どもたちに教える母のようである。

一四節　今まで彼らは御言葉を聞いてきた。しかし悟らなかった。それは彼らが回心に至ることを願わなかったからである。

一五節　「目は閉じているからである。」コリント人への手紙第二、四章四節を見よ。

回心の意味するもの

1　目で見ること。
2　耳で聞くこと。
3　心で悟ること。

ある者たちは、目の閉じられている状態に注意しなければならない。危険なことを考えるようになるからである。だから、祈れ（イザヤ三五・四〜五、三二・三、箴言二〇・一二）。「私の目を開いてください。私が目を留めるようにしてください。あなたのみおしえのうちにある奇しいことに」（詩篇一一九・一八）。そして私たちの働きは、「彼らの目を開いて、闇から光に、サタンの支配から神に立ち返らせ、こうしてわたしを信じる信仰によって、彼らが罪の赦しを得て、聖なるものとされた人々とともに相続にあずかるためである」（使徒二六・一八）。

一七節　「多くの預言者や義人たちが、あなたがたが見ているものを見たいと切に願った」（エペソ三・五～六、ヘブル一一・一三、Iペテロ一・一〇～一二を見よ）。

一九節　御言葉はそれを受け取る人の性格を明らかにする。まず種は道端に落ちる。それは、「御国のことばを聞いて悟らない」ことを意味する。だから単純に明確に御言葉を語れ。さもないと、サタンに機会を与えてしまう。

種の敵は、以下のものである。

一九節。悪魔――鳥

二一節。肉――岩

二二節。世――茨

二一節は根がない。二二節は結実がない。

二三節　「みことばを聞いて悟る。」　マルコ福音書四章二〇節には「みことばを聞いて受け入れ」、ルカ福音書八章一五節には「しっかり守り」とある。キリストは父をあらわすため、同時にサタンの存在を示すために来られる。

毒麦のたとえ

一節から二三節は異なった土地について。二四節から三〇節は異なった種について。

二三節は現在の収穫。

三〇節は未来の収穫。

二五節　偽物をもっての攻撃。悪魔も種蒔きである。人々が眠っていたときに、敵は毒麦を蒔いた。悪魔の言葉は誤った教理である。敵は侵入者である。だから祈りをもって若い教会を包囲せよ。そうすれば、悪魔は立ち入ることはできない。実に悪魔は偽物と本物をうまく混ぜ合わせる。

三〇節　麦と毒麦の分離の時は必ず来る。毒麦とは、「忍び込んだ偽兄弟たち」（ガラテヤ二・四）であり、「偽預言者」（Ⅱペテロ二・一）である。使徒の働き〔使徒行伝〕においては「アナニアとサッピラ」（五章）や「魔術師シモン」（八・九〜二四）である。神はしばしばご自身の受け入れないものを許される。驚くばかりの恵みにより、毒麦は麦に変えられるかもしれない。パウロを見よ。〔訳注＝パウロを毒麦ととるのではなく、あれほどまでも変えてくださった、驚くばかりの神の恵みを見よ。〕

三一節　からし種のたとえ。

このたとえはときどきアブノーマルな（通常ではない）生長として解釈されている。しかし主は「天の御国はこのようなものである」と言われる。神の国はその本質に反するような生長はしない。主はこのたとえで神の国の外側の成長について語られる。教会の拡張についてのたとえである。パン種は内側の変化について語っている。

三三節　パン種のたとえ。

これは教会の成長についての、もう一つのたとえである。浸透する力である。パン種は通常は悪しき型である。しかし聖書のタイプには、異なる様々な意味がある。たとえば「獅子」を見よ。〔訳注＝エゼキエル一・一〇の「獅子の顔」は良い意味、Ｉペテロ五・八の「吼えたける獅子」は悪い意味。〕

「小麦粉」は通常「穀物のささげ物」に用いられる（民数五・九、二八・一二、二〇、二八、二九・三、九、一四等）。神の御霊はすべてが完全になるまで働かれる。神の国は決して罪に侵されることはない。

三五節　これらのたとえ話は隠されている事柄の啓示である。

三六節　以下は家に入られてからの主イエスの説明である。

三八節　「畑は世界」、単にイスラエルだけではない。すべて肉なるものである。

三九節　「収穫とは世の完成」（英欽定訳）。

四一節　主はご自身がさばき主であると宣言される。

その御使いたちの働き

1　さばきの執行者

2　さばきの招集者（二四・三一）

3　報いを与える者（一六・二七）

四二節　収穫時に、火に投げ入れられる。

四三節　太陽のように輝きわたる収穫。未来においては栄光のうちに輝き出る（一七・二、コロサイ三・四、士師五・三一）。現在においては世の光として輝く（五・一六）。

四四節　畑に隠された宝のたとえ。

「すべてを売り払い」。ルカ福音書一四章三三節では、「すべてを捨てなければ」。マタイ福音書一九章二七節では「すべてを捨てた」。

私たちは宝である。キリストは私たちを買い取るために、すべてを売り払われた。主は私たちの価値をご存じである。私たちをこのお方のものとせよ。

キリストは宝である。私たちはこのお方を自分のものとするために、すべてを明け渡さねばならない。その宝を見つけよ。その宝が確実に自分のものになるとわかるまで隠しておけ。

四五節　良い真珠のたとえ。

宝は尊い。真珠は美しい。それらは装飾である。その美しい見栄えは商人に購入の意欲を引き起こさせる。

四七節　網のたとえ。

これは恐ろしいたとえである。教会はさばかれる。ローマ人への手紙一四章一〇節、コリント人への手紙第二、五章一〇節を見よ。福音の網は特別に魚を囲み入れるように備えられている。

四八節　多くの者たちは、見かけは御国の中にいる。しかし実際は御国のものとなっていない。

四九節　主のたとえ話の半分は、さばきに関するものである。

五一節　以下は主のアフター・ミーティングである（一一、一六節参照）。「あなたがたは、これらのことがみな分かりましたか」（エペソ一・一八参照）。

五二節　一家の主人のたとえ。

「門衛の長である四人のレビ人は信任を得て、神の宮の脇部屋および宝物倉を受け持った。彼らは神の宮の周りで夜を過ごした。彼らには任務が課せられていて、朝ごとに鍵を開けたからである」（I歴代九・二六〜二七）。

「主人によってその家のしもべたちの上に任命され、食事時に彼らに食事を与える、忠実で賢いしもべとはいったいだれでしょう」（マタイ二四・四五）。

「私たちの倉は もろもろの産物で満ちますように」（詩篇一四四・一三）。

五三節　「話し終える。」　七章二八節をも見よ。

五四節　「ご自分の郷里」、それはナザレである。

五五節　批判する者たち。それは肉による知識である。彼らは、肉による主イエスを知っているように、主ご自身に関するすべてを知っていると思い込んでいた。今日人々は、このように肉の知識によってあたかも聖書のすべてを知っているかのように思い込んでいる。

五七節　「こうして彼らはイエスにつまずいた。」　サムエル記第一、一〇章二七節を参照せよ。

五八節　「彼らの不信仰のゆえに……。」　マルコ福音書六章六節には「彼らの不信仰に驚かれた」と記されている。それゆえ主は何の奇跡もなすことができなかった。イスラエルの民は、預言者なる主を拒むのである。

天の御国――クリスチャンの成長の四段階

1　神の国を見ること（ヨハネ三・三）。神の国の光と神の国の渇望。
2　神の国に入ること（ヨハネ三・五）。信仰と生まれかわり。
3　神の国を受けること（ヘブル一二・三九）。体験によって。
4　神の国のことを学び、これについて教えることができること（マタイ一三・五二）。

第一四章

ヘロデの餐宴とキリストの餐宴。この心の目が閉ざされた民の真ん中で一人の不敬虔な王が統治している。エサウの子孫であるヘロデが、ヤコブの子らを統べ治めているとは！

二節　よみがえりのいのちは当然、力に満ちている。

三節　「ヘロデは……ヨハネを捕らえ……。」そのようにして神の声を消し去ろうとした。

三節から一二節は挿入部分である。

九節　「自分が誓ったことであり……与えるように命じ……。」ヘロデ王にしてそうであれば、私たちの王なる神は、ご自身の誓いのゆえに、はるかに豊かに、私たちの求めるところのすべてを与えてくださる。

一二節　ヨハネの弟子たちは大胆にもヘロデのもとに行く。そしてそっとイエスのもとへ報告に来た。

一三節　ここでキリストは退かれる。しかしながら、この寂しいところにおいても、ご自身を求める者たちを養われる。

一四節　主は、今もヤハウェが彼らと共におられることを示される。詩篇一〇三篇五節を参照せよ。「深くあわれんで」、主の祝福は愛からほとばしり出るものである。

一五節　創造の主であるキリスト。すなわち彼はまず五千人を養い、次に嵐をお静めになる。不信仰は「時はまだ来ていない」と言う（ハガイ一・二を参照）。しかし信仰は「今は恵みの時……」（Ⅱコリント六・二）と言う。

一六節　「あなたがたがあの人たちに食べる物をあげなさい。」　主のご命令にはそうさせる力が伴うのである。だれも他のところへ祝福を求めに行かせてはならない。彼らの必要に応えよ。また、残りのものを集めよ。

一七節　ところが、弟子たちは自分たちと自分たちの持ち合わせを見るだけである。詩篇七八篇一九～二五節、民数記一一章二一～二二節を参照せよ。

一八節　不十分なものを主のところに持って行け。その不十分なものが何千人もの必要を満たすことになるのである。

一九節　直接主の御手より受けよ。そのようにして、それをもって人々を養え。一六節を見よ。

二〇節　「満腹した。」　主は養ってくださる。そしてご自身もまた満足される。余りが出るほどのキリストの気前の良さ。主は必要以上に与えてくださる。「十二のかご」、他の者に与えるとき、自分自身も与えられる。このかごは弟子たち一人ひとりにとって何と十分なことか！　余りのものをすべて注意深く扱え。

二二節　「それからすぐに、イエスは弟子たちを舟に乗り込ませて……。」　主はすぐ弟子たちを追いやられる。身近な必要に応えるために、私たちはどれくらいキリストの力をもたらすことができるか。献身と信仰を試せ。弟子たちはまさに、主の力とその源泉を見てきた。今や主は彼らを嵐の中に追いやられる。ところが弟子たちはその信仰の原理を学んでいなかったことに注意せよ。マルコ福音書六章五二節を参照のこと。

二二〜二三節　信仰の勝利ある歩み。

見える神の御国は舟の中にこそあった。それは全く危険な状態に見えた。しかしキリストはそこにおられた。そう、彼は弟子たちをその危険な状態に追いやられたのであった。弟子たちは風にそって舟の向きを変えることができたかもしれない。しかし主は「向こう岸へ行くのだ」と命じておられた。

二三節　「解散させてから」、一三節をも見よ。これは主イエスの午後の祈り。成功ある働きのただ中において、主は祈りの時を必要とされる。

二四節　八章二四節を参照のこと。「波に悩まされていた。」弟子たちは主のご命令に従って進んでいたのではあるが。波は覆いかぶさらんばかりである。弟子たちは、主イエスが彼らを捨ててしまったと思ったか。また主がその場に近づくことができないと思ったか。

二六節　新たな恐怖。

二七節　「わたしだ。」　変貌山（一七・六〜八）を参照のこと。主はすべてを統べ治められる。そしてペテロに、いっしょに波風を静めるようにと招かれる。これは嵐の中における新しい啓示である。主が歩まれたように歩もうとの聖なる野心（ambition）をもて（Iヨハネ二・六）。信仰の歩みとは超自然的なものである。もし主がペテロにお命じにならなければ、彼は行くことができない。他の者たちが躊躇（ちゅうちょ）していても、あなたは信仰によって踏み出せ。

二八節　「私に命じて……行かせてください。」　これは大胆な祈りである。ペテロは主の招きなしに海の上を歩こうとはしない。主はこの霊的野心（ambition）を良しとされる。きよめの道を歩め。主はそのように私たちを召しておられる。

二九節　だれも御声なしの信仰で歩くことはできない。

三〇節　「主よ、助けてください。」　それで十分である。ペテロは、主が召してくださった道を歩み続けるはずであった。

波風を見てはならない。詩篇九三篇三～四節を見よ。キリストの御力のゆえに、このお方に拠り頼め。沈み行く者には救い主が必要である。不信仰な者は、キリストの力が失せてしまったと言うであろう。

三一節　「すぐに」　二七節でも「すぐに」とある。キリストは、沈み始めた者の叫びを聞いてくださる。

「主は　いと高き所から御手を伸ばして私を捕らえ……引き上げられました」（詩篇一八・一六）とあるように、「わたしのたましいを生き返らせ」（詩篇二三・三）、信仰の歩みに導かれる。ペテロは自然界の法則に反して支えられている。

三三節　舟の中にいた者たちは信じた。

第一五章

キリストの教え（一～二〇節）
キリストの癒し（二一～三〇節）
キリストの養い（三二～三九節）

一節から二〇節でキリストは、偽善者の汚れた心を暴露される。
二一節から三九節でキリストは、人間の必要に出合って、ご自身の恵みを現される。
主は次の者たちと、汚れについて論じられる。
1 パリサイ派の人たち（一～九節）。
2 群衆（一〇～一一節）。
3 弟子たち（一二～二〇節）。
二節 宗教的な儀式か、神の御言葉（三節）か。
四節 キリストはまた旧約聖書から唯一無二の神の言葉の権威を示される。
五節 父母を扶助するという行為そのものこそが神に対する献身である。
六節 「自分たちの言い伝え」とは、世の宗教的掟。「神のことば」とは、家庭生活に関する神の掟。
九節 「人間の命令」は心のきよめを必要としない。人間の命令に基づく礼拝はむなしい。
一四節 「彼らのことは放っておきなさい。」これほど厳しい主の宣告はない。ホセア書四章一七節には「エフライムは偶像にくみしている。そのなすに任せるがよい」とある。ところが、罪人たちはそうなることを願っている。マルコ福音書一章二四節を見よ。

「彼らのことは放っておきなさい。」　パリサイ派の人たちは何事もなしえない。実にサタンはパリサイ派の人たちの宗教を利用して、彼らを偽善者にしていた。すなわち、外側は道徳的、宗教的であり、内側は汚れである。そう、心をきよくしない宗教は、サタンから来たものである。

一六節　「まだ分からないのですか。」　詩篇三二篇九節、マタイ福音書一六章九、一一節を参照のこと。

一八節　「口から出るものは心から出て来ます。それが人を汚すのです。」　ヨハネ福音書七章三八節と対照させよ。

一九節　「もし神が全く生来の心のままにふるまうことを許されたならば、あなたは恐ろしい者になってしまうであろう」（一ピューリタンの言葉）。

二一節　ツロとシドンの人々はすでに主の噂を聞いていた。マルコ福音書三章八節、ルカ福音書六章一七節を参照せよ。

二二節　絶望状態にある一人の女の、救いを求める切なる努力ははね返されたかに見えた。「私をあわれんでください。」　彼女は「娘を」と言わず、「私を」と言って、娘の痛みを自分のものとしている。

二三節　「あの女を去らせてください」と弟子たちが言う。だからクリスチャンの言うことであっても、堅く耐え忍べ。弟子たち（つまり、クリスチャン）は一四章一五節、一九章一三節でも、愛のない言葉を述べている。「去らせてください。」　実に彼らには、キリストが抱いているような同情の思いがない。

祈りは次の三つの拒絶に直面する。「一言もお答えにならなかった」（二三節）、「遣わされていません」（二四節）、「投げてやるのは良くないことです」（二六節）。

二三節　彼女は主の沈黙に打ち勝った。

二四節　彼女は主の主権に打ち勝った。

二六節　彼女は主の厳しさに打ち勝った。

彼女には何としても答えていただきたいとの必要があり、またその必要を自覚しており、かつキリストがその必要に答えることがおできになることを知っていた。ゆえに堅く耐え忍んだ。これが「信仰の戦い」である。キリストはこの母親に、何の恵みをも受ける権利がないことを教えようとされた。すべては恵みであった。

「彼女は来て」（二五節）とあるが、マルコ福音書七章二四～二五節では、家に入って、主のもとに来た。

「小犬」　主は私たちに、私たちが全く価値のないものであるとの自覚を与える。

二七節　小犬ですら恵みは十分である。彼女は自分には何ら恵みを要求する資格がないことを認める。彼女は主の無代価の恵みに自らを投げ出す。

主があなたがたに言われることに対して、ただ「そのとおりです」と答えよ。何の資格もない者という者になれ（創世一八・二七、三二・一〇、「すべての恵みとまことを受けるに値しない者です」）。そしてキリストを当然あるべき座に置くように。

「主よ。」　異邦人として彼女は主を「ダビデの子よ」（二二節）と呼ぶ資格もなかった。

「パン屑」　主の御手からのパン屑は満腹させる。三七節を見よ。

二八節　「あなたが願うとおりになるように。」　ヨハネ福音書一五章七節を見よ。

「何でも欲しいものを求めなさい。」

三〇節から三八節は、異邦人の間における祝福。

三〇節　群衆はついて来た。この女性の勝利ある信仰は、他の者たちにも信仰を呼び起こした。

三二節　キリストはご自分の者たちにご自身のあわれみを示される。「かわいそうに。この群衆は……。」

三三節　キリストの恵みの源泉がどのようなものかを学ぶのに、弟子たちはいかに鈍いことか。

三四節 主は弟子たちを送って、彼らの持ち合わせが不十分であることをお見せになった。

三五節 「群衆に地面に座るように命じられた。」 静かな期待。

三六節 主は私たちのささげ物をお用いになる。そして、私たちに手いっぱいの祝福をもたせて、群衆のもとに遣わされる。

三七節 「かご」 四千人〔異邦人〕を養われる記述では四度ともスピュリスが使用されている。このスピュリスとは、異邦人の間で使用されていた大きなかごである。使徒の働き〔使徒行伝〕九章二五節では、パウロはこのスピュリスに乗せられて、使徒パウロは城壁伝いにつり降ろされた。一方、五千人〔ユダヤ人〕を養う記述では六度ともコフィノスが使われている。コフィノスは、ユダヤ人の間で日常使用されている小さなかごである。

第一六章

一節 主イエスに対するパリサイ派の人たちの試みは、四章六節での主イエスに対するサタンの試みと同様である。二三節を参照せよ。

キリストというご人格こそ神の最も明白なしるしである。彼らは太陽が輝いているときに、ローソクを求めている。地は主の御業の不思議さで鳴り響いている。

三節　「時のしるしを見分けることはできないのですか。」ルカ福音書一九章四二節には「今、それはおまえの目から隠されている」とあり、エレミヤ書一七章五～六節には「心が主から離れている者は……荒れ地の灌木。幸せが訪れても出会うことはなく」とある。彼らはすでに輝き始めた恵みの良き日も、また近づきつつあるさばきの悪しき日も見分けることができなかった。もし見る目さえあったなら、世界は時のしるしで満ち満ちているのである。

四節　復活のしるし。よみがえった人（ヨナ）は神のさばきの近づいている不義なる町に対する警告である。

六節　「パリサイ人たちやサドカイ人たちのパン種に、くれぐれも用心しなさい。」主が「くれぐれも用心しなさい」との厳かな言葉を用いているのはこの時だけである。信者たちも危険にさらされている。パリサイ人すなわち形式主義に用心しなさい。霊的世界をわきまえないサドカイ人を警戒せよ。今日の儀式主義を警戒せよ。

七節　弟子たちはまるで見当違いの判断をしていた。何たる愚かな思い違いか。それは、彼らが物質的なことで頭がいっぱいだったからである。

八節 「信仰の薄い人たち。」 主は四度、「信仰の薄い人たち」と言っておられる。

九節 主の力ある御業を思い起こせ！ ここに二つの責めるべきことがある。第一は悟らなかったこと。第二は思い起さなかったこと。

一二節 ここで弟子たちは主イエスの警告を悟った。

一三節 一二節と一三節との間にはかなりの時間的間隔がある。これから主が御苦しみを受ける時までは、きわめて短期間である。「人の子をだれだと言っていますか」とは重大な質問である。

一四節 見方というものは信仰ではない。世の回答は「キリストは偉大な人物の一人である」であった。彼らは、キリストのうちにエリヤの勇気とエレミヤの愛と涙を見た。

一六節 「あなたは生ける神の子キリストです。」 これがキリスト者の回答である。「キリスト」とは、メシアとして期待されたお方。さらに「神の子」であられる。この信仰の証しは天よりペテロに与えられたものである。一七章五節を参照せよ。

一七節 「このことをあなたに明らかにした……。」 一一章二五節では御父が幼子たちに明らかにされ、一一章二七節では御子が父を現す。キリストはペテロの証しを受け入れられる。

一八節　ペテロが「あなたこそキリストです」と言うと間髪を入れず、主は「あなたはペテロです」と言うことができた。「あなたはペテロです」というこの「ペテロ」は原語では男性名詞のペトロスで、「小さい石」を意味する。「わたしはこの岩の上に、わたしの教会を建てます」の「この岩」は原語では「ペトラ」で、女性名詞〔訳注＝教会は女性名詞〕であって、ジブラルタル・ロックすなわち巨大な岩を意味する。ペテロの手紙第一、二章四～六節を参照のこと。「主は……尊い生ける石です。あなたがた自身も生ける石として霊の家に築き上げられ……」ともあるように、ペテロは巨岩の一部である。彼はもとより建物の一部であって、キリストこそ土台なる岩である〔訳注＝カトリック教会は、これらの節よりペテロが教会の土台であるとし、ペテロの後継者を教皇として権威づけている〕。なお、キリストこそが教会の土台なる岩であることについては、申命記三二章四、三一節、コリント人への手紙第一、三章一一節、ペテロの手紙第一、二章四～五節を参照せよ。さらにペテロだけではない。他のすべての使徒たちも土台の一部であった。ヨハネ黙示録二一章一四節、エペソ人への手紙二章二〇節を参照せよ。

「わたしは……建てます。」　生ける石の上にある生ける石〔複数〕。教会はキリストによって建てられる。私たちはその御業に参与するのである（Iコリント三・一〇）。教会の土台はキリストである（Iコリント三・一一）。使徒たちや預言者はその一部である（エペソ二・二〇、黙示録二一・一四）。「よみの門」の門とは、権威または計り事を表す。「わたしの教会」という「わたしの」に注意せよ。

一九節　「天の御国の鍵」　教会と天の御国とは同意語である。「わたしはあなたに天の御国の鍵を与えます。」ペンテコステにおいてこれは成就する。しかしペテロだけではない、一六節を告白するすべての者たちにも与えられる。一八章一八節、二八章一九節、ヨハネ福音書二〇章二三節を参照せよ。「鍵」とは、一家の主人として主人の持ち物を分配する権威を意味する（マタイ一三・五二）。たとえばルカ福音書一一章五二節の「知識の鍵」を参照せよ。その鍵には、次の力が伴うのである。

1　人々をキリストとの契約に結ぶ権能。

2　強い人（サタン）を縛り上げる権能（一二・二九、ルカ一〇・一九）。

3　罪人を罪から解き放つ権能（イザヤ五八・六、詩篇一一六・一六、ルカ一三・一二）。詩篇一〇二篇二〇節には「死に定められた者たちを解き放つために」とある。

ペテロはこの権能を用いて働いた。使徒の働き（使徒行伝）二章三八節ではユダヤ人に対して、使徒の働き（使徒行伝）一〇章四七節では異邦人に対して。

ピリポも同様にした。使徒の働き〔使徒行伝〕八章一二節でサマリア人に対して。アナニアも同じく、使徒の働き〔使徒行伝〕九章一七節でサウロに対して。

二〇節　「イエスは弟子たちに、ご自分がキリストであることをだれにも言ってはならない、と命じられた。」　これはキリストのご奉仕における転換期である。弟子たちはこのとき、神の子としてのキリストを宣べ伝えることができるか。

二一節　「そのときから」、主は三度、弟子たちに対して明白に十字架について語っておられる（一七・二二、二〇・一七以下）。主は十字架を示される。ここからキリストの宣教における新時代が開かれる。

二二節　「すると、ペテロはイエスをわきにお連れして……。」　ペテロは真の信仰はあったが、カルバリについて理解していなかった。友人たちはあなたが十字架を負わないようにと説得するであろう。詩篇四九篇一八節には「あなたには物事がうまく行っていると人々があなたをほめたたえても」とあるが、このように自分をかばうことは一つの誘惑である。ペンテコステ後のペテロの姿に注意せよ（使徒五・四一）。サタンは友人を用いて、十字架を負うことから私たちを逸らせようとする。

二三節　贖いを否定することはサタンからくる。ペテロは神により教えられ（一七節）、サタンによりそそのかされた。しかしこの主イエスへの誘惑は、マタイ福音書四章八節で試み済みの使い古された誘惑である。ペテロは邪魔をする者であり、つまずきの石である。私たちもそうであるかもしれない。「下がれ。」ルカ福音書四章八節、ヤコブの手紙四章七節を参照せよ。なお、ペテロの「主よ、とんでもないことです」は直訳では「あなたにあわれみがありますように」で、英欽定訳欄外には「ご自愛ください」とある。

二四節「自分を捨て……。」ペテロの三つの告白――

1 信仰の告白（マタイ一六・一六）

2 希望の告白（ヨハネ六・六八）

3 愛の告白（ヨハネ二一・一七）

キリストだけではない。クリスチャンは各自磔殺(たくさつ)されねばならない。

キリストへの服従の三段階

1 自分を捨てること、自分を無視すること。

2 十字架を負うこと。

3 そして従うこと。

二五節「わたしのためにいのちを失う者はそれを見出すのです。」これはキリストの約束である。すべての人々は何ものかを失う。

二六節　「自分のいのちを失ったら……。」　取り返しのつかない損失。
二七節　キリストとその弟子たちに対して、栄光は来たりつつある。
二八節　マルコ福音書九章一節、ルカ福音書九章二七節を参照せよ。御国は変貌山において見られる。

第一七章

一節　キリストの変貌とは——

1　受難のはじめ。
2　キリストの栄光の啓示（ヨハネ一・一四、Ⅱペテロ一・一七）。
3　来たるべきキリストの御国の啓示（Ⅱペテロ一・一六、マタイ一六・二八）。
4　律法と預言者の啓示。

一六章一三節——信仰の告白
一七章一節——礼拝
一七章一四節——奉仕

「六日目に」　この六日間、主はひとり離れて孤独であったのか。主はご自分の弟子たちからは十字架について何の同情も受けておられなかった。だからモーセとエリヤに同情をお求めになる。

ペテロとヤコブとヨハネ、この三人の弟子たちとダビデの三勇士とを比較せよ。この三人は主イエスに導かれ、会堂司ヤイロの娘のよみがえりの場に伴われ、ゲッセマネに伴われている。

ペテロはひとたび「あなたは神の子です」と告白した。今や彼は主の栄光を見、「これはわたしの愛する子」という神の御声を聞く。このように、信仰告日は上よりの御声によって確証される。

ルカ福音書九章二八節には「祈るために山に登られた」とある。主がひとり祈られた時も、このような驚くべき栄光がしばしば現れたのだろうか。

二節「御姿が変わった。」　出エジプト記二四章一〇節を参照。「顔は太陽のように輝き……。」　ヨハネ黙示録一章一六節参照。

三節「モーセとエリヤが彼らの前に現れて……。」　二人は律法と預言者を代表する。

1　彼らはキリストと共にいる者たちであった。すなわち山で神と二人だけで四十日間を過ごした。

2　彼らはすでに天に召された者たちの見本であった。すなわち、人として生きており、眠ったのではなく意識があり、モーセとかエリヤとか認めることができ、十字架と救いについて語る者であった（ルカ九・三一）。これは「御使いたちもそれをはっきり見たいと願って」（Ⅰペテロ一・一二）いることであった。

五節　「光り輝く雲」　ペテロの手紙第二、一章一七節には「厳かな栄光」とある。これはシェキナの栄光である〔訳注＝シェキナは、「住まう」という動詞シャーカーンから派生した語で、神の地上的臨在を表す言葉〕。

「わたしの愛する子」

1　主の宣教の開始においても、この言葉は上より響いている（マタイ三・一七）。

2　主イエスが死に直面する時にも語られた。

3　主のよみがえりの時にも語られた（使徒一三・三三）。

「これはわたしの愛する子」は詩篇二篇七節からの引用。すなわち「詩篇」から取られている。

「わたしはこれを喜ぶ」はイザヤ書四二章一節からの引用。すなわち「預言書」から取られている。

「彼の言うことを聞け」は申命記一八章一五節からの引用。すなわち「律法」から取られている。

預言者、祭司、王なるキリスト。「わたしはすでに栄光を現した。わたしは再び栄光を現そう」（ヨハネ一二・二八）。

八節 「イエス一人のほかには、だれも見えなかった。」その光景は消える。しかし主はひとり残られる。

私たちも変貌させられる。ローマ人への手紙一二章二節、コリント人への手紙第二、三章一八節を参照せよ（訳注＝原語では、マタイ一七・二で用いられているメタモルフォーオーがいずれにおいても使用されている。すなわち私たちの変貌の秘訣は、祈りと献身と御言葉である）。イザヤ書六〇章二節には「主の栄光があなたの上に現れる」とある。

九節 主はこの山から栄光に向かって、後戻りしていたかもしれない。しかし主は十字架を選ばれた。

一四節 山頂から山麓の悲惨へ。

一五節 若者を打ちのめすサタンの力、この少年は、人としての父のとりなしと神としての救い主を必要とする。

一七節 キリストは弟子の弱さを嘆かれる。そして悪魔の力をいとも簡単に打ちのめされる。力のない伝道は主の悲しみを引き起こす。

救いがたい少年。救いがたい父親。救いがたい弟子たち。
一九節　「なぜ私たちは悪霊を追い出せなかったのですか。」　その理由は――
1　心の頑なさのゆえ。
2　信仰の欠乏のゆえ。
3　祈りの欠乏のゆえ。
4　自己否定の欠乏のゆえ。
二〇節　「この山」　ゼカリヤ書四章七節には、ゼルバベルの前にある「大いなる山」とある。イザヤ書四〇章四節には「すべての山や丘は低くなる」とある。信仰とは強力な爆薬である。ここに信仰による命令がある。
二一節　「この種のものは、祈りと断食によらなければ出て行きません」（新改訳2017欄外注）。断食によって自分自身の力を捨て、祈りによって神の力を受ける。二一節から二二節は、神の子としてのキリスト、二三節から二七節は、人の子としてのキリスト。
二三節　「人の子は、人々の手に渡されようとしています。」　十字架におかかりになる一か月前の発言。二〇章一七節参照のこと。
二四節　「カペナウムに着いたとき……。」　神殿税とは「たましいの償い金」（出エジプト三〇・一二)。

二五節　「イエスのほうから先にこう言われた。」　キリストはすでに事のいきさつをご存じであった。「地上の王たちはだれから税や貢ぎ物を取りますか。自分の子たちからですか。」　ここに主イエスの神の子としての自覚がある（五節)。けれども人々に対してつまずきとならないように配慮される。コリント人への手紙第一、一〇章三二～三三節を見よ。

二七節　主は人の子であり、自然界の主である。キリストはこの魚が銀貨をくわえていることをご存じであった。そしてその魚をペテロのつり針にかけさせる。「わたしとあなたの分として納めなさい。」　キリストは神に対して、私の責任を払ってくださる。主の死、よみがえり、昇天はすべて「わたしとあなたの分」とあるように、私たちのいのちの贖いのささげ物であった。

第一八章

カペナウムにて。

一節　弟子たちは来たるべきキリストの王国を信じており、そこでの最上の地位を切望していた。「天の御国では、いったいだれが一番偉いのですか。」だれが一番聖霊に満たされていますか。だれが一番神に喜ばれていますか。だれが一番実を結びましたか。こう尋ねているようである。

二節 「一人の子ども」 ペテロの子どもだったろうか。主はその子をご自分の御腕に抱きかかえられた。子どもは主がお呼びする声を聞き、主に信頼し、主の御愛を喜ぶ。

三節 彼らはまだ天国に入っていない。まして偉いはずがあろうか。真の回心は真の謙遜と真の子どもらしさ（無邪気さ）をもたらす。

五節 子どもを拒み退けることは大きな罪である。これは弟子たちに対して言われた言葉である。回心とは、その心が神を受け入れることである。幼児のたましいはキリストを受け入れる。

七節 ああ！〔訳注＝悲嘆、怒りをあらわす主の叫び。ただし、新改訳では、嘆きとして訳されていない。〕 この世は、罪の誘惑があるから、わざわいである。これはこの世に対する大いなる嘆き。罪の誘惑を来たらせる者はわざわいである。これは罪の誘惑を来たらせる者に対する聖なる怒り。

八節 自分自身や他の者をつまずかせる一物を断固として取り扱え。地獄について私たちが知りうるすべては、ほとんどキリストから来る。「いのちに入る」とは、回心することである。

一〇～一一節　小さい者たちを尊べ。なぜなら、①彼らには天の御使いがいるからである（一〇節）。②人の子は彼らのために来たからである（一一節）。③彼らの救われることは父のみこころだからである（一四節）。

一二節　迷い出た一人の小さな者に対して！　何という特別な関心、特別な努力、大いなる喜びか。

一四節　失われているにしても（一一節）。小さな者が滅びることは主のみこころではない。

一五節　罪を犯した一人の兄弟をどのように取り扱うか。箴言一八章一九節を参照のこと。「反抗する兄弟は堅固な城よりも近寄りにくい。争いは宮殿のかんぬきのようだ。」　ここに三方面からの努力がある（一五、一六、一七節）。いずれにせよ、兄弟を得るために最善を尽くせ。「あなたは自分の兄弟を得た」、それはあなたの報酬であり、獲得である。

一七節　「異邦人か取税人」　それでもなお彼を愛し、彼の救いのために祈れ。テサロニケ人への手紙第二、三章一五節を参照せよ。「しかし、敵とは見なさないで、兄弟として諭しなさい。」

一八節　教会の決定に反抗するというのは厳粛なことである。「つなぐこと、解くこと」については、一六章一九節を参照のこと。主は教会において、また地においての者が（罪を犯した兄弟に対して）なおいっそう祈ることを暗に指示している。

二人

一九節　「二人が、どんなことでも地上で心を一つにして祈るなら……。」祈りの交響曲。①共に集まり、②心を合わせ、③祈り、④かなえられる。交響曲、すなわち祈る者たちとともに主はそこにおられる（ローマ八・二七）。使徒の働き〔使徒行伝〕五章九節には、アナニアとサッピラが御霊を試みるために「心を合わせて」いたとある。愛こそ答えられる祈りの条件である。

二〇節　教会とは二人の者が「主の御名」をあてにして共に集まるところである。もしあなたが教会を欠席するなら、主の集まりを軽く考えているからである。

二二節　「七回を七十倍するまでです。」　創世記四章二四節には復讐に関して記してある。

二四節　一万タラント。一タラントは六千デナリで、百デナリと一万タラントでは、圧倒的な相違がある。このように、他の者が自分に対して犯した罪と、自分が神に対して犯した罪とでは全く比べものにならない。

三一節　ある者が他の者に罪を犯しているのを見たら、神に申し上げよ。ここにしもべたちの悲しみと主の激怒がある（三四節）。
三三節　他の者を赦さないこの罪は、この者のほかのあらゆる罪よりも悪い。キリストのように「おまえも自分の仲間をあわれんでやるべきではなかったのか」。
三五節　心から喜んで罪を赦す心。赦しの心をもたない者に主は赦しを与えない。

第一九章

ペレアにて。

五章より一八章の舞台はガリラヤ、一九章よりユダヤ。

一節　エルサレムへの最後の旅。ガリラヤ伝道は四章一二節から始まり、一八章で終わる。したがって本章からはユダヤ伝道。

「イエスはこれらの話を終えると」この「……終える」という表現は七章二八節、一一章一節、一三章五三節、二六章一節にも見いだされる。

「ガリラヤを去り」主がたましいを注ぎ出されたガリラヤを去るのはこの時が最後である。「ヨルダンの川向こうを経てユダヤ地方へ入られた。」ルカ福音書九章五一節から一八章一四節までがここに挿入される。
三節から一五節。家庭を神聖となす親子夫婦の愛情や義務。
一三節　弟子たちは何とわずかしか主の心を知らなかったことか。弟子たちは主が教師（ラビ）であることを欲していた。
本章に見る御国の教え——
1　御国を受け継ぐための犠牲（一〇、二九節）。
2　御国の主題（一四節）。
3　御国の門（二三節）。
4　御国の栄光（二八節）。
一六節　この富める若者は、タルソのサウロであったか。彼は永遠のいのちを得ようとして律法を行おうと努めている。サウロは使徒の働き〔使徒行伝〕九章で、栄光のキリストに自分を献げることになった。
一七節「戒め」　ローマ人への手紙七章一〇節を参照のこと。
二七節「ご覧ください。私たちはすべてを捨てて……。」　若者の光景はパリサイ的精神を刺激する。このような精神が、先にいる者を後にさせる（三〇節）。
二八節　主は弟子たちの献身を認めておられる。

二九節「わたしの名のために、家、兄弟、姉妹、父、母、子ども、畑を捨てた者は」全くキリストにお従いすることを妨げるいかなる絆をも断ち切れているように。主の報いの大いなることとは、キリストの恵みをさらに増し加えていただけることである。それは報いを受ける者たちをへりくだらせる。

第二〇章

一九章と二〇章とは連続した記事である。

一節 このたとえ話は一九章二七節の弟子たちの質問に対する主イエスの答である。同時に一九章三〇節の説明でもある。本章一節の「このように」に注意せよ（訳注＝英訳の多くは二〇章の冒頭に理由を示す接続詞「フォー」（for）を置く。邦訳では『新契約聖書』が「そは天国は……ければなり」と、原語の「ガル」を活かしている）。「このように」「というのは」（英訳）以下に、主の報いにあずかる大いなる原則がある。すべては恵みそのものである。

三節「何もしないで立っている……。」罪人たちは何もしないでおり、その状態はいつまでも続くであろう。

六節　この者たちは以前から、ここにいたのではなかった。もしあなたが神の召しを受けるなら、主が先に他の者たちを召された場所へ行け。働き人への召しは主から来る（九・三八）。

九節　「五時ごろ」　神はある者を最後の瞬間において全き献身へと導かれる。最後の分配の判定者とは、①「不当なことはしていません。」公正な方である。②「同意したではありませんか。」　忠実な方である。③「与えたいのです。」　恵み深い方である。④「自分のもの」　主権がある所有者である。⑤「気前がいい」（「善良である」、英欽定訳）　ものわかりのよい方である。以上、一三節から一五節を参照のこと。

一一節　「不満をもらした。」　放蕩息子の兄を見よ（ルカ一五・二九）。

一三節　「一デナリで同意した。」　報いをあてにしてキリストの奉仕にあたる者は、あてにした分だけを受けるであろう。

一四節　律法と恵み。「あなたの分」　律法から来るもの。「私は……与えたいのです。」　恵みから来るもの。神の側の負債としての報酬を期待せよ。そうすれば、あなたが当然受けるべきものを得るであろう。恵みとしての報酬を期待せよ。そうすれば主の気前のいい豊かなお心にしたがって、それを得るであろう。

一五節　もし主のなさることが非難されるとすれば、それは非難する者の非を示すことになる。神のご関心は奉仕の長さではなく、神に全く明け渡されているか否かにある。

一六節　一九章三〇節を見よ。

一七節「十二弟子だけを呼んで……。」　地上での最後の数日、主は弟子たちに教えておられた。しかし群衆は必要があって間断なく間に入って来た。主は、彼らの必要に応じてご自身を提供された。さらにパリサイ派の人たちは議論をふきかけ、対抗してきた。主は彼らの批判にも応じられたのである。

一八〜一九節　主による十字架の第三回目の預言。

七つの預言

①裏切られ、敵の手に渡される。②祭司長たち、律法学者たち。③死刑を宣告される。④異邦人に引き渡される。⑤嘲られ、むちで打たれる。⑥十字架につけられる。⑦三日目によみがえる。

二〇節「ゼベダイの息子たちの母」　キリストの母の姉妹サロメ。

二一節　息子らのための母の切願。ヨハネとヤコブは地上においては彼らの求めたこと、すなわち主に最も近い座を得た。

二八節「人の子が……来た」　キリストの降誕。「仕えるために」　地上のご生涯。

「自分のいのちを与えるために来た」　キリストの死。

三〇節　二人の目の見えない人は、いのちはあっても、光がなかった。「叫んだ。」　①大胆に、②「主よ」とへりくだって、③「ダビデの子よ」と信仰をもって、④あわれみにすがって。

三二節　心からの必要の叫びは主のお心をとらえる。「わたしに何をしてほしいのですか。」　求めるところを明確にするため。祈りにおける自由の特権。

三四節　彼らは一切を捨てた。彼らがすべてを得たがゆえに。

第二一章

受難週――最後の一週

日曜日　二一章一節より。

月曜日　二一章一二節より。

火曜日　二一章二〇節より〔訳注＝マルコ一一・二〇〕。

水曜日　二六章一節より。

木曜日　二六章一七節より。

金曜日　二七章一節より。

日曜日

あなたの王がおいでになる！

一節　エルサレムはキリストのご権威をはっきりと悟らなければならない。こうして一つの決断に導かれる。

二節「それをほどいて」主にお仕えするために解放される子ろばは、キリストをお乗せするために召された。大歓呼の真っただ中を、老練なろばのように進んだ。キリストのご制御のゆえに。

四節「成就するためであった。」マタイ福音書には八回記されている言葉である。

五節　キリストは「シオンの王」また「ダビデの子」（二〇・三一）である。

八節「木の枝を切って」ちょうど仮庵の祭りを準備するように。

九節「ホサナ」とは原意は「お救いください」。それが喜びと敬意を表す感嘆の表現になった。「ホサナ、ダビデの子に」——ルカ福音書二章一四節、「いと高き所で、栄光が神にあるように」のすべては、このホサナの一言に言い表されている。キリストがろばの子に乗って——前に行く者も後に従う者も、だれもみなその心は動かされ、まさに興奮のるつぼ。

「非常に多くの群衆が」（八節）とあるが、人々が拍手喝采しているときに、主のお伴をするのはやさしい。しかし法廷においては、だれが主のかたわらに立つであろうか。

一〇節　「都中が大騒ぎになり……。」この「大騒ぎになり」は原文では「地が震え動く」の意である。「この人はだれなのか。」最も宗教的であったエルサレムであっても、キリストが全く知られていなかったとは。

月曜日

二回目の宮きよめ。ヨハネ福音書二章一四節以下の一回目の宮きよめを参照せよ。キリストは、王が宮殿に来るように迎え入れられる。こうしてキリストは――

1　宮をきよめ、

2　癒しをなし（一四節）、

3　喜びと賛美を引き起こされた（一五節）。

私たちの王は壊し、また建てられる。見よ、ダビデの子としての王たる大権。

一三節　主の家は何にもまさって祈りの家であった。犠牲の家や奉仕の家ではなかった。イザヤ書五六章七節、エレミヤ書七章一一節を見よ。

一四節　宮においては罪人たちがさばかれたのに比して（一二節）、癒しを要する者への主の恵みがある。

一五節　「イエスがなさったいろいろな驚くべきこと」　そして、彼の救いは宮の中の商売の騒がしい人声に代わって歌をもたらす。

一六節　全き賛美は幼子たちの口から出る。

一七節　キリストは、罪に定められた都では夜の眠りをとられない。主は祭司長や律法学者たちを後に残した。すなわち彼らをはね返された。ベタニアへ行き、夜を過ごされた。朝には王として入城された主は夜、枕するところを城外に求められた。王はご自身を愛されるところにのみ宿られる。

一九節　「葉があるだけで」　罪人はこれしか神に与えない。「イエス一人のほかには」（一七・八）。これが、神が人に与えてくださるもの。「ただ信じなさい」（ルカ八・五〇）ここに神から恵みを得る道がある。

火曜日

二一章二〇節～二六章一六節

二一節　「この山に向かい……言えば」　山に命ぜよ。

二二節　「信じて祈り求めるものは」　神に祈れ。

二三節　キリストへの挑戦。何の権威によって神は来られ、ご自身の世において善をなされるのか。この二三節から二二章の終わりまで、諸階級の者が入れ代わり立ち代わり、彼の前に来る。祭司長たちと民の長老たちの訪問（二三節）。ヘロデ党の者たち（二二・一六）。サドカイ派の人たち（二三節）。パリサイ派の人たち（三四節）。

二五節　バプテスマのヨハネ、神の遣わされる最後の使者。

二八節　神の働きの特徴――①「子よ」、働きはなすべき務め。なおその上に愛からなされるべきもの。②「行って働いてくれ。」主があなたを要しておられるところへ（マタイ二八・一九、マルコ五・一九）。③「働いてくれ。」働きには労苦が含まれる（Ｉテサロニケ一・三）。④「今日」急げ！　機会をつかみとれ。⑤「（私の）ぶどう園に」外部的な結びつきではない。⑥「私の」（英欽定訳）。主が責任を取って、必要を満たされる。⑦「ぶどう園」その実は主に帰する。

このたとえと次のたとえにおいて、神がすべてのものをご自身のものとし、すべては神のために生きねばならないことを、主は示しておられる。

三三節　「踏み場」、ぶどうを待ち受けるもの。「やぐら」、注意して踏み場を守るもの。「農夫たち」とは祭司たち。祭司たちは自分の利益のために働き、神の栄光のためには働いていなかった。

三四節　「しもべたち」　預言者たち、同時に貧しい者や貧窮の中にある人々。

四一節「ぶどう園を……別の農夫たちに貸すでしょう」とある「別の農夫たち」とはクリスチャンたち。

四三節「神の国はあなたがたから取り去られ……。」特権を軽んじたとき、それは他の者に移される。ヨハネ黙示録二章五節を見よ。さらにペテロの手紙第一、二章九節の国民を見よ。

第二二章

本章は二一章四五節から始められるべきである。

一～一四節。三つの招き――

1　三節、キリストご在世当時の三年間の語りかけ。

2　四節、ペンテコステ以後エルサレム崩壊までの語りかけ。

3　八節、現時代の語りかけ。

①花婿なるキリスト（二節）。②救い主なるキリスト（一〇節）。③さばき主なるキリスト（一三節）。

二節「披露宴を催した……。」その王子のために。私たちのため以上に御子のために。主ご自身にふさわしい披露宴。
三節　「彼らは来ようとしなかった。」「あなたがたは、いのちを得るためにわたしのもとに来ようとはしません」（ヨハネ五・四〇）。「それなのに、おまえたちはそれを望まなかった」（マタイ二三・三七）。
「（私の）食事」……安息、満足、交わり。
四節　三種類の断った者たち――①強情な者たち（三節）。②無関心な者たち（五節）。③敵意を抱く者たち（六節）。それに高慢な者。
神は無限の代価を支払って、すでにその披露宴を備えておられた。主は救いの喜びを表される。しかし彼らは王子と王の喜びを軽視するのである。
五節　「自分の畑に」　利己的な関心。
八節　「ふさわしくなかった。」　では、ふさわしい人々とはだれか。
1　十字架を喜ぶ者（マタイ一〇・三七）。
2　十字架を負う者（マタイ一〇・三八）。
3　きよきに歩む者（黙示録三・四）。
九節　三回目の主の招き。資格のない者、期待すらしていなかった者に対する執拗なまでの主の招き。

一〇節　天の御国はこれらの客でいっぱいになるであろう。

一一節　「主が私に救いの衣を着せ」（イザヤ六一・一〇）。「律法による自分の義ではなく」（ピリピ三・九）。「礼服を着ていない人が一人いた。」この人は礼服を軽視したのではなく、キリストに全くお従いして、キリストを着るということをしていなかったのである。ここで単に招待を受ける以上の何かが求められている。

一六節　主は彼らの罠にはかからない。箴言二九章五節には「隣人にへつらう者」とある。主は、向かって来る者に穏やかに語られる。主のしもべたる者は争ってはならない。テモテへの手紙第二、二章二四～二六節を参照のこと。

二一節　神は、イスラエルの罪のゆえにこの国をカエサルが治めることを許される。上に立つ権威に従順であれ。

二三節　主がサドカイ派の人の家に迎えられたことや、彼らの回心したことについては、福音書には書かれていない。

二九節　彼らは聖書の「真理」も神の力の「経験」も全く知らない。

三一節　「神があなたがたにこう語られた」と、キリストは語られる。しかしパリサイ派の人たちは、二四節を見ると、「モーセは……言いました」と言っている。

三六節　パリサイ派の人たちは一度としてキリストを主と呼んでいない。だれでもキリストを主とお呼びするなら、その人の祈りは常に答えられていたであろう。
四二節　キリストは「ダビデの子」（主）として「源」であり、同時にダビデの子として彼の「子孫」であった。「あなたがたはキリストについてどう思いますか。」「人々は人の子をだれだと言っていますか」（マタイ一六・一三）。
四三節　「御霊によって」、御霊の霊感によって。「ダビデは主に伺って言った」（Iサムエル二三・二）。「主」とはアドナイ、「力ある神」。
四五節　「主」―神の子として。「子」―人として。

第二三章

二～七節　主は群衆に偽りの教師について教える。
八～一二節　主は弟子たちに真の教師について教えられる。
その時代の聖職者に対するキリストの嘆きと告発。
パリサイ派の人は――
1　言行不一致（四節）。
2　見栄はり（五節）。

3　人からの栄誉と称賛を喜ぶ（五節）。
4　貪欲（一四節）。

何と呼ばれてはならないのか

1　先生……権威
2　父……生命
3　師……導き

自分を高くしてはならない。自分を低くせよ（一二節）。ただ神だけが私たちに対して、すべてこのようなお方であられるはずである。そして第二義的な意味で、このようにふるまわせていただくのは私たちの特権である。パウロを見よ。「この私が、福音により、キリスト・イエスにあって、あなたがたを生んだのです」（Iコリント四・一五）。「獄中で生んだわが子オネシモ」（ピレモン一〇）。

一一節　へりくだったしもべであれ。

一三節以下　八つの「わざわいだ」。五章の山上の説教には、八つの「幸いです」がある。これは、涙と悲しみをもって述べられたキリストの言葉の中でも最も恐ろしいものである。

「わざわいだ。」

1　天の御国を閉ざす者（一三節）
2　不正な者（一四節）
3　偽善の教師（一五節）
4　目の見えない案内人（一六節）
5　重要でないことにやかましい者（二三節）
6　汚れた者（二五節）
7　偽善的外観（二七節）
8　偽りの恭しさ（二九節）

主は罪人に対して、決して「わざわいだ」と言われたことはなく、パリサイ人に対してのみ語られた。これは「子羊の御怒り」（黙示録六・一六）である。同じ主はエルサレムのさばきを宣告し、そのために涙し、ついにこのために死なれた。

一五節　ここにのろわれるべき教師の情熱がある。

一六節　「目の見えない」（一七、一九、二四、二六節）。

二六節　「杯の内側をきよめよ。」　不定過去時制〔過去形〕。もしキリストが漸次的内心のきよめを説かれたなら、ここで現在時制〔現在形〕が用いられていたはずである。

三四節　「わたしは……遣わす。」　「わたし」、何と権威ある「わたし」であることか。

三五節　「バラキヤの子ザカリヤ」。歴代誌第二、二四章二〇節では「エホヤダの子ゼカリヤ」と呼ばれている。おそらく彼の祖父がエホヤダであったか。ヘブル語聖書では、歴代誌第二が最後の書であった。ルカ福音書一一章五〇～五一節やシナイ写本には「バラキヤの子」はない。おそらく写字生（転写する人）によるノートであろう。ゼカリヤ書一章一節を参照のこと。

第二四章

預言者なるキリスト

預言の目的とは、私たちが——

1　偽キリストたちや偽預言者たちに惑わされないため（二～四節）。
2　うろたえないため（六節）。
3　最後まで耐え忍ぶため（一三節）。
4　その日のために祈るため（二〇節）。
5　その日のために用意するため（四四節）。

6　忠実なしもべとなるため（四五節）。

7　報いにあずかるため（四七節）。

一節　キリストはオリーブ山に向かわれた。弟子たちは、二三章三八節の主イエスの言葉が無意味であると、宮の建物を指さした。けれども主は再びこの宮にはお帰りにならなかった。

二節　弟子たちは宮の建物を見た。主は、来ようとするさばきを見ていた。エルサレムの滅亡は主のご来臨の序章である。主のあわれみの期間が拒絶された後、主は突如として来られる。

三節　主のご再臨はいつか。それについてのキリストの答えは四節から二二節。どんな前兆か。それについてキリストの答えは二三節から三一節。

四節「気をつけなさい。」

四～一四節　全時代の一般的しるし。①惑わし（四節）。②戦争（六節）。ヨハネ黙示録六章を見よ。③飢饉（ききん）、地震（七節）。④つまずき、裏切り、憎しみ（一〇節）。⑤不法（一二節）。⑥福音宣教（一四節）。

神の言葉が見失われたとき、預言は警告として与えられる。

一四節　迫害にもかかわらず、彼らは福音を宣べ伝える。全世界に福音が宣べ伝えられることは、再臨の明確なしるしの一つである。

一五節 荒らす忌まわしいもの。ダニエル書九章二七節、一一章三一節を参照せよ。テサロニケ人への手紙第二、二章三～四節には「不法の者」とある。

一九節 「哀れです。」「わざわいなるかな」(英欽定訳、英改訂訳、文語訳)、「ああ、何たることか」(ウェィマス訳)。

二〇節 祈りは、再臨の季節や期日を変更させることができる。

二四節 偽預言者と偽の奇跡。

二七節 人の子の到来(三〇、三七、三九、四四節)。選民ユダヤ人のメシアとしてばかりでなく、全世界の救い主として(二九～三一節)。

二九節 天体のしるし。一九一八年には多くの暴君がその地位を失った。太陽、月、星については、イザヤ書のバビロンについての宣言の中で「天の星、天のオリオン座はその光を放たず、太陽は日の出から暗く、月もその光を放たない」(一三・一〇)とある。また、エゼキエル書三二章七節のエジプトのための哀歌の中で、「星を暗くする。太陽を雲でおおい、月が光を放たないようにする」とある。

三二節～二五章三〇節は挿入文。

三四節 「この時代」、別訳に「世代」とある。申命記三二章五、二〇節を参照せよ。

三七節　人の子（二七、三〇、三九節）。二五章三一節も参照せよ。主は人として来られる。この「人の子」という称号はマタイ福音書ばかりでなく、ヨハネ黙示録にも再び見いだされる。ヨハネ黙示録一章一三節を参照せよ。

三八節　ノアは箱舟に入った。聖徒らの大きな喜び。世は何の用意もない。神のしもべたちの中にも、用意のできていない者がいる（四八節）。

四三節〜二五章三〇節　私たちに「用意せよ」と命じる三つのたとえ。主は盗人のようである。このたとえは七回使用されている。嘲（あざけ）る者たちは言う。「彼の来臨の約束はどこにあるのか」（Ⅱペテロ三・四）。信仰の後退した者は言う。「主人の帰りは遅くなる」（マタイ二四・四八）。キリスト者は言う。「しかり、主はすぐに来られる」（黙示録二二・二〇参照）。

四五節　一家の主人。一三章五二節を参照せよ。

四八〜五一節　信仰の後退は、「自分の主人の帰りは遅くなる」と思い始め、主人への愛の欠乏の末、「仲間のしもべたちをたたき始め」る。これらは自分の思い込み。そしてで世との交わりが進み、「食べたり飲んだり」するに至る。こうして突如として滅亡。

第二五章

主のご来臨に備えることは可能である。聖潔の勧めはご来臨の待望の土台となる。

一～一〇節　内的な霊的生活。油断することなく、「待つ」。

一四～三〇節　外的な見える生活。忠実な「働き」。

一節　主が王として歓待を受けられるように。

三節　愚かな者たちは、ともしびを持っていたが、油は用意していなかった。すなわち、彼らはきよくはあったが、なおざりにしていた。しかし、賢い者たちも、愚かな者たちも、①きよく、②そのともしびは燃えており、②花婿の来るのを待ち望んでいた。

五節　「娘たちはみな眠くなり寝入ってしまった。」なおざりにされた「恵みの時」。

六節　「さあ、花婿だ」との叫び声。準備の時が必要である。しかし花婿を待つ者の中に、準備ができていない者がいる。

八節　驚愕の発見。悲痛な叫び。ともしびを持て……明確な体験。油を持て……内住の聖霊。炎を持て……聖霊の火。

九節　「店に行って自分の分を買ってください。」ヨハネ黙示録三章一八節も参照せよ。「あなたがたには聖なる方からの注ぎの油がある」（Iヨハネ二・二〇）。

一〇節　彼らは喜びにあふれているはずのときに、血まなこになって油を求めている。けれども時すでに遅し。

三つの大いなる出来事。①花婿が来た。②婚礼の祝宴に入る用意。③戸が閉じられた。もはや祈っても聞かれない時が来る。

一二節　注意せよ。「私はあなたがたを知りませんでした」ではなく、「私はあなたがたを知りません」である。

タラントのたとえ

一四節　「自分のしもべたち」　このしもべたち自身、すでに主人のものであった。「財産」については使徒の働き〔使徒行伝〕二章三三節、エペソ人への手紙四章一一節、ローマ人への手紙一二章六節を参照せよ。自分の「財産を預ける」。主はご自分の持ち物を私たちに託される。

一五節　一タラントは三四二ポンド〔訳注＝一九三七年ごろの英国の価格〕。主人が帰って来る気配のない時にも、彼らは主人の心を大切にしたであろうか。

「皆の益となるために、一人ひとりに御霊の現れが与えられているのです」（Iコリント一二・七）。「神の奥義の管理者」（Ⅰコリント四・一）。

二つのコース

上昇線

1　タラントを受け取った。

2　それを増やした。

3　主の称賛。

4　主からの報い。

5　さらに多くを与えられた。

下降線

1　タラントを受け取った。

2　それを使用しなかった。

3　それを取り上げられた。

4　暗闇に出され、さばかれた。

一六節　主のご来臨を待ち望もうとすれば、主の財を用いて、商売をせよ。テサロニケ人への手紙第一、二章一九節を参照せよ。神から授かった一つ一つの賜物は増やすことが可能である。「それぞれの能力に応じて」（一五節）。主は、人が負える以上の重荷を担わせることはなさらない。

二一節　「よくやった」との称賛は、行動よりその忠実さ、すなわち「人物」そのものに対するもの。「多くの物を任せよう」との「昇進」は、より多くの「奉仕」。「主人の喜びをともに喜んでくれ」との「栄誉」こそ、何よりの「報酬」。このしもべは主人の帰って来ることを知っており、主を喜ばせようとしていた。タラントとは、救いと聖潔と癒しの知識である。コリント人への手紙第一、一二章一～一一節を参照。

二四節　故意のなおざりはその者を導いて、主人が厳しい方であるとの思いに至らせる。彼は自分の主を知っていなかった。一タラントクリスチャンには、自分の持っているものをしっかりと用いるように警告せよ。

二七節　「銀行」できれば、自分自身の財産を自分に託された働きのために用いよ。そうでなければ、それを他の者の働きのために、しっかりと用いよ。

二四章三二節から二五章三〇節までは挿入文。ここで主は再びその教えを続けられる。主は弟子たちに、ご自身がすべてのさばき主であると語られる。すべての国の人々が御前に集められる。

三一節　王たる人の子。この時こそ、世界の希望である。「人の子は、その栄光を帯びて……来る。」　キリストは十字架につけられる二日前にこのことを語られた。一章一八節では、卑しい姿をもってのご来臨。主はご自身の前に全国民をお集めになる。

三二節　主は国民性の区別を完全に除去し、新たなる区別をもうけられる。やぎは羊と分けられ、また主からも離れさせられる。「わたしから離れ」（四一節）。羊はやぎと異なった性質をもつ。

三五節　私たちが主に食べさせ、主を見舞うことができるとは。

三七節　報いにあずかる驚き。無視した結果の驚き（四四節）。ヤコブの手紙四章一七節には「なすべき良いことを知っていながら行わないなら、それはその人には罪です」とある。

四六節　取り消し不可能なさばき。永遠の刑罰。一三章四一節にも同様の言葉がある。「人の子は御使いたちを遣わします。彼らは、すべてのつまずきと、不法を行う者たちを御国から取り集め」る。

第二六章

水曜日

第二五章は主のご再臨とそのご栄光、第二六章は、その栄光に至る道である十字架。

本章までキリストは宣教者であり教師であったが、この時より祭司職の働きをなされる。

一節　「イエスはこれらのことばをすべて語り終えると……。」主の時が来るまで、主は捕らえられることはなかった。「イエスは……語り終えると」という表現については七章二八節、一一章一節、一三章五三節、一九章一節を参照せよ。ただ一度の大いなる過越の祭りは近い。旧約時代から今に至るまでの神のご計画とそのご計画に身を委ねられたキリスト。

二節　キリストはご自分の死について預言される。

三〜四節　人々の悪しき計りごと。

四〜五節　彼らの策略はキリストの預言と一致しない。

一〇節　主イエスはこの女の行為を理解された。彼女はただ黙っていた。なぜ自分がそうしたかについての弁解は主に任せつつ。詩篇一〇五篇一四〜一五節を参照せよ。「良いこと」、ユダはそれを無駄なことと言い、主はそれをうるわしいことと言われる。

一二〜一三節　キリストのためにした最も単純な行為が、大いなる結果をもたらす。「この人がしたことも、この人の記念として語られます」と、主がこの記念を示唆されたのは、この時だけである。

一五節　「銀貨三十枚」、これは、第一に、奴隷の価格であり（出エジプト二一・三二）、第二に、人から除外された者の価格であり（ホセア三・二参照）、第三に、拒まれた者の価格である（ゼカリヤ一一・一二）。実に祭司長たちは知らずに真の過越の子羊を買ったのである。

二七節　主の晩餐。ここに真の信仰と愛と望みがある。

1　聖餐は主の死を告げ知らせる。**信仰**。

2　聖餐は新しい契約を私たちに印象づける。

3　聖餐は兄弟姉妹の交わりに、また主との交わりにあずからせる。コリント人への手紙第一、一〇章一六節を参照せよ。**愛**。

4　聖餐は私たちに望みを与えて励ます。来てくださる主に対する**望み**。

二九節　「わたしの父の御国。」　エステル記一章四、七節を参照せよ。

三〇節　「彼らは賛美の歌を歌って……。」　この賛美は詩篇一一三～一一八篇の「過越の祭りの歌」であり、大いなるハレルヤ（「賛美せよ」）である。主が歌われた最後の言葉は、「主はまことにいつくしみ深い。その恵みはとこしえまで」であった。こうして主は十字架に向かわれた。ヨハネ福音書一四～一七章の説教はすべて、この二九節と三〇節との間になされたものである。

三一節　弟子たちはみな、つまずいた。しかし主は進み行かれる。

三二節　「あなたがたより先にガリラヤへ行きます。」　このガリラヤで主は宣教を開始された（四・一五）。またこのガリラヤで十二使徒を選定された。使徒の働き〔使徒行伝〕一章一一節には、ご昇天の際に「ガリラヤの人たち」とある。

三三節　自分自身を信頼してはならない。キリストを信頼せよ。

三六～三七節　「イエスは悲しみもだえ始められた。」　突然に、また弟子たちも気づくほどの変わりようで。ペテロと、ゼベダイの二人の息子は、先に主のご変貌に接している。サタンはあらゆる力について、その行為を無制限に許された。ヨブ記一章一二節、二章六節のように、その力は制限されていない。まさにルカ福音書二二章五三節に見る「あなたがたの時、暗闇の力」である。しかし神がご計画し、先に記されたこと以上に何も起こっていない。

三八節　「わたしと一緒に目を覚ましていなさい。」　主イエスと同じ心でその苦しみにあずかろうとの心をもって沈黙し、神の御声を聞く。クェーカー教徒の集会を思い起こせ。主は弟子たちにご自分のために祈ってくれ、とは求めておられない。

三九節　「わが父よ、できることなら、この杯をわたしから過ぎ去らせてください。」　これは、マタイ福音書四章九節、一六章二二節、一七章四節に見られるような、十字架を避けよという誘惑が陰にあったのか。しかしそれも一瞬、即座に退けられた。「お、、わが父よ」(英欽定訳)。英欽定訳では「お、」が除かれている。「主が「わが父よ」と言っておられるのは、ただこの時だけである。

四一節　主に対する私たちの同情、同感は主にとって尊い。しかし、主のためではなく彼ら自身のための祈り。

四三節　互いに目を覚ましているように注意し合え。

四五節　弟子たちはまだ眠っていた。主はすでに勝利をご自分のものとしておられた。四五節と四六節の間に、ほんのひと時がある。

四七節　十字架は、キリストとペテロとユダのおのおのの性格そのものを明示する。

四九節「イエスに……口づけした。」　英改訂訳では、「イエスに繰り返し接吻した」とある。

五三節　ダビデは十二軍団の護衛の軍隊をもっていた。歴代誌第一を参照せよ。十二軍団は勝利をもたらすと思われた。しかしこれは本当の勝利ではない。十字架の苦難を味わってこそ、唯一の勝利の道があった。

五七節　古い契約の大祭司の前に立つ新しい契約の大祭司。

六三節　アロン的大祭司の前に立つ天的大祭司。
六四節　「あなたが言ったとおりです。しかし……。」「このわたしの告白はあなたがたに嘲りとなり、わたしの死をもたらす発言となる。しかし、あなたがたはわたしの勝利を見る。」　彼らの下したさばきが、やがてさばかれる。
キリストはこう宣言される。
1　キリスト
2　神の子（詩篇二・七）
3　人の子（ダニエル七・一三）
4　ご即位、大祭司として、神の右に（ヘブル八・一）
5　さばき主として再び来られる
「今から後に、人の子が……来る」については詩篇一一〇篇一節、ダニエル書七章一三節を参照せよ。
六五節　「大祭司は自分の衣を引き裂いて……。」　大祭司にとってこれは特に禁じられた行為であった。レビ記二一章一〇節を見よ。大祭司が衣を裂いた場合、死をもって罰せられた。レビ記一〇章六節を見よ。こうして永遠の大祭司が油注がれ、聖別されるその直前にカヤパはその大祭司職を放棄した。

「この男は神を冒瀆した。」　恐るべき宣言。しかし主はそのことに対して何の訴えもなさらない。

七五節　神のみこころにかなった悲しみ。二七章三～七節を参照せよ。この世の悲しみについてはコリント人への手紙第二、七章一〇節を参照せよ。「イエスのことばを思い出した。」　思い出した言葉が罪を指摘する。

第二七章

金曜日

一節　サンヘドリンの議会。最も明らかな光をいただいていた祭司長たち、民の長老たち一同は、協同して神の御子に立ち向かった。

二節　「イエスを鎖で縛って」（英別訳）。ユダヤの指導者たちは、異邦人の統治者のところに自分たちのメシアを鎖に縛って引いて行き、彼が死に値するものであると訴えた。あたかもキリストは敗北したと思われたが、神は三日目に素晴らしくも彼の証しを立てられた。

三節　キリストの友と呼ばれるほどの最も親しい間柄も、ユダを救わない。救いに至らせるのは、悲しみや後悔や償いではなく、神のみこころにかなった悔い改めである。キリストの無罪性はユダ、ピラト、ピラトの妻、ヘロデ、十字架上の強盗、それに百人隊長によって証しされた。

四節　「無実の人の血。」　ユダの証し。

五節　「神殿」とは、「聖所」。

六節　彼らは殺人を企てることができるのに、こうした細かい点については鋭敏であった。「血の代価」とあるが、彼らの罪責感を表す。

七節　血で汚れた手による敬虔な行為。

九節　御言葉が成就したのである。「預言者エレミヤを通して語られたこと」であり、ゼカリヤによって再び預言されている。こうしてユダはキリストを裏切り、ユダヤ人は主をローマ人の手に渡した。

一一節　「あなたがそう言っています。」「神の御前で、また、ポンティオ・ピラトに対してすばらしい告白をもって証しをされたキリスト・イエス」（Ⅰテモテ六・一三）。

一九節　ピラトの妻は、

1　キリストが正しい方であると知っていた（二四節）。

2　ピラトが取り返しのつかない誤りを犯すのではないかと見ていた。

3　通常の命令に反することではあったが、大胆にピラトに警告した。裏切り者（四節）、裁判官（二四節）、その妻（一九節）、さらに死刑執行人（五四節）もすべて、キリストの無罪を宣言した。

二五節　その結果を見よ。「御怒りは彼らの上に臨んで極みに達しています」（Ⅰテサロニケ二・一六）。

二六節　ローマ人をむち打つことは禁じられていた。使徒の働き〔使徒行伝〕二二章二五節を参照せよ。

二九節　「茨」、罪の呪いの象徴。

三二節　「イエスの十字架を無理やり背負わせた。」　このように私たちも十字架を負うことができる。コロサイ人への手紙一章二四節を参照のこと。私たちは主の十字架を負うことによって、他のクリスチャンを助けることができる。

三五節　マタイ福音書とマルコ福音書の十字架物語は、神に供えるいけにえの物語であり、ルカ福音書とヨハネ福音書の十字架物語は勝利者の物語である。この不義と邪悪の光景の中で、ただお一人だけ柔和と愛に満ちておられた。

十字架の栄光は四方に輝く。

1　上に向かっては、父なる神の愛を示す。

2　下に向かっては、サタンが征服されたことを示す。
3　外に向かっては、全世界に救いを指し示す。
4　内に向かっては、人の心に無代価の恵みを示す。
こうしてキリストは栄光をお受けになる。
四六、五〇節　「霊を渡された。」　ギリシア語の原文は「去らせた」。マタイ福音書は「霊を渡された」。マルコ福音書とルカ福音書は「息を引き取られた」。ヨハネ福音書は「霊をお渡しになった」と表現している。それぞれのケースでギリシア語にあたることが望ましい。

第二八章

二六章はキリストの拒否。

二七章はキリストの死。

二八章はキリストの勝利。

神殿の幕が裂けたこと、空の墓、昇天、聖霊の降臨などは、罪人に対するご自身のすべての要求が満たされていることへの神の証しである。

二節　人間は、神の力の働きを妨げることはできない。

イースター

五時三十分、キリストの復活。

五時四十五分、マグダラのマリア、マリア、サロメが墓に来る。マリアが急いで引き返す。

六時十五分、第二陣、十～十二名の女性たちが墓へ（ルカ二四・一参照）。

六時三十分、ペテロ、ヨハネが墓につく。

六時四十分、マグダラのマリアが主に会う。

六節　イエスが納められていた場所を見よ。

1　聖なる、傷なき神の子羊。

2　彼は死に至るまで前進された。

3　置かれている衣によって、主がよみがえられたことを知る。

4　私たちに勝利とよみがえりがある。

5　私たちは天よりの幻をもち、導かれている。

6　良きおとずれ。

7　働き。

8　喜びの服従。
9　主を拝する。ヨハネ黙示録一章一三、一七節を参照のこと。
一～一〇節　彼らは信仰は弱かったが、愛をもって主を捜し求めた。
八節　詩篇二篇一一節を参照せよ。
九節　「おはよう。」　ギリシア語では「喜びがあるように」。

復活は証明する

1　過去―罪の呪いは去った（ローマ四・二五、八・三四）。
2　現在―キリストは神の御子であられる（ローマ一・四、ヨハネ二〇・二八）。
3　未来―彼は万物の相続者であり、またさばき主であられる（使徒一七・三一）。
復活は私たちに、平和と力と栄光をもたらす。
一〇節　「行くように言いなさい。」　彼女らへの宣教命令。この女性たちは最初の宣教者であった。
一六節　山上のキリスト。
1　試みの山（四・八）
2　教えの山（五・一）
3　祈りの山（一四・二三）

4　変貌の山（一七・一）
5　復活顕現の山（二八・一六）

一九節　人間の状態。

1　無知――教えの必要。
2　失われている――救いの必要（マルコ一六・一六）。
3　罪人――赦しの必要（ルカ二四・四七）
4　死にたる者――いのちの必要（ヨハネ二〇・三一）

詩篇六七篇一～二節のイスラエルに与えられた宣教命令は、今や教会に与えられている。

キリストのご遺訓は重要である

1　世界伝道。
2　聖書を悟らせること（ルカ二四・四五）。
3　御霊を受けること（使徒一・五、八）。

〈一宣教師の説教梗概〉

知ること――事実を。

輝くこと――神の火をもって。
遣わされること――主の導かれるところ、いずこでも。
（テイラー・スミス主教説教梗概より）

エペソ人への手紙研究ノート

米田　豊　訳

序言

私は今、講義するのではない。自分で聖書を読んだとき、味わって糧を得たノートを皆様に与えたい。いわば骨組みのみである。これにいのちはない。ただ各自が味わって糧を得られるように。

たとえば、私たちの食卓に備えられる食事にしても、その由来を尋ねてみるならば、まず農家が作り、商人が売り、家でそれを調理し、それで初めて食卓に備えられるのである。霊の糧においても、そのように私たちはまず、聖書という畑から取り入れ、それを集めて整理し、料理することになる。

今ここにある私のノートも、畑でできた産物を店先に並べて置くようなものである。すなわち、このノートは、エペソ人への手紙を講義しようとするのではなく、ただ聖書から刈り取り、収納する例を示すにすぎない。

成功する伝道者は、博覧強記の人ではなく、神と交わり、聖書より直接に糧を得た人である。もし皆様が直接に神より光と言葉を得ることができるならば、その伝道にはいのちがあり、また力があるに違いない。そのために、それぞれが聖書に深く隠れている宝を掘り出す知恵と力を得られるように。

1　パウロは各地の教会に対して、七つの書簡を送った。その七つの書の大意を見ると、その順序がおもしろい。

①ローマ人への手紙――死とよみがえり
②コリント人への手紙――聖霊の内住
③ガラテヤ人への手紙――聖霊による歩み
④エペソ人への手紙――天の所
⑤ピリピ人への手紙――十字架を負うこと
⑥コロサイ人への手紙――キリストにあってすべてが備えられること
⑦テサロニケ人への手紙――キリストの再臨

私の考えに誤りがなければ、これは正しい順序である。神はこのような順序にしたがって聖書を記させたのである。

2　エペソ人への手紙の大意は「天の所」である。

①一章三節――私たちのために豊かな天の所
②一章二〇節――勝利を得たキリストのおられる天の所

③二章六節――そのキリストと共に住む幸いな天の所
④三章一〇節――力ある天使のいる天の所
⑤六章一二節――悪霊と戦う天の所
真に恵まれた者、すなわち天の所に挙げられた者は悪魔に攻撃される。
3　天の所に座している者は聖徒である。本書にはしばしば、「聖徒」という語が出てくる。私たちは、信者、神の子ども、また弟子である。本書においては格別に聖徒と言われている。一章一、一五、一八節、二章一九節、三章八、一八節、四章一二節、五章三節、六章一八節。
4　教会はどんなものかについて、本書に四つのひな型が記されている。
①キリストのからだ（一・二三、三・六）――キリストといのちの関係。神経の関係がある。すなわち、キリストと親しい交わりがある。（当時のユダヤ人信者の中には、異邦人も救われるが、ユダヤ人信者よりも低いので、天に入ることはできても位は低いとの考えがあった。ゆえにパウロはその誤りを述べ、共に一体であることを説いた（四・四、一二）。
②宮（二・二一〜二二）――神の臨在がある。
③花嫁（五・三一〜三二）――キリストに愛され、キリストと一体となって、その

栄光の富にあずかる。

5　軍隊（六・一〇、一七）――勇ましく悪魔と戦うべきもの。私たちは、教会について高い観念をもっていなければならない。罪人の救いはもちろん大切であるが、それと同時に、救われた者はキリストのからだであることを忘れてはならない。

6　他の書簡においては、キリスト・イエス、または主イエスなどと記されているが、本書にはただキリストとのみ記されているところが多く、二十七回に及んでいる。イエスとは人としての名であるが、キリストとは「油注がれた者」の意味で、職名である。キリストは罪人の救い主、教会のかしら、万物のかしら、そのほか本書にキリストと記されたところを注意して学びたい。

7　また、父なる神の栄光をも見る。格別に父なる神の富が記されている。これは味わうべき言葉である（一・七、一八、二・四、三・八、一六）。

8　そして本書には、聖霊の働きについて、六つの引照がある。

①証印を押す――一章一三節（神のものであることを示すため）

②栄光を与える――一章一八節

③神に近づかせる――二章一八節

④力を与える――三章一六節
⑤満たされる――五章一八節（これは賛美するためである。賛美は心からあふれ出し、氾濫する）
⑥祈りの力を与える――六章一八節（神と交わることによって、神に祈り求めることができる）

聖霊を受けた結果は、以上のとおりであるが、本書においては、キリストの栄光、父なる神の栄光、御霊の神の栄光を見る。

9 本書には、しばしば「行い」という語が使われている。
①二章二節――過去における行い
②二章一〇節――新しい行い（私たちは、良い行いをする器として新たに造られたものである）
③四章一節――神の召しにふさわしい行い
④五章二節――愛の行い
⑤五章八節――光の行い（キリストのような透明で偽りのない行いである）
⑥六章六節――キリストのしもべとしての行い

10 本書を概観すれば、信者とはどのようなものかを知ることができる。

二章を見れば、信者は救われた罪人である。
三章を見れば、信者はキリストが内住する聖徒である。
六章を見れば、信者は戦いに召された兵隊である。
クリスチャンを、以上の三つの方面より見ることができる。
11　本書にはしばしば「すべての聖徒」と記されている。
①一章一五節――すべての聖徒を愛する
②三章一八節――すべての聖徒とともに学ぶ（高慢の心がなければ、すべての聖徒から学ぶところが多い）
③六章一八節――すべての聖徒のために祈る
愛せよ。学べよ。祈れよ。
12　本書における神の「力の働き」
①一章一九節以下二章一節まで読めば、その力の結果は、よみがえりであることがわかる
②三章七節――キリストを宣べ伝える力
③三章二〇節――きよめを与える力
④六章一〇節――戦いの力

第一章

1　救いの順序。

①三～六節――父なる神の選び

②七～一二節――子なる神の贖い

③一三～一九節――聖霊の神の証印

2　「愛する方にあって私たち」（六節）。キリストが愛されることについて、次の五つの引照を見よ。

①エペソ人への手紙一章六節――愛する方にあって、恵みの栄光がほめたたえられる

②雅歌二章八節――愛する方の声に耳を傾ける

③雅歌五章一〇節――愛する方を証しする

④雅歌八章五節――愛する方に拠り頼む

⑤雅歌八章一四節――愛する方を待ち望む

3　一三節より恵みを受ける段階を学ぶ。

①言葉を聞く
②人格者を信頼する
③神の証印を受ける
④御国を受け継ぐ

4　一八～一九節の祈りにおいて、三つのことを願う。
①父なる神の召し――このために望みがある
②子なる神の業――このために喜びがある
③聖なる神の力――このために信仰があるはずである
望み、喜び、信仰を起こすために、この三つのことを知らなければならない。経験のために知識がなければならない。

5　「心の目がはっきり見えるようになって」（一八節）。その結果は事実を悟ることである。多くの信者は事実を知らない。ゆえに喜びがない。心の目がはっきり見えるようにさせられて知る事実は――
①創世記二章九節――いのちの木があるのを知る
②民数記二二章三一節――神の怒りと罪の罰を見る
③列王記第二、六章一七節――神の保護の力を見る

④ルカの福音書二四章三一節——よみがえりの主を見る
⑤ルカの福音書二四章四五節——聖書の真理を見る——格別にキリストの贖いとよみがえりをその中に見て、そのために証人となる（四八節）

6　神の力の非常に偉大であること（一九節）。非常に偉大であることの五つを見よ。
①ローマ人への手紙七章一三節——罪に汚れていること
②エペソ人への手紙一章一九節——神の救いの力
③エペソ人への手紙二章七節——神の恵みの富
④エペソ人への手紙三章二〇節——与えられる恵み
⑤コリント人への手紙第二、四章一七節——後に受ける栄光

第二章

1　概観して分解すれば、
①一～三節——死
②四～一〇節——いのち
③一一～一二節——遠く離れること

④一三～二二節――近づくこと

2　一～三節に罪人のありさまを見る。

①死んでいた者

②欺かれていた者

③不従順な者

④御怒りを受けるべき者

また、このところに、罪人は何によって誘惑されたかも見る。

①この世に

②悪魔に

③肉の欲に

以上は、信仰生活の三つの敵である。しかし続いて見ると、この三つのものから完全に救われているのを見る。

3　一二節にも罪人のありさまが示される。

①「キリストから遠く離れ」――ゆえに救いがない。

②「イスラエルの民から除外され、約束の契約については他国人で」――ゆえに特権がない。

③「望みもなく」——未来の希望がない。
④「世にあって……神もない者」——現在においても暗黒である（神学または宗教をすることができても、真に生ける神と交わることができない）。
4　ついでに四章一七〜一九節においても罪人のありさまが記されている。
①むなしい心で歩んでいる者（一七節）
②知性において暗くなっている者（一八節）
③無知な者（一八節）
④頑なな者（一八節）
⑤神のいのちから遠く離れている者（一八節）
⑥無感覚になった者（一九節）
⑦好色に身を任せて、あらゆる不潔な行いを貪る者（一九節）
以上、罪人の姿を示した。これについて深く考え、まず自分のために、それから救われたことを感謝し、次に、このような罪人のために重荷を負いたいものである。私たちの周囲の不信者の中には、教育があり、地位があり、愛すべき人もいるだろうが、その罪人としての真相はこの三枚の写真のとおりである。
5　これに対してクリスチャンはいかなるものであるか。

①いのちを与えられた者（五節）――新しいいのち
②神の愛によってよみがえらされた者（六節）――新しい生涯
③天上に座らせていただいた者（六節）――神との交わり
以上の三つは、クリスチャンの経験で、普通これは三つの段階である。

6　一三～二二節は近づくことで、換言すれば一つになることである（たとえばキリストに近づく者はキリストと一つになる）。
①一つの庭（一四節）――エルサレム神殿内にある異邦人の庭とユダヤ人の庭との間にある隔ての壁が壊されたことにたとえられる。
②一人の人（一五節）
③一つのからだ（一六節）
④一つの家族（一九節）
⑤一つの建物（二一節）

7　私たちの救いはただ真理を解するだけでなく、むしろ救い主ご自身の中にある。
①キリストは私たちの平和である（一四節）――十字架によって平和ができたのみならず、神ご自身が平和である。
②キリストは私たちのいのちである（コロサイ三・四）――私たちは神からいのち

を与えられただけにとどまらず、私たちのいのちはキリストご自身である。
③キリストは私たちの望みである（Ⅰテモテ一・一、コロサイ一・二七）――私たちの望みは未来のことを知るのみならず、主イエスご自身こそ私たちの望みである。
過去のため――キリストは私たちの平和である。
現在のため――キリストは私たちのいのちである。
未来のため――キリストは私たちの望みである。

8　平和を受ける道
①キリストは私たちの平和である（一四節）
②十字架によってその平和を得た（一六節）
③福音宣教によってその平和は伝えられた（一七節）

9　一九～二二節における悔い改めの結果
①聖徒の特権にあずかること（一九節）
②神の家族の一員となること（一九節）
③堅くされること（二〇節では「建てられる」）
④交わりの一致（二一節）
⑤礼拝（二一節）

⑥神の臨在（二二節）

第三章

1　一四節より、三位一体の神を受け入れることが記される（ヨハネ一四・二三参照）

①御霊の力（一六節）

②キリストの内住（一七節）

③父なる神の満たし（一九節）

2　ガラテヤ人への手紙、ピリピ人への手紙、コロサイ人への手紙の各書にキリストの内住について記され、四つの面よりそれを見る。

①ガラテヤ人への手紙二章二〇節――キリストの内住の結果はいのちである――天に属するいのち、きよいいのちである。

②エペソ人への手紙三章一七節――キリスト内住の結果は交わりである――麗しい愛の交わりがある。

③ピリピ人への手紙一章二一節――「私にとって生きることはキリスト」　キリスト内住の結果は働きの力である――蒸気の力が汽船の動力となっているような

ものである。

④コロサイ人への手紙一章二七節――「あなたがたの中におられるキリスト」キリスト内住の結果は望みである。すなわちキリスト内住の結果、いのち、交わり、働きの力、望みを得る。

3　一六節以下をヨハネの黙示録二一章一〇節以下と比較することができる。そしてエペソ人への手紙では聖徒の現在のありさまを、黙示録では聖徒の未来のありさまを見る。

天と地にあるすべての家族の、「家族」という呼び名を得た者（一四節）――子羊（黙示録二一・九）

その栄光の豊かさ（一六節）――神の栄光（黙示録二一・一一）

心のうちにキリストを住まわせ（一七節）――子羊とその宮（黙示録二一・二二）、子羊の明かり（同二三節）

愛に基礎を置いている（一七節）――都の城壁の土台石は……（黙示録二一・一九）

人知をはるかに超えた愛、その広さ、長さ、高さ、深さを理解する（一八〜一九節）――城壁を測るために……都は四角形で、長さと幅は同じ（黙示録二一・一五、一六）

神の満ちあふれる豊かさ（一九節）――全能の神である主とその神殿（黙示録二一・

二・三）

このように比較すると、聖徒の現在における霊的祝福が未来において有形的に現れるのを見ることができる。

本書の祈りの眼目は愛である。本書における愛の引照を見よ。

①三章一七節――愛に根ざし、愛に基礎を置いて、キリストの愛を知る（土台）

②四章二節――愛をもって互いに耐え忍び（心）

③四章一五節――愛をもって真理を語り（行動）

④四章一六節――愛のうちに建てられる（他人と恵みを分かち合う）

⑤五章二節――愛のうちに歩む（犠牲的生涯）

第四章

1　三章一四～一五節と四章一節を比較せよ。

①三章一四～一五節――「私は……祈ります。」

②四章一節――「私は……勧めます。」

人のために祈り、その後に勧めるのが順序である。祈りなくして勧めても力はない。

しかし、祈ってこそ勧めることができるのである。

2　柔和について（二節）

①コロサイ人への手紙三章一二節――人の前に柔和な行いをしよう。

②ヤコブの手紙一章二一節――神の前に柔和をもって御言葉を受けよう。

③ペテロの手紙第一、三章四節――家庭において柔和であろう（この御言葉は、女性だけでなく、男子にも適用できる。キリストの花嫁は女性だけでない）。

④ペテロの手紙第一、三章一五節――伝道の時に柔和がなければならない。

⑤ガラテヤ人への手紙六章一節――兄弟を正すときには柔和でなければならない。

以上五つの引照によって、柔和についての教えを見る。人に対しても、神に対しても、家庭に対しても、未信者を導くときも、信者に勧めるときも柔和でなければならない。

3　「召されたその召し」（一節）――召しについて次の引照を見よ。

①ペテロの手紙第一、二章九節――闇の中からの召し（過去）

②コリント人への手紙第一、一章九節――キリストの交わりに入らせるための召し（未来）

③ペテロの手紙第一、五章一〇節――栄光の中に入らせるための召し（未来）

④ガラテヤ人への手紙一章一五節――選びによる召し（伝道）
⑤ガラテヤ人への手紙五章一三節――自由を与える召し（生涯）
それゆえ、召しにふさわしく行動すべきである。

4　「ふさわしく」について（一節）
①召しにふさわしく（エペソ四・一）
②神にふさわしく（Ⅰテサロニケ二・一二）
③主にふさわしく（コロサイ一・一〇）

5　本書を二分するならば、
一、二、三章――天の所において神の恵みを受けること。
四、五、六章――世にあって生涯を送ること。
御言葉は、まず私たちの特権を示して、召しを教え、そしてその召しにふさわしい生涯を送るべきことを勧めている。

6　本書後半の第二段は格別にクリスチャンの歩みを教え、これをさらに分解すれば、
①四章一～一六節――教会での歩み
②四章一七節～五章二一節――社会での歩み

③五章二二節～六章九節――家庭内での歩み
④六章一〇～二四節――自分の心の中での歩み

7　四章二二節～五章四節――古い人の特質と新しい人の特質が記されている。
①二五節――古い人は偽りを言う者、新しい人は真実を言う者
②二六節――古い人は短気の人、新しい人は怒りのために罪を犯さない者
③二八節――古い人は盗む性質を有している人、新しい人は恵みを施す心を有する人
④二九節――古い人は悪い言葉を言い、新しい人は人の成長に役立つ言葉を言う
⑤三一～三二節――古い人は苦い心の人、新しい人は親切で優しい心を持つ者
⑥五章三～四節――古い人は汚れた人、新しい人は感謝の人

第五章

1　一八節の「御霊に満たされ」た結果
①口で歌い賛美する（一九節）
②心の中に喜びがある（一九節）

③すべてのことについて感謝する（二〇節）
④互いに従い合う謙遜さをもつ（二一節）
⑤家庭におけるきよい生活（二二節、六・九）

2　エペソ人への手紙五章一八節～六章九節――聖霊に満たされた結果
　コロサイ人への手紙三章一六節～四章一節――御言葉に満たされた結果
この二か所を比較すれば、その結果は同じことがわかる。聖霊に満たされることと生ける御言葉に満たされることとは、経験において同じである。御霊と御言葉は常に同時に働く。創世記一章で聖霊と神の言葉によって新しい地は創造されたが、私たちが生まれ変わり、また恵まれるのも御霊と御言葉による。

3　「栄光の教会」とは（二七節）
①愛されている者（二五節）
②贖われた者（二五節）
③きよめられた者（二六節）　消極的――汚れよりきよめられたこと
④聖なるものとされた者（二六節）　積極的――神の性質を受けたこと
⑤養い育てられた者（二九節）
⑥花嫁となった者（三二節）

このような教会によって、神の様々な知恵が現されるのである（三・一〇）。

第六章

1　本書に、二つの着るものについて記されている。

①四章二四節――「新しい人を着ること」（聖潔）

②六章一一節――「神のすべての武具を身に着けなさい」（進撃的な力）

この二つの経験は異なったものである。軍人は衣服の上に武具を着ける。クリスチャンもまず新しい人（聖潔）を着て、その後に神の武具（進撃的な力）を着けるのである。ある人は第一の衣を着けていても、第二の武具を着けていない。神の武具はペンテコステ的な聖霊のバプテスマによって与えられる。

2　新約の武具について二度記されている。

①サタンの武具（ルカ一一・二一、二二）

②神の武具（エペソ六・一一）

この二つの語句は同じである。サタンの武具を着けるのは、神の愛を攻撃するためである。サタンの武具とは心の汚れである。それをもって神の火矢を消す。

3　「神の武具」とは（一四～一七節）

①真理の帯――神の真理を受け入れて、それに従って歩むこと。

②正義の胸当て――サタンの汚れを入れず、きよめを保つためのものであって、偽善のない透明な心。

③平和の福音の備え、靴――喜んでどこへでも行こうとする覚悟。

④信仰の盾――これは救いを得るための信仰ではなくて、確実な信仰によって神が私たちを守られるとの信仰である。ローマの軍人は二つの盾を持っていた。一つは小さな盾で、いつも手にしていた。もう一つは大きい盾で、全身を隠すことができ、特に攻撃の時に携えて行った。この「信仰の盾」は大盾のことである。

⑤救いのかぶと――救いの確信のかぶとであり、救いを得たとの確信。かぶとは大切な頭を守るものであって、これは確信のことである。

⑥御霊の剣――ペンテコステの力、すなわち他の人々の心を刺す刀である。（⑤までは防御的なものであるが〔④の「大盾」を除き〕、⑥は攻撃的なものである。）

4　六章一七～一八節――武具を着けている者は剣を用いる。また祈る。すなわち道を宣伝することと祈ることが、神の兵卒の二つの本分である。祈ることはたやすい。しかし、とりなしの祈りをささげることは、キリストの兵卒だけが可能である。

①「どんなときにも」――いつでも
②「あらゆる祈りと願いによって」――広い心をもって
③「忍耐の限りを尽くして祈りなさい」――堅い心をもって
④「御霊によって」――聖霊に感動された心をもって
⑤「すべての聖徒のために」――聖霊と交わり、愛の心をもって
⑥「目を覚ましていて」――Watching 望みをもって
⑦「私のためにも……祈ってください」(一九節)――一個人(特別の人)のために祈る(キリストは「わたしのために祈ってほしい」と言われたことはなかった。これは注目すべきことである)

一九二三年(大正十二年)、神戸聖書学校で臨時学科として与えられたノートである。夏期の研究として古いノートから転載する。米田豊 生。

(『きよめの友』九一六、九一七、九一八、九一九、九二〇号より)

ヨハネの手紙・ユダの手紙研究ノート

森　文彦　訳

ヨハネの手紙第一

著者

ゼベダイとサロメの子、ヨハネによって書かれた（マルコ三・一七、一・一九、マタイ二七・五六、マルコ一四・四〇、一六・一、ヨハネ一九・二五）。サロメは主の母マリアの姉妹であった。だからヨハネはイエスのいとこであり、主によってボアネルゲと呼ばれた（マルコ三・一七）。ヤイロの娘がよみがえらされた時や、変貌山上の時にいたヨハネであり、主のご再臨について尋ねたヨハネである（マルコ一三・三）。

本書第一章、第二章の主題は「神はいのち」であり（一・二、五・一一〜一二）、第三章、第四章は「神は光」であり（一・五）、第五章は「神は愛」である（四・八、一六）。

三位一体の神を形容する言葉

1 聖霊——真理（五・六）
2 御子——義なる（二・一、二九、三・七）
3 父——真実で正しい（一・九）

この手紙の目的

1 一章四節 喜び
2 二章一節 きよき
3 同二六節 警告
4 五章一三節 確信
5 一章三節 ヨハネと使徒たちとの交わり
私たちは生けるお方からいのちを（一・二）、正しいお方から義を（二・二九）、聖いお方から聖き（きよ）を（二・二〇）得ている。

ヨハネの三つの著書

1　福音書――神の御子イエス、信仰（ヨハネ二〇・三一）、キリストにあって。
2　手紙――人の子キリスト、愛、キリストのように。
3　黙示録――来たるべき王キリスト、望み、キリストとともに。

第一章

ヨハネ福音書の付録。ジョン・ウェスレーは、「これは真のキリスト教の要約である、なんと平易で、なんと深遠であろう！」と言った。

一～四節　この手紙は証しである。「……あなたがたにも伝えます」（一・三、四・一四）。いのちのことば（ヨハネ一・一）――あの永遠のいのち。

福音は、人格である、神の「ことば」。キリストは、ヨハネ福音書一一章二五節を語られる。初めから父と共におられた（ヨハネ一・二）。私たちに現れた。そのお声を聞いた。その臨在を見た（申命一一・七）。自分の目で見た――交わり、手でさわった

――さわれること（ルカ二四・三九、ヨハネ二〇・二七）。神はこのような触れ合いを約束しておられる（民数二一・六、八）。民数記二四章四節も見よ。

福音の働きがどのように世を克服するのか。①経験、「見た」。②「証拠立てる」、すなわち、証し。③宣伝、「伝える」。

三節　「見たこと、聞いたこと」（黙示録一・一一、一二、四・一、六・一）。
なおヨハネ福音書一二章四〇節、ルカ福音書一〇章二四節を参照せよ。
あなたがたがこの恵みにあずかるために、父と私たちの交わり、私たちのいのちの交わりがある（ヨハネ一〇・一〇、二〇・二一、三一）。このようにしてヨハネが神を知っていたように、私たちも神を知ることができる。
父との交わり――父なる神の愛と富と家庭の団欒にあずかる。御子との交わり――ちょうど弟子たちがそれにあずかっていたように。友の交わり、教え、経験。

四節　「私たちの喜びが満ちあふれるため。」（Ⅱヨハネ一二、ヨハネ三・二九、一五・一一、一六・二四、一七・一三）。

満ちあふれる喜び。①証しによって（Ⅰヨハネ一・二）。②祈りによって（ヨハネ一六・二四）。交わりとは喜びの満たしのことである（ヨハネ一七・一三）。

神は光である。クリスチャンのためのメッセージ、その美しさと純潔における神のご性格、虹の色彩、癒しの光線、無知や罪の暗さが少しもない。ご自身を与えてくださる。すべてのものに普及、浸透する、いのちを与える（イザヤ六〇・一九、ヨハネ一・四、七〜九、八・一二、詩篇三六・九、黙示録二一・二三、二二・五）。

これは主から聞いたことである。神から受ける啓示。それを他へ伝達する委託。主は私たちを主ご自身のようにすることができる。

1　一章五節　これがメッセージである——光。

2　二章二五節　これが約束である——いのち。

3　三章一一節　これが命令である——愛。

六節「神との交わり」とは、ルカ福音書一一章三六節を意味する。「光の中を歩んでいる」——きよき、知識。すなわち、「光の子ども」（ヨハネ一二・三六、エペソ五・八、Iテサロニケ五・五）。交わり、知り合うとは、①相互の知識、②道徳的に似ること、③同情を意味する。

七節「キリストのように」（三・三、七、四・一七）。神との交わり、そして人との交わり。

「血がきよめる」——光の中にある者のためのきよめ。「もし私たちが、神が光の中におられるように、光の中を歩んでいるなら……」（六節参照）。「もし自分には罪（つまり、きよめられなければならない罪）がないと言うなら……」（八節）。「もし罪（赦しを必要としている罪）を犯したことがないと言うなら……」（一〇節）。

九節　告白は、①赦罪に至らせ、②すべての不義からのきよめに至らせる。エレミヤ書三三章八節と比較せよ。私たちのためになされ、私たちの中になされる。なぜなら、神はご自身の約束に忠実であり、正しい方であるから——贖いを私たちに与えてくださる。

神は、その真実と正しさにおいて信頼されるべきである。あなたの罪を覆い隠さずに明らかにしなさい。そうすれば、神はそれを永遠に覆われる（詩篇三二・一）。

キリストによって与えられる七つの恵み——

1　永遠のいのち（二節）
2　神との交わり（三節）
3　他の人々との交わり（三節）
4　満ちあふれる喜び（四節）
5　歩むべき光（五、七節）
6　赦し（九節）
7　きよめ（九節）

第二章

一節 「罪を犯さないようになるためです。」 クリスチャン生活の標準。なぜなら、「すべての罪から」、「すべての不義から」きよめられたからである。

ナジル人（民数六・一～八）は、もし汚されたならば（同九節）、「それ以前の日数は……無効になる」（一二節）。

「もしだれかが罪を犯したなら」キリストは弁護者、パラクレートス、そして宥めのささげ物である。キリストは神の御前に私たちの立場を確保してくださる。また全世界のために、天において私たちのパラクレートスであるキリストは、私たちのために、神に対してとりなし、弁護しておられる。地上における私たちのパラクレートスである聖霊は、私たちに対して、神のためにとりなし、弁護しておられる。

三節 「それによって……分かり……。」「分かる」は二十五回出てくる。確信。コリント人への手紙第一、二章一二節、「神が私たちに恵みとして与えてくださったものを知るのです。」

四節 「命令を守る」（ローマ八・三～四、Ｉコリント九・二一）。

五節　「守っている」――現在分詞。絶えずそうしているという意。この現在形は、ヨハネの手紙第一に三十四回出てくる。参照、一〇節、「愛している」、一七節、「神のみこころを行う」。

六節　「神のうちにいる」、ぶどうの木と枝のような結びつき。「歩まなければなりません。」　一歩一歩、主イエスが歩まれたように、小さなことにおいて（詩篇八五・一三、Ⅱコリント六・一六）。主イエスがなさったように、歩まなければならない（六節）。きょうだいのために、いのちを捨てるべきである（三・一六）、愛すべきである（四・一六）。

一～六節　赦しときよめから。七つの結果、このような人は――

1　罪を犯さないことを自らの目的とする（一節）。
2　もし罪を犯したなら、とりなしてくださる方のところへ向かう（一節）。
3　神の御言葉を守る（三、五節）。
4　神の愛が自分のうちにある（五節）。
5　キリストのうちにいる（五節）
6　確信をもつ（三、五節、三・一四、二四）。
7　キリストのように歩む（六節）。

七節　「愛する者たち」（三・二一、四・一、七、一一）。「初めから」（七回出てくる）。ここでは、彼らは回心の時から、旧約聖書より学んできた。

八節　「私は、それを新しい命令として、もう一度あなたがたに書いているのです。それはイエスにおいて真理であり、あなたがたにおいても真理です。」　それはキリストのうちにも、あなたがたのうちにも見られる。「すでに輝いているからです。」　あなたがたはキリストの愛を知っている、そして、あなたがた自身、愛を受けた。あなたがたは見ることができて歩くことができる。

一〇節　愛の生涯――明るく照らされている、つまずくことがない。

一一節　憎しみの生涯。①内なる闇。②外なる生活には平和と喜びがない。③どこへ行くのかわからない――未来は暗く――確信は失われている。④目が閉ざされている――見る能力を失っている。

一三節　「私が……書いているのは」は二回。

一四節　「私が……書いてきたのは」三回。

一二～一四節　クリスチャン生涯の三段階。①「子どもたち」――罪が赦された。②「若者たち」――悪い者に打ち勝った（ヘブル一一・三三～三四、黙示録二・七、一五・二）――神の御言葉をもっている（ヨハネ一四・二三、一五・七、コロサイ三・一六）。③

「父たち」——キリストを知っている。霊の子たちをもっている。

一五〜一七節　第一の警告。

一五節　あなたがたは多くのものを得た。しかし、用心せよ！　常に世には魅惑的な力があり、肉にはそれと関わりやすい弱さがあり、悪魔には悪意がある。世は見せる何かをもち、肉は切望する何かをもち、悪魔は約束する何ものかをもっている。

一八〜二三節　第二の警告。

反キリスト——イミテーションのキリストとイミテーションのキリスト教。偽キリストたち（マタイ二四・二四、Ⅰヨハネ二・二二、四・三、Ⅱヨハネ七。選ばれた者たちを惑わしている）。大いなる反キリストが来るまで（ダニエル七・二四〜二五、八・二三〜二五、一一・三六〜三九、黙示録一三・一）。

世を愛するべきでない三つの理由——

1　もしだれかが世を愛しているなら、その人のうちに御父の愛はない（一五節）。

2　これらによって魅惑する欲望、肉の欲、目の欲、貪欲、暮らし向きの自慢、野心等は御父からのものではない（一六節）。

3　世は過ぎ去る。滅んでゆくものを愛する愛は、永遠のものを愛する愛とは共存できない（一七節）。

二〇〜二九節　安全な進路。

注ぎの油――真理を教えてくれるキリストからの聖なる油（詩篇一一九・九九、ヨハネ一・三三）。「あなたがたには聖なる方からの注ぎの油があるので、みな真理を知っています」（二〇節）。

二一節　偽りは真理に似ている。

二二節　キリスト、神の油を注がれた者（詩篇二・二）。「御子」――二二節から二四節まで四回出てくる。フィオス（息子）。三章一、二節には、テクナ（子たち）。

二四〜二九節　あなたがたの中におられるキリストと、キリストの中にいるあなたがた。どのようにして光の中を歩むか。

二五節　ヨハネ福音書一〇章二八節に関連している。

二七節　「受けた」（過去形）、「とどまっている」（現在形）。「とどまっている」力は、悪に抵抗すること（一五〜一九節）と、聖霊に教えられること（二七節）にある。「注ぎの油」はレビ記二一章一二節、七章三六節を参照。永続的な注ぎの油は、キリストのうちにとどまることを私たちに教える。

二八節　そこで私たちは確信をもって、キリストが現れるのを待っている。そして、キリストの来臨の時、恥じることがない。
二九節　「正しい」あるいは「義なる」キリスト（使徒三・一四、二二・一四、Ⅱテモテ四・八、黙示録一六・五）。

キリスト観

1　義なる方（二・一、一・九、二・二九、三・七）。
2　宥めのささげ物（四・一〇、二・二）。
3　弁護者、パラクレートス（二・一）。
4　模範（二・六）。
5　油を注いでくださる聖なる方（二・二〇）。
6　神から遣わされたキリスト（四・九）。
7　来たるべき王（二・二八）。

「子どもたち」

1　きよくあれ（二・一）。
2　幸福であれ（二・一二）。
3　用心せよ（二・一八）。
4　不断堅固なれ（二・二八）。

5　警戒せよ（三・七）。
6　愛し続けよ（三・一八）
7　勇気をもて（四・四）。
8　忠実であれ（五・二一）。

第一章と第二章は「神は光」であり、第三章、第四章は「神は愛」であり、第五章は「神はいのち」である。

第三章

一〜一〇節　新生とその証拠。
二つの意味
一節　①「神の子どもと呼ばれる……。」　神の愛のしるし。世が私たちを理解しない理由。②私たちに与えられた愛――それは私たちをキリストに似た者にならせる。世は私たちの栄光を見ない――しかし、やがて見るであろう（ローマ八・一九）。
二節　「今すでに神の子どもです。」　栄光の中に、キリストのように。そしてこの栄光は、まだ現れていない望み！
三節 望みの力――純潔。「キリストが清い方であるように。」七節を参照。
六節 「罪を犯しません。」「罪を犯し続けません。」「キリストを見たこともなく、知ってもいません。」その人がどんな者であろうと、知ってもいないならば、今現在、主に対して赤の他人である（アルフォード）。

聖（きよ）さのための理由

1 罪とは神の律法に違反すること（四節）。
2 罪はキリストの働きに反対する（五節）。
3 罪を犯す者はキリストを知らない（六節）。
4 罪を犯す者は、内部的に腐敗している（六節）。
5 罪を犯す者は、サタンに屈服していることを示している（八節）。
6 罪を犯す者は、キリストが打ち壊したものを再び建て上げる（八節）。

八節 「悪魔のわざ」――内心の腐敗。
九節 「神から生まれた者」――「罪を犯す」、「罪を習慣的に行う」（シリア語訳）、「罪を犯し続ける」ことができない。

新生の六つの結果

1　義（二・二九）
2　罪を犯すことからの自由（三・九、五・一八）
3　愛（三・一四、四・七）
4　信仰（五・一）
5　打ち勝つ力（五・四）
6　守り（五・一八）

一〇節　二つの種類。最高のテスト。義と愛。「神の子どもと悪魔の子どもの区別がはっきりします。」――神の子どもは、神の恵みの新しいしるしとして、世に現れる。キリストは、そのように現れた（五、八節）。キリストは、そのように現れるであろう（二節）。

一一～二四節　兄弟の愛。

一四節　驚くべき救い。死の領域から、いのちの領域へ。その証拠――愛（参照、闇から光へ、二・八～一一。神の子ども――悪魔の子ども、一〇節）。

一六節　カルバリに見られる神の愛（ローマ五・八）。「それによって私たちに……分かったのです」（二・三、一八、三・一九、二四、四・二、六、一三、五・二を見よ）。

二〇節　過敏すぎる心は、自分自身を責め、咎める。悪魔的な咎め。神は優しさと愛において、より大いなるお方である。そして、神をお喜ばせしようとする私たちの願望を知っておられる。だから、私たちをお責めにならない。

二〇〜二四節　どのようにして、神について確信をもつか。

「確信」（二・二八、三・二一、四・一七、五・一四）。

1　従順にして、彼を喜ばせよ（二二節）。神に聞き従え。そうすれば、神は聞いてくださる。

2　キリストを信ぜよ（二三節）。

3　互いに愛し合え。

このようにして、私たちの心は責めない。神の御霊が内に宿ってくださっているからである。私たちは願い求めて、受ける（二二節）。神との間に一片の雲もない。

二一節と二二節は続いている文章である。私たちは神の戒めを守るので、確信をもっている（ヨハネ一五・七）。

二三節　イエス・キリストは神にして人（一・三、七、四・二、三、一五、五・一、五、二〇）〔訳注＝これらの引照は注目に値する〕。「わたしは、その方が喜ばれることをいつも行うからです」（ヨハネ八・二九）。

「永遠のいのち」――この書に六回記され（一・二、二・二五、三・一五、五・一一、一

三、二〇)、ヨハネ福音書には九回記されている。
「真理」――この書に八回記されている(一・六、八、二・四、二一、二七、三・一八(「真実」)、一九、五・六)。真理のうちにあるもの――
1　神の言葉(二・一四)
2　神の性質(三・九)
3　永遠のいのち(三・一五)
4　神の愛(三・一七)
5　聖霊(四・四)
クリスチャンの所有しているもの――
1　子どもであること(三・一)。赦すあわれみ、受け入れる愛。王族(ホセア一・一〇)。
2　栄光ある将来(三・二)。肉体と霊の力の完成。
3　神の種(性質)(九節)。聖霊。大いなる相違(一〇節)。
4　愛(一四節)。
5　確信(二一節)。
6　祈りの霊(二一～二二節)。

7　内におられるキリスト（二四節）。

愛――

1　いのちの証拠である（一四節）。

2　その模範は神の愛である（一六節）。

3　その結果は、与えることである（一七節）。

4　それは確信をもたらす（一九節。欄外注の別訳を参照）。

5　そして祈りに確信をもたらす（二二節）。

第四章

一～六節　偽りの霊。

聖霊についての言葉は、彼らを迷わせる偽りの霊を暗示している。

一節　「その霊が神からのものかどうか、吟味しなさい。」「吟味」する対象は人間、「偽預言者」を通して語られることである。こうした識別力は、「全き人（訓練された大人）に属するもの（ヘブル五・一四）、「霊を見分ける力」（Ｉコリント一二・一〇）である。「偽預言者がたくさん世に出て来た」ために必要。

四節　詩篇四六篇五節、ゼパニヤ書三章一七節、ヨハネの手紙第一、四章一二〜一三節を参照。
五節　「世」は、「世の者」の声に耳を傾ける。
六節　「神から出た者」には、神の人たちが耳を傾ける。
七〜二一節　神の愛と私たちの愛。
一〇節　愛は広まる。神は私たちを愛して、愛の深みにまで導いてくださる。
一一節　「私たちもまた、互いに愛し合うべきです。」二章六節、三章一六節を参照。「互いに愛し合うべきです」、そして神をも（一九節を見よ）。
一二節　「いまだかつて神を見た者はいません」（ヨハネ一・一八参照）。
一三節　「……分かります」（三・二四参照）。①お受けした御霊によって、②与えられた証しによって（一四節を見よ）。
一七節　「キリストと同じようであるからです」（二・六、三・二、七参照）。「私たちもキリストと同じようで」は、マタイ福音書一〇章二五節（「弟子は師のように」）、ヨハネ福音書一〇章一四節（「わたしはわたしのものを知っており」）、同一七章二三節（「わたしを愛されたように彼らも愛されたことを」）参照。
一八節　「恐れがありません。」　詩篇五六篇三節、イザヤ書一二章二節（「私は信頼して恐れない」）参照。恐れは罪の結果である。生まれつきのままの人――恐れも愛もない。覚醒した罪人――恐れのみで、愛はない。回心した人――愛と恐れがある。御霊に満たされたクリスチャン――愛があって、恐れがない。

一九節　これはキリスト教信仰の総括である。これほど良い証しはない。

「愛」――

1　愛は神のご性質であって（八、一六節）、火は太陽の性質である。
2　キリストは神の愛を現された。受肉（九節）、贖い（一〇節）。
3　私たちの愛は神から出ている（七節）。新生のしるし（八節）。
4　現された愛（七、一二節）。
5　こうして神は私たちのうちにお住まいになる（一二、一六節）。愛の不断の供給。
6　全き愛（一八節）。
7　愛されているゆえの愛（一九節）。「わたしの愛にとどまりなさい」（ヨハネ一五・九）。火は広がっていく。

「愛」――

1　示されるもの（四・九）。
2　分かるもの（三・一六）。

3　信じるもの（四・一六）。
4　与えられるもの（三・一）。
5　とどまるもの（三・一七）。
6　全うされるもの（四・一二）。
新生、生まれかわった者——
1　正しく生きる（二・二九）。
2　罪の中にとどまらない（三・九）。
3　愛する（四・七）。
4　信じる（五・一）。
5　世に勝つ（五・四）。
6　守られる（五・一八）
キリストにとどまる条件——
1　福音に対して真実であること（二・二四）。
2　御霊に従うこと（二・二七）。
3　神の御言葉に従うこと（三・二四）。
4　キリストを告白すること（四・一五）。

5 愛のうちに生きること（四・一六）。

「愛」――

1 罪人に対する神の愛（四・九、一〇）。
2 その愛は子とすることに至る（三・一）。
3 なぜ私たちは神を愛するのか（四・一九）。
4 なぜ私たちは互いに愛し合うのか（四・一一、三・一一、一四）。
5 世を愛することの証拠（二・一五）。
6 愛は神の子どもと悪魔の子どもの相違点である（三・一〇）。
7 愛は何を証明するのか（三・一四）。

「罪」――

1 定義（三・四、五・一七）。
2 すべての人には原罪（一・八）と罪（一・一〇）がある。
3 なぜ私たちの主は来られるのか（二・二、三・五、四・一〇）。
4 私たちは赦される（二・一二）。
5 私たちはきよめられる（一・七）。
6 私たちの標準は、「罪を犯さないこと」である（二・一）。

7　その秘訣、「とどまる」こと（三・六）、「守られる」こと（五・一八）。

第五章

一節　神はすべてのクリスチャンを愛しておられる（「私たちは知っている」二、一三、一五、一八、一九、二〇節）。

真の宗教

一節「生んでくださった方を愛する。」　信じることと愛は共に行く。愛がなければ、信仰はただ悪魔の信仰である。

三節「重荷となる」――困難で私たちの力では不可能。

四節「神から生まれた者はみな、世に勝つからです。」ウェイマス訳では「神のすべての子は世に勝つ」。御言葉によるサタンに対する勝利（二・一三〜一四）。信仰による、世に対する勝利（五・四）。十字架による、肉に対する勝利（ガラテヤ五・二四）。

六節「水と血」（ヨハネ一九・三四参照）。バプテスマ――正しいことを成就すること。十字架――罪を取り除くこと。「このことを証しする」――旧約聖書と新約聖書によって。

七節　「三つのものが証しをします」は、英改訂訳では八節といっしょになっている。

八節　「御霊と水と血です」――聖霊、バプテスマ、主の聖餐。

一〇節　不信仰は神に対する侮辱である。

一三節　「永遠のいのちを持っていることを、あなたがたに分からせるためです。」永遠のいのちをもっていることについては、ヨハネ福音書二〇章三一節を参照。

一六節　永続的な不信仰。「求めなさい」アイテオー（願望する）、「それを祈り求めよ」、「懇願せよ」（英改訂訳）。「死に至る罪」――聖霊に対する冒瀆。「死に至らない」――赦される。

一八節　「神から生まれた方がその人を守っておられ……」（ヨハネ一七・一二参照）。サタンはあなたの長兄を恐れている。「悪い者はその人に触れることができないことを、私たちは知っています」（詩篇三二・二〇～二一、中命三三・一〇、詩篇一七・八、ゼカリヤ二・八参照）。「悪い者」（二・一三、三・八、一二）については、キリストの癒しの御手と比較せよ。

一九節　「悪い者の支配下に」（「キリストのうちに」と比較せよ）、悪い者の影響と力の中に眠っていること。

二〇節　「理解力」――事実、理解、委任、証し。信者にはその力があり、未信者にはそれがない。「真実な方」、二一節の「偶像」と対照的。

「いのち」（二二節）――

その特質

1　高貴な生まれを暗示している（一節）。

2　勝利をもたらす（四、五節）。

3　神に証しされる（九節）。

4　確かな望みを与える（一一～一三節）。

5　祈りにおける力を与える（一三～一七節）。

6　保護（一八節）。

7　理解（二〇節）。

十字架

1　血（一・七）。

2　宥めのささげ物（二・二）。

3　罪を取り除く（三・五）。

4　悪魔のわざを打ち破る（三・八）。

5　私たちのためにいのちを捨ててくださった（三・一六）。
6　キリストによって生きる（四・九）。
7　宥（なだ）めのささげ物（四・一〇）。

信仰――結果

1　新生（一節）
2　勝つ（五節）
3　証し（一〇節）
4　祈りは答えられる（一四節）

信仰――

1　事実と教えに同意することである。しかし同意だけでは、悪魔の信仰である。悪魔は信じるが、依然として悪魔である。知性。
2　承諾である。喜ばしい受理である。
3　ひとりのお方をご歓迎申し上げることである。心からの温かい感情、愛と喜び。
4　従順。意志。

ヨハネの手紙第一におけるきよめの教え――

1　きよい心と生涯。

2　神との交わり。

3　私たちのうちにおられるキリスト。

4　勝利の生涯。

5　完成された愛。

6　聖霊についての教え。

7　再臨のための備え。

ヨハネの手紙第二

「選ばれた婦人」（一節）。一人の女性が説教者を賓客として迎える。彼女の回心した子どもたち。

「キュリア」（ギリシア語）は「婦人」という意味である。これがもしマルタであるならば、その「姉妹」（一三節）はマリアである。

第一主題「真理」一節から四節まで五回（英欽定訳）、すなわち光である（Ⅰヨハネ一・五）。

きよき——知識——従順。

四節「あなたの子どもたち」おそらく彼らのおばの家において（一三節）。

第二主題「愛」（五〜六節）

「真理と愛」を見よ（三節）。「**主**は恵みに富んでおられます」（詩篇一四五・八）、「**主**は正しく」（同一七節）、「恵みとまこと」（同八五・一〇）と比較せよ。十字架において見られる。

この手紙は、真理あるいは光、愛といのち、「歩み」について語っている(四、六節)。

七〜一一節　「警告」——惑わされるな(マタイ二四・四〜五、一一、二四)。

七節　「来られた」——あるいは「来られる」(英改訂訳)とすれば、再臨。

八節　あなたは得たものを失い、報いを受けられないかもしれない。「私たち」の代わりに、英改訂訳では「あなたがた」が二回出てくる。「得たものを失う」は、あなたのものを失うこと(ルカ一九・二四〜二六、Iコリント三・一五)。「豊かな報い」については、マタイ福音書一六章二七節、ヨハネ黙示録二二章一二節を参照。

一〇節　親しみ交わってはならない。もし困窮しているならば、その人に食物と助けを与えよ。

一二〜一三節　これが「結論」である。

ヨハネの手紙第三

「ガイオ」は「私と教会全体の家主」（ローマ一六・二三。Iコリント一・一四参照）。使徒の働き（使徒行伝）二〇章四節のガイオか。

「愛する」（一、二、五、一一節）。ヨハネの手紙第二は富裕な婦人に、偽の説教者を締め出すように命じている。ヨハネの手紙第三は富裕な人に、「よそから来た人たち」のために戸を開くように命じている。

一～四節　序文

三人の人

五～八節　ガイオの接待

九～一〇節　ディオテレペス――自己主張の強い人。

一二節　デメテリオ――真実な人。彼は使徒の働き（使徒行伝）一九章二四節のデメテリオか。

二節　ガイオのためのヨハネの祈り。事業と健康において繁栄するように。

三節　ガイオについての証し――彼の中に真実がある――毎日の生活が真実である。
五節　彼が知っている者たちに対して、また知らない者に対しても、そのもてなしの奉仕は「真実」である（ローマ一二・一三、ヘブル一三・一～二）。
六節　彼の「愛」「神にふさわしい仕方で」――彼の「敬虔さ」
七節　動機――福音を助ける。「彼らは御名のために、異邦人からは何も受けずに出て行った」からである。
八節　このような人を助ける私たちの義務――そしてなぜかといえば、「同労者」となるから。
一二節　デメテリオについての三つの証し。彼は伝道者。「真実である」――彼の奉仕における霊的な結果。

現代の教会に私たちが見るもの

1　教理における堕落。
2　使徒の教えの廃棄。
3　教会政治への越権的介入。しかし、ある友人たちは神の御言葉に対して真実であり、福音伝道のわざの支持者である。

ユダの手紙

一節　「しもべ」（黙示録二二・三参照。ギリシア語でドゥーロス）。おそらく主の弟のユダ（マタイ一三・五五）である。

彼は次のような人たちに書き送っている。

1　父なる神にあって愛され
2　イエス・キリストによって守られ
3　聖霊によって召された

この尊い召しが力説されている。

二節　あわれみ、平安、愛――経験の順序。

三節　彼の変更された目的、勧め、信仰のための戦い。「愛する者たち」は一七、二〇節も参照。

四節　偽りの教師たちは、「さばきにあうと昔から記されています」。「放縦な生活」――恵みを過信して罪を軽視するゆえに。

五〜七節　一度祝福を受けながら、罪のゆえにさばかれた三つの例——
1　イスラエル人。救われたが滅ぼされた。
2　御使いたち。聖なる、愛された最高の祝福の中にありながらも、それを守らなかった。
3　ソドムとゴモラ。彼らにはその時だけの刑罰であったが、私たちにとっては永遠の火の警告。
八節　「夢想にふけって」——彼らは眠っているから、夢想にふけっている。しかし私たちはののしったり、責め訴えたりしてはならない（九節）。「肉体を汚し、権威を認めない」人たちは、「その口は大げさなことを語り、利益のために人にへつらう」（一六節）者である。
九節　「モーセのからだについて……論じて言い争ったとき」——復活の前に、それが天に入るべきかどうか。
一一節　「カインの道」——自分を義として、結果は人を殺す。「バラム」——野心家、貪欲家。「コラ」——神が任命された者たちを拒絶する。エノクの預言（一四〜一五節）はさばきがあることを宣言した。レメクは、さばきはないと宣言した（創世四・二三〜二四）、そして、それはおそらくエノクの預言に対する嘲笑的預言であったろう。

一二節　偽教師たちは――
1　隠れた岩、つまずきの岩。
2　恐れなき牧者たち、自己中心。
3　雨無し雲――他の人々を活気づける生ける水がない。
4　実りのない秋の木――御霊の実がない。
5　倒れた木――根からの養分がない。
6　海の荒波――他の人々に対して荒れる。
7　さまよえる星（天）――抑制する力がない。
三～一三節　ペテロの手紙第二、二章一～一九節に非常に類似している。
一四節　エノクの預言、さばき主として来られる主。
一五節「不敬虔な……不敬虔な……不敬虔な……。」
一六節　彼らは、神に対して文句を言う者、人に対して不平を言う者、自分自身に関しては、自らの欲望の中に歩んでいる。誇っていて、人からの利益を求めている。
二〇節「自分自身を築き上げなさい。」　確実な一歩一歩の進歩、より高く、より強く、御言葉を読みつつ「祈りなさい」。聖霊によって神と交わりつつ、時を取れ。ただひとりで、また、他の人とともに。

二二節　「保ちなさい」、「愛のうちに」、「待ち望みなさい」。さらに恵みを求めて。
二三節　「あわれみなさい」、愛によって彼らを引きつけよ。たましいを獲よ。
二三節　命がけの努力。罪人を愛せよ。だが、その罪を憎め。憎むこと——油断せずに恐れ、自分が罪に染まることのないように。
二四節　神が私たちのためになしてくださる二つの大いなること。
1　神はあなたを守ることができる。あなたの努力ではない。ただ信ぜよ（一節の「守られている」を見よ）。
2　神はあなたを立たせることができる。終わりの日に、傷のない者として立たせてくださる。

解説

日本イエス・キリスト教団神戸生田教会牧師　大塚　篤

関西聖書神学校の図書館の片隅に、小さなバックストン師のイザヤ書六章からの説教の一片を発見し、心震える思いで読んだ神学生の時を忘れることができません。以来、バックストンの説教に魅せられている一人です。

『神の奥義なるキリスト』

この『バックストン著作集』第六巻には、まず一九三一年の英国スウォニックにおける日本伝道隊年会で話された説教「神をあえぎ求める」と、その集会でなされた二つの講演「ピリピ人への手紙の研究」、「コロサイ人への手紙の研究」が、『神の奥義なるキリスト』という題のもとに掲載されています。バックストン師は、一九二一年から一九三五年まで（六十一歳～七十五歳）タンブリッジウェールズの聖三一教会で牧師としての働きをしています。この『神の奥義なるキリスト』を通して、円熟したバックストン師の説教を見ることができます。

「神をあえぎ求める」と題する詩篇六三篇からの説教では、「単に恵みの幾滴かではなく、……あなたのたましいが『脂肪と髄をふるまわれたかのように』(六節)満ち足りることができるように、……最上のものをもって、もてなしてくださるように求めなさい」(三一〜三二頁)と勧めています。読み進むうちに、私たちのたましいは深い切なる渇きを覚えさせられていきます。

「ピリピ人への手紙の研究」では、「私にとって生きることはキリスト」とは、「キリストを私の生涯の力とし、私の従って行く模範とする」(三六頁)ことであると示し、「あなたの内にあるキリストのいのちは、常にあなたを栄光から栄光へ、主と同じ像(かたち)に変える力です」(三七頁)と語って、より深い恩寵、より深い恵みを求めるようにと促しています。キリストは十分なお方、すべてのすべてであることをたましいに深く刻みつけられます。

「コロサイ人への手紙の研究」においては、バックストン師は、一章九節以下に記されたパウロの祈りから、七つの潔(きよ)められたクリスチャンの肖像を示し、内住のキリストがどんな力となってくださるかを明らかにしています。そして一五節から、驚くべきキリストの肖像を七つ挙げ、私たちにどれほど栄え輝く救い主が与えられているかを語ります。三章に入って、「上にあるものを求めなさい」以下、クリスチャン自らが努めるべき実際的な事柄が述べられます。すなわち、「地にあるからだの部分を殺してしまいなさい。いろいろの肉の欲を死の場所に置きなさい。それらを常に殺すのです」と勧めています（七六頁参照）。キリストと共に霊的な意味での割礼を施され、キリストと共によみがえった者は、常に祈り、霊的な生活に留意する必要のあることが指摘されるのです。

『詩篇の霊的思想』

『詩篇の霊的思想』は、一九一三年（大正二年）から四年間、竹田俊造師を校長として神戸の平野に設立された日本伝道隊聖書学校において、バックストン師が講じた聖書講義です。当時バックストン師の秘書をしていた米田豊師の筆記によるものです。筆記者の米田師が『詩篇の霊的思想』のまえがきで記しているように、詩篇各篇の霊的思想の要点だけを筆記したもので、ただこれを読み流しただけではあまり益がないけれども、この本を助けに聖書を開いてみことばを熟読玩味するならば、自分のための霊的な糧となり、また他の人を導くための助けとして大きな祝福を受けることができます。

米田師によると、バックストン師は、常に書き入れの十分できる余白のある聖書を研究用として備えていたということです。そして毎朝、時を費やして静かに聖書を読んで教えられた霊的思想の要点や、霊的書物、また他の人の説教を聞いて自分の糧として吸収したことをその余白に書き記しておき、それを聖書の講義や説教の骨子として用いていたとのことです。

バックストン師は、各篇、各節のカギとなる重要な言葉を取り出し、神のご性質やその恵みがいかなるものであるか、あるいは、神を恐れ、神を求める人々の生涯や祈りがどのようなものであるかという要点を記します。

たとえば詩篇一六篇では、「ペンテコステ的生涯」として、1 真に献身した者（二節）、2 聖徒を愛する（三節）、3 神を喜ぶ（五節）、4 天の所の生涯を送る（六節）、5 悟りを得る（七節）、6 常に神のご臨在を感じる（八節）、7 栄えの望みを抱く（一〇～一一節）と七つの要点が記されています。

また、詩篇五一篇では、「砕けた心の叫び」と題し、砕けた心の願いを七つ挙げ、「ひとり静かにこれを読み、この御言葉によって祈るべきである」（一七五頁）と勧めています。1 すべての罪が消し去られること（一節）、2 きよめられること（二、七、一〇節）、３喜び（八、一二節）、４聖霊（一〇、一一、一二節）、５罪人の救い（一三節）、６感謝できる心（一五節）、７一般のリバイバル（一八～一九節）。「砕けた心」とはどんなものかということについても、七つのことを述べています。１自分の罪の恐ろしさを知る（三～四節）、２神のあわれみを知る（一節）、３罪は神に対するものであることを知る（四節）、４生来の汚れを悲しむ（五節）、５深いきよめを願う（一〇節）、６他の人を導こうと欲する（一三節）、７一般の祝福を願う（一八節）。そして、「本篇は自己の霊的状態を知るのに最も大切な詩篇である。私たちがもし自分の罪を深く感じたいならば、深い祈りのうちに本篇を熟読することである。罪を感じることは救いの土台である。『地面を深く掘り下げる』（ルカ六・四八）ことは甚だ大切なことである。……私たちは自らも罪を深く感じるとともに、他者に対しても罪を深く感じさせなければならない。深い認罪こそ、やがて徹底した救いを得させる唯一の道である」（一七八頁）と、私たちが心すべきことを教えています。

一〇三篇において、「１神は正しいお方（六節）、２神は恵み深いお方（八節）、３神は愛に富む父（一三節）」と記した後、「私たちはまず、神の義を感じるべきである。これこそ恵みに感じる土台である」（二三七～二三八頁）と述べ、神の義を深く感じてこそ、大きな恵みと愛を感じることができることを指摘しています。

一四六篇から一五〇篇のハレルヤ詩篇について、「詩篇を初めから終わりまで注意深く研究すると、クリスチャン生涯におけるあらゆる経験が記されていることがわかる。……詩篇を読んでいくうちに次第に神をほめたたえる心が起こり、ついにはただハレルヤ、ハレルヤ、ハレルヤの心だけとなるようになる。人がハレルヤと心から言えるようになったなら、その人は全き人である。そもそも神が私たちに対してもたれる終局の目的は何かと言えば、このハレルヤを唱えることを教えることにある、と言っても差し支えない。神は、この一つの目的のためにすべてのことをなさるのである。……神はなぜ十字架上で勝ちを得られたのか、また、なぜ聖霊を与えられたのかといえば、私たちそれぞれにハレルヤを唱えることを学ばせるためであった。……それゆえ、ハレルヤの心を養うために私たちはしばしばこの五つの詩篇を読むべきである」（二七〇〜二七一頁）と述べ、ハレルヤ詩篇を読む意義を、深遠な神の救済史的目的に結びつけて語っておられます。

『マタイの福音書研究ノート』

『マタイの福音書研究ノート』は、一九三八年（昭和十三年）九月三十日から十二月十五日の期間、四男のゴッドフレー・バックストン師が校長を務めていたミッショナリー・トレーニング・コロニー（オールネイションズ・クリスチャン・カレッジの母体の一つ）における講義ノートです。最後の日本訪問の翌年、バックストン師七十八歳、最晩年の円熟した講義ノートと言えます。

ノートには受講者二十八人の名前が記されており、その中に、長年ケズィック・コンベンションの講師として用いられたスティーブン・オルフォード師の名前を見いだすことができます。

『マタイの福音書研究ノート』は、ときにギリシャ語の意味やギリシャ語文法にも触れています。また、他の福音書や旧約の預言にも言及しつつ、各章節の大切な要点が記されています。聖書を読みつつこの研究ノートを見ていくと、良いキリスト伝の学びができます。

しかも、この研究ノートの中心には、明確な救いときよめ、確かで豊かな信仰への導きが貫かれています。しかも、「神と二人だけになれ」とか「重要なことは何であるかであって、何をなすかではない」、「神のご関心は奉仕の多さではなく、神に全く明け渡されているか否かにある」というバックストン師らしい勧めの言葉がここかしこにちりばめられています。引照聖句を開きながら、丹念に時間をかけて、自らの心と神のみことばとの対話の中で読まれるならば、神の御声を聞くことができます。

たとえば、マタイの福音書六章六節の「あなたが祈るときは、家の奥の自分の部屋に入りなさい」の注解で、「神と二人だけになれ。列王記第二、四章五、二一節を参照せよ。タメイオン『自分の部屋』はストアハウスで『倉庫』の意味あり。すなわち、来たるべき日のために蓄え、現在の必要に応じて取り出すところ」（三〇九頁）と記しています。

六章九～一三節の「主の祈り」に関しては、「1 子であるという確信（九節）。2 神への崇敬（同節）。3 リバイバルの切願、自らとその周囲に（一〇節）。4 みこころのみがなることを、自らと他の者たちに（同節）。5 肉の糧の求め、必要の意識（一一節）。6 罪の赦しの願い、罪の意識（一二節）。7 罪からの解放、危険の意識（一三節）。8 神はこれをなしてくださるとの信仰（一三節）。国はあなたのもの、すなわち神がすべての責任を負うこと。力はあなたのもの、すなわち全能の力は神にあること。栄光はあなたのもの、すべての誉れは神にあること」（三一〇頁）と説明し、さらに荒野の誘惑と主の祈りを対比し、「国、ここに第三の誘惑あり。力、ここに第一の誘惑あり。栄え、ここに第二の誘惑あり」（三一一頁）と記し、「国と力と栄えは、あなたのものだからです」との主の祈りは、荒野の誘惑に対する勝利の秘訣であることを示しています。

さらに、「主の祈り」から、1 子としての生涯、2 礼拝の生涯、3 期待する生涯、4 明け渡しの生涯、5 拠り頼みの生涯、6 罪赦された生涯、7 罪を赦す生涯、8 導かれる生涯、9 守りと救いの生涯、10 自己放棄の生涯」（三一一〜三一二頁参照）とキリスト者生涯に当てはめて要点を示します。

さて、バックストン師が日本最後の訪問をした一九三七年（昭和十二年）は、盧溝橋事件を契機に、日本が日中戦争へと突き進んだ年であり、一九三九年（昭和十四年）には英国とフランスがドイツに対して宣戦布告し、第二次世界大戦が始まっています。まさに世界が大きな危機に直面している時代に、バックストン師は、日本への最後の訪問をし、また、『マタイの福音書研究ノート』を講義しているのです。そのことを念頭に、この『マタイの福音書研究ノート』を見るときに、バックストン師がマタイの福音書一六章三節についての注解の中で、「彼らはすでに輝き始めた恵みの良き日も、また近づきつつあるさばきの悪しき日も見分けることができなかった。もし見る目さえあったなら、世界は時のしるしで満ち満ちているのである」（三六四頁）と述べて、主の嘆きを、この時代に対する自らの嘆きとしていることがわかります。

また、マタイの福音書一一章二〇節以下に対する注解を読むときに、ご自分を拒んだコラジンやベツサイダの町に対する主イエスの痛みと重荷が、バックストン師の痛みと重荷に重なって見えてきます。「この町々においてキリストはご自身の恵みと愛情を傾けて、『悔い改めなさい』と語り続けた（マタイ四・一七）。主は彼らの選び取った道の結末を告げられる。これは、主を退けた民に対する愛の号泣である……」（三三六頁）と神のさばきを告げられる主の痛みを、自らの痛みとして記していることが心に響きます。

小島伊助師は、「嗚咽（めいいん）するバックストン」と言い、一九三七年（昭和十二年）の日本での一切のプログラムを終え、きょうはいよいよ日本を去るという朝、約一時間、バックストン師が一人オイオイ声をあげて泣いたことを記し、「数年後、神戸が灰になったとき、そして何が日本をこうしたかなど考えたとき、先生の涙が思い起されて、四十年後のエルサレムを見たもうた主イエス様のお姿を先生の中に見る心地した。人の子の罪を、神への反逆を、不信と不従順とをどんなに痛く、切実に、身にしみ、たましいのど底に触れてお感じになっておられたことであろう。栄光に輝いた先生は、暗黒に滅亡する世の状を明らかに見ておられた。昭和二十一年（一九四六年）二月五日、終戦の翌年、戦争の終りを見極め、福音の自由時代が、もう一遍日本に取り戻されたことをご承知の上、召天された先生は、ご禱告も報いられたことを知り、安んじて目を閉じられたことであったろう」と述べています（『小島伊助全集』第七巻、いのちのことば社、一二八～一二九頁）。

続いて、一一章二八節の「わたしのもとに来なさい」に関して、バックストン師は「ここにキリストの三つの姿がある」と述べ、「1 救い主なるキリスト、2 教師なるキリスト、3 くびきを共に負うキリスト」と記し（三三七頁参照）、さらに「『わたしのもとに来なさい』（二八節）。ここに新しいいのちの安息がある。『わたしのくびきを負いなさい』（二九節）。ここには働きの真っ最中における安息がある。『わたしから学びなさい』（二九節）。ここにきよい生涯の安息がある」（三三七～三三八頁）と解説しています。同じ一一章二八～三〇節に関して、「1 私たちのなすべきことは――主のもとに行くこと。2 私たちが降ろすべきものは――重荷。3 私たちが負うべきものは――くびき。4 私たちが見いだすべきものは――四重の祝福、すなわち①安息、②教え、③より深い安息、④奉仕。第一の安息とは、罪の重荷から解放された良心の安息と、さばきの恐れから解放された心の安息。第二のより深い安息とは内住の罪の力から解放された安息で、キリストの愛に憩う安息」（三三八～三三九頁）と記しています。これらの各要点を注意深く味わうとき、豊かな恵みにあずかることができます。

なお、この『マタイの福音書研究ノート』は、工藤弘雄師が翻訳し、小島伊助師主筆の『福音』誌三三七号（一九九七年二月）より三八一号（一九八一年四月）まで二十六回にわたって掲載されたものです。

『エペソ人への手紙研究ノート』

『エペソ人への手紙研究ノート』は、訳者の米田豊師が記しているように、一九二三年（大正十二年）神戸聖書学校でバックストン師が講じた講義のノートです。ノートの「緒言」で、バックストン師自ら、これは「自分で聖書を読んだとき、味わって糧を得たノート」であり、「骨組みのみである」、「畑でできた産物を店先に並べて置くようなもの」、「ただ聖書から刈り取り、収納する例を示すにすぎない」と紹介し、「それぞれが聖書に深く隠れている宝を掘り出す知恵と力を得られるように」と勧めています（四一八～四一九頁）。これらのノートを丹念に読むことにより、いかに聖書を味わうべきかの実際を教えられます。また、この研究ノートは、みことばに沿って、クリスチャンの信仰生涯にとって大切な事柄を取り上げています。ですから、これをかたわらに、祈り深くみことばを学ぶならば、多くの益を得ることができます。

『ヨハネの手紙・ユダの手紙研究ノート』

バックストン師は、ヨハネの第一の手紙の解説を、第一章の冒頭「これは真のキリスト教の要約である、なんと平易で、なんと深遠であろう！」というジョン・ウェスレーの言葉を引用して始めています。一章一～四節について、「この手紙は証しである」と述べ、「福音は、人格である、神の『ことば』……初めから父と共におられた（ヨハネ一・二）。私たちに現れた。そのお声を聞いた。その臨在を見た（申命一一・七）。自分の目で見た――交わり、手でさわった――さわれること（ルカ二四・三九、ヨハネ二〇・二七）。神はこのような触れ合いを約束しておられる」（四四四～四四五頁）と、父なる神、子なる神との個人的人格的交わりを強調した注解をしています。

以上紹介したように、『バックストン著作集』第六巻には、主に研究ノートが掲載されています。バックストン師はこれらの研究ノートをもとに説教や講義をしていました。そして、これらは実に私たちをバックストン師の書斎に案内してくれるのです。

バックストン師の日ごとの聖書の学び

バックストン師は、常に聖書を学び、研究ノートや聖書の書き込みを続けていました。朝夕の聖書研究と祈禱のための「静時」について、「あなたの読むことと祈ることを成功させるためには、どんな苦労もいやがってはなりません。教えられるために、そして教えられたところを集めるために用意をしないならば、神は教えられないことを見いだします。それで私は、聖書から学ぶところを書き下ろせるほど確かに了解することを期待しながら、いつもペンを手にしてテーブルの前に座ります。もしそうでないなら、書き留めるほど値打ちのあるものを教えられることを期待していないようなものでありましょう」とご夫人に送った手紙の一節が、『信仰の報酬』（関西聖書神学校出版部、一九九九年改訂版、五三頁）に掲載されています。

また、松江における働き人に対して日常の生活を細かに指導した手紙が『信仰の報酬』に掲載されています。それによると、午前中三時間は、聖書や霊的な書物を読み、説教の準備、手紙などを書くのに時間を用いるようにと書き、「読んだらノートを取っておきなさい。読んだところにしるしをしなさい。助けとなる思想を得たら書き入れしておけるように、白紙の閉じ込んである聖書を用いなさい」（同書、一一八～一一九頁）と勧めています。その勧めの実践をバックストン自身が行っている実例を、本巻所収の『研究ノート』に見ることができます。

バックストン師の説教

工藤弘雄師は、『バックストン著作集』第一巻の解説において、「バックストンの説教には明らかに『三つの聖なるもの』が伴っていた。神の御声と御顔と神の御手である」と記しています。すなわち「バックストンの説教には、聖書を通して神が語られる。……バックストンの説教には常に、神の御顔、神の臨在が伴っていた。……バックストンの説教には神の御手が伴っていた」と述べて、バックストン師の説教がいかに力ある説教であったかを論じています。

また、小島伊助師は、竹田俊造師を回顧する文中、「(竹田俊造) 先生はバックストン来朝の使命は『臨在の主』を日本にもたらしたことにあったと断じた」と記し、続いて、病床にある竹田師から英文の便箋を渡され、清書して在英のゴッドフレー・バックストン師に礼状を出してくれるようにと依頼された事情を記し、「『あの当時、さぞかし寂しかったり、ご不自由だったり、家庭的な面でもずいぶん犠牲でもあったろうけど、お父様でなければできなかった働きが日本になされたのだから、それをもって満足していただきたい』と記すおつもりであったのだが、その働きというのは日本に臨在をもたらすお働きだったと言っていた」(『小島伊助全集』第七巻、一六二～一六三頁) と記しています。

私たちは、このようなバックストン師の「神の御声を聞かせ、主の臨在の輝きを明らかに示す力ある説教」の秘訣はどこにあるのかを知りたく思います。

力ある説教の秘訣

私たちは、この『バックストン著作集』第六巻によって、「バックストン師の説教がいかに力ある説教であったか」の秘訣を見いだすことができます。すなわち、毎朝、神の御前に静まり、自らとまた他の人々のための霊の糧として、神のみことばを味わい、それを大切に書き記し、その説教を祈りつつ備え、祈りつつ確信をもって語り、みことばの御用の後に、聴衆のたましいのために祈り、神にゆだね、神に栄光を帰するところに、その秘訣を見いだすのです。

今ここに、竹田俊造師に贈られたバックストン師の『研究ノート』の一つがあります。それは、タンブリッジウェールズの聖三一教会で牧師として働いていたときのノートです。その中に、聖書の読み方についての一文があるので紹介します。

「聖書の読み方。敬虔をもって聖書に向かえ。そこに神の声がある。牧草がある。キリストがおられる。聖書は、鏡、光、ミルク、蜜……。いかにしてそれを見いだすか。祈りをもって日ごとに読め。時と場所を定めよ。静かな心で。朝早く。テーブルとペンと定規と、良い装丁の引照付き聖書を備えて。敬虔のために読め。祈りの霊をもって。連続的、組織的に、一年に一度通読しなさい。しるしを付け、ノートを取って。喜び、平和、目が開かれた、キリストの血などの主題の引照を記せ。教訓を祈りに移せ。教育のために読め。他の人々の書いたノートや本、あなたが得たことを伝えよ。」

聖書のみことばに信頼し、実際的、霊的に聖書を読み、神の御声を聞こうとしているバックストン師の姿勢を教えられます。

バックストン師の令息ゴッドフレー・バックストン師は、『信仰の報酬』の中で、バックストン師の力ある説教の秘訣に言及し、主イエスの模範に従ったところにあることを示し、「神の御名によって教える教えの前に、間に、そして後での祈禱の秘けつは父の奉仕の中心であった。……父の聖書研究に伴った恵みの秘けつは聖書的であったメッセージと、祈り深かった生涯と、そして神の栄光をのみ目指した目的とにあった」（二二三〜二二四頁）と述べています。まさに、バックストン師の力ある説教の秘訣は、日ごとの密室における深い聖書の学びと、たましいの救いと、きよめに対する重荷からくる熱き祈りにあったのです。

信仰による決断の迫り

バックストン師はその説教の終わりに、必ず聴衆に向かって、「よみがえられた神の御子はここにおいでになります。ここに立っておられます。すべての権威と力とをもつ神の御子はここに立っておられます。どうぞ信仰をもって神に近づきなさい。主があなたに今晩、約束を成就されることを信じなさい。疑うことなく、心を開いて、神の火をお受け入れなさい。活ける聖霊ご自身が入ってくださいます」(『バックストン著作集』第二巻、六五頁)と主の臨在を示し、信仰の決断を迫っています。バックストン師は、祈りのうちに主の重荷を深く感じ取り、「今、ここに」という信仰の確信と、たましいに対する熱愛をもって迫っているのです。ここに、私たちは、バックストン師を尊く用いてくださった神の秘訣を見るのです。

聖書 新改訳2017©2017 新日本聖書刊行会
許諾番号4-1-683号

バックストン著作集 6
聖書講解Ⅱ　神の奥義なるキリスト

2020年4月1日発行

著 者　B・F・バックストン
印 刷　シナノ印刷株式会社
発 行　いのちのことば社
〒164-0001 東京都中野区中野2-1-5
TEL03-5341-6920／FAX03-5341-6921
e-mail:support@wlpm.or.jp
http://www.wlpm.or.jp

©関西聖書神学校 2020　Printed in Japan
乱丁落丁はお取り替えします
ISBN978-4-264-04150-4

「バックストン著作集」全10巻＋別巻の内容

1　説教Ⅰ　赤山講話

2　説教Ⅱ　雪のように白く／砂漠の大河／キリストの形なるまで／「活水」誌より

3　説教Ⅲ　神と共なる歩み／潔められた者の歩み／約束の地／キリスト者の家庭(クリスチャン・ホーム)／リバイバルの条件／能力の秘訣　ほか

4　説教Ⅳ　ケズィック説教／恩寵の成長　ほか

5　聖書講解Ⅰ　創造と堕落――創世記霊的講解／ルツ記霊的講解／雅歌霊的講解／ヨナ書霊的講解

6　聖書講解Ⅱ　神の奥義なるキリスト／詩篇の霊的思想／マタイ福音書研究ノート　ほか

7　聖書講解Ⅲ　ヨハネ福音書講義 上

8　聖書講解Ⅳ　ヨハネ福音書講義 下

9　聖書講解Ⅴ　使徒行伝講義 上

10　聖書講解Ⅵ　使徒行伝講義 下

別巻　かすかな細い御声　ほか